BRUNO GRABINSKI

WAS WISSEN WIR VOM JENSEITS?

D1727562

1976

VERLAG SIEGFRIED HACKER, GRÖBENZELL

Zeichnung des Schutzumschlags von Erich Utsch

ISBN 3 87283 006 6

3. Auflage 11. — 13. Tsd. 1976

© 1969 by Verlag Siegfried Hacker, Gröbenzell b. München

Gesamtherstellung: Maristendruck, Furth b. Landshut

Auslieferung in Österreich: Verlag Franz Reisinger, Wels / O.Ö.

Das Problem des Alls, das Rätsel des Daseins wie das vom Hiersein jedes Einzelnen steckt im Tode, nicht im Leben!

C. L. Schleich

Vorwort

Der große Chirurg und Wohltäter der Menschheit, der Erfinder der örtlichen Betäubung, Carl Ludwig Schleich, der sich nicht nur als tiefschürfender Forscher, sondern auch als geistvoller Schriftsteller einen Namen gemacht, hat über den Tod eine Schrift veröffentlicht, in der er sagt: „Das Problem des Todes hat zwei völlig von einander zu trennende Gebiete. Es gibt ein physiologisches und ein psychologisches Sterben. Jenes fragt: was wird im Tod aus unserem Leib. Dieses tut die bangere Frage: was wird aus meiner Seele, meinem Geiste, meinem Ich, meinem Bewußtsein?" [1] — Damit ist eine Frage angeschnitten, die sich jeder denkende Mensch gewiß schon mehr als einmal gestellt hat. Große Geister haben ihr ganze Bücher gewidmet. So betont in einer solchen Schrift der bekannte Naturphilosoph Prof. Dr. Hans Driesch, Leipzig, der sich als der Begründer des sog. Neu-Vitalismus internationalen Ansehens erfreut: *„Die Frage des Überlebens der Person bleibt nun einmal das Hauptproblem aller Wissenschaft,* mögen auch unsere offiziellen Philosophen und Psychologen fast alle einen weiten Bogen um sie machen und tun, als ob sie sie überhaupt nicht sehen..." [2]

Die Frage nach dem Weiterleben und damit nach einem Jenseits, schließt als Vorfrage die andere nach dem *Ursprung und Sein des Menschen* sowie nach dem *Sinn des Lebens* ein. Auch darüber gibt es ein umfangreiches Schrifttum. Der amerikanische Psychologe Prof.

J. B. Rhine hat ein Buch unter dem Titel „Neuland der Seele", übersetzt und eingeleitet von Prof. Driesch, erscheinen lassen. Er führt darin u. a. aus:

„Seit langem hat sich die Wissenschaft um die zentrale Frage nach der Natur des Menschen bemüht. Jahrhundertelange Arbeit hat sie in den Stand gesetzt, in die Geheimnisse der anatomischen Struktur und der Funktionen von Blut, Drüsen, Gehirn usw. einzudringen. Schrittweise hat so die Wissenschaft die Fragen nach der leiblichen Struktur ،es Menschen, seiner Entwicklung, seiner Vererbung, seiner Umwelt in Angriff genommen und ebenso die Physik und Chemie seines Baues erforscht.

Auf dem Gebiete der Psychologie dagegen ist trotz der glänzenden Geister, welche sich in hundertjähriger Arbeit mit ihr beschäftigt haben, eine der Fragen nach unserem Wesen völlig unbeantwortet geblieben, und zwar handelt es sich hier um das größte aller Rätsel, welche uns die Natur des Menschen darbietet: Was ist die menschliche Seele? Wohin gehört sie in der Gesamtheit unseres Wissens?

Die Seele ist noch ein Mysterium...

Es ist meine feste Überzeugung, daß das dringendste Problem unserer enttäuschten und zerfahrenen Gesellschaft darin besteht, herauszufinden, was wir eigentlich sind; denn nur so kann unser Handeln der heute bestehenden Lage gerecht werden..." [3]

Es wird sich Gelegenheit finden, auf dieses Buch sowie auf einige darin erörterte Gegenstände zurückzukommen. Die Hauptfrage aber, die im Titel der vorliegenden Schrift aufgeworfen ist: *Was wissen wir vom Jenseits?* soll und kann erst dann eingehend behandelt werden, wenn zuvor die Voraussetzung dafür gegeben, die Frage „Gibt es überhaupt ein Jenseits?" beantwortet ist. Bei dieser sowohl als auch bei der Hauptfrage handelt es sich um keine religionswissenschaftliche Untersuchung, sondern darum, auf *rein erfahrungsmäßigem Wege* der Lösung der Probleme näher zu kommen. Freilich, wer sich den Lehren des christlichen Glaubens und der geoffenbarten Religion verschließt, und wer als Rationalist und Materialist von vornherein ein Fortleben nach dem Tode und damit ein Jenseits ablehnt, der wird letzten Endes sich wohl auch durch die mehr oder weniger exakten Beweise des Fortlebens eines Besseren nicht belehren lassen. Unbelehrbare wird es eben immer geben und von ihnen gilt das Wort der Schrift: Sie würden nicht glauben, auch wenn jemand von den Toten auferstände. [4)] Für solche ist das vorliegende Buch nicht bestimmt, vielmehr für die große Masse derer, die bereits vom Fortleben überzeugt sind, und zwar nur durch ihren Glauben, die aber gern „greifbare" Beweise dafür kennen lernen wollen, dann aber auch für die nicht geringe Zahl der Zweifler aller Schattierungen.

Über den Wert des Jenseitsglaubens in ethischer Beziehung für den Einzelnen und damit für Staat und Gesellschaft braucht nichts weiter gesagt zu werden. Sehr zutreffend betont in dieser Hinsicht auch M. Seiling: „Die Behauptung, daß der Jenseitsglaube das Diesseits entwerte, ist grundfalsch, da die Hoffnung auf das Jenseits die beste Quelle für Ausdauer und Arbeitsfreudigkeit auch in schweren Lebenslagen ist, während sich andernfalls leicht Lebensüberdruß einstellt." [5)]

Schließlich muß dem Skeptiker nicht nur die Beweiskraft des hier veröffentlichten Tatsachenstoffes, sondern auch der Umstand zu denken geben, daß so viele hervorragende Gelehrte sich zum Glauben an einen persönlichen Gott und damit an die Unsterblichkeit, an das persönliche Fortleben und an ein Jenseits öffentlich bekannt haben! Und zwar Gelehrte aller Richtungen; was dabei besonders bemerkenswert ist: namentlich *Naturwissenschaftler*. Damit erhält der christliche Glaube an ein Jenseits eine Untermauerung, die keine Geistesmacht der Welt mehr zu erschüttern vermag.

Alle philosophischen Spekulationen und Systeme, von der ältesten Kulturepoche angefangen bis zur Gegenwart, müssen ausgerichtet werden nach den ehernen Tatsachen der okkulten Phänomene. Wo das nicht geschieht, ergeben sie ein mehr oder weniger groteskes Zerrbild der Wirklichkeit! Und so gilt auch von allen Skeptikern gegenüber den Phänomenen der Okkultismus, was Schopenhauer von den „Tatsachen des animalischen Magnetismus und des Hellsehens" sagte: „Wer sie bezweifelt, ist nicht ungläubig, sondern unwissend zu nennen..."

Freiburg i. Br., im August 1950.

Bruno Grabinski

Gibt es überhaupt ein Jenseits?

Die obige Frage hat natürlicherweise erst dann einen Sinn, wenn feststeht, daß der Mensch eine geistige Seele besitzt, daß er also unendlich mehr ist als ein höher entwickeltes Tier, für das er immer noch von materialistischer Seite angesehen wird. Wie steht es damit? Was gibt es dafür für Beweise? Was ist diese Seele und was hat sie für Fähigkeiten? Und wenn wir eine solche Seele besitzen, was ist der Sinn unseres irdischen Lebens? Die letzte Frage beantwortet uns freilich der christliche Glaube ganz klar und eindeutig, aber es ist doch für sehr viele reiz- und wertvoll, diese und die damit zusammenhängenden Fragen auch vom Standpunkte der Vernunft und vor allem vom mehr erfahrungswissenschaftlichen beantwortet zu erhalten.

Der bekannte deutsche Dichter *Wieland* hat einmal das tiefgründige Wort gesprochen: „Nur zum Sterben ward uns das Leben gegeben, und was der Tod uns spendet, das ist das wahre Leben!" – Diesem Ausspruche liegt zweifellos die Hoffnung zugrunde, daß uns mit dem Erlöschen des irdischen Lebens ein neues Leben vorbehalten sei. Dieser Glaube, der so alt ist wie die Menschheit selbst, ist die Zuversicht fast aller Völker gewesen angesichts des Todes.

So ist es denn auch kein Wunder, daß die Frage: „Gibt es ein Leben nach dem Tode und damit ein Jenseits?" die Menschen zu allen Zeiten lebhaft beschäftigt hat. Damit ist natürlich aufs engste verbunden die Gottesfrage. Aus der Beantwortung der einen ergibt sich aber auch zugleich die Beantwortung der anderen; denn wenn es ein persönliches Fortleben gibt, dann muß es auch einen persönlichen Gott geben, der die unsterbliche Geistseele des Menschen geschaffen hat, diesen Menschen, den Er nach Seinem Ebenbild schuf und diese Geistseele, die Geist von Seinem Geiste ist und die daher auch mit so wundervollen göttlichen Eigenschaften und Fähigkeiten ausgestattet ist. Daher bedeutet der Nachweis der Existenz der geistigen Menschenseele zugleich auch den in seiner Art exaktesten und überzeugendsten Gottesbeweis.

Der berühmte Anatom an der Wiener Universität *Hyrtl*, „Rector Magnificus" im Jahre 1864, dem bereits im Alter von 26 Jahren die Professur der Anatomie an der Universität von Prag übertragen wurde, rückte im Alter von 35 Jahren an die höchste Stelle auf, die in seinem speziellen Fache in Betracht kam: die ordentliche Professur der Anatomie der Universität Wien, welche damals internationales wissenschaftliches Ansehen genoß. Im Laufe einer 37jährigen Tätigkeit hat Hyrtl als bahnbrechender Forscher seinen Weltruhm erworben. Am 1. Oktober 1864 hielt er aus Anlaß einer besonderen Ehrung vor versammelter Universität eine Rede, über das Thema: „Ist die Seele wirklich nur das Resultat stofflicher Vorgänge im Gehirn, oder sollte in uns eine unsterbliche Seele existieren?"

Als Ausgangspunkt stellte der große Anatom folgende Fragen auf: „Ist es wahr, daß der Geist nur eine Äußerung der Materie sei? — Ist es wahr, daß unser Denken, Wollen nur stofflicher Vorgang in den Gehirnatomen und ihren chemischen Kombinationen ist? — Ist es wahr, daß die Naturwissenschaften uns überzeugt haben, daß nur in der Materie, als dem Urgrund alles Seins, auch alle geistigen Kräfte wohnen in ihr und durch sie allein in die Erscheinung treten? Ist die Seele das Produkt des nach unabweislichen organischen Gesetzen arbeitenden Gehirns – oder ist dieses Gehirn nicht vielmehr eine jener Bedingungen, durch welche der Verkehr eines immateriellen Seelenwesens mit der Welt im Raume vermittelt wird?"

Und nun läßt der Anatom die Aufzählung der einzelnen Teile des Gehirns, der verschiedenen Zentren folgen, die bei allen Menschen gleich erscheinen, unabhängig davon, ob es sich um intelligente Menschen handelt, oder gar um blöde! Er stellte fest, daß die genaueste Untersuchung des Gehirns bisher die Frage anatomisch nicht hat lösen können: Was ist z. B. die eigentliche Ursache der Verrücktheit? Er wies auf die Tatsache hin, daß klinisch festgestellt worden sei, wie am Ende jahrelanger, unheilbarer Hirnleiden das wiedererwachende Bewußtsein in den letzten Augenblicken die Ruhe des Entschlummerns störte!

Ferner stellte er fest, daß das Gehirn den Druck massenhafter Geschwülste, ohne auffallende Störung des Bewußtseins vertragen kann. – Er stellte fest, daß in einem Falle ein scharfes Eisen, von einer Seite zur anderen durch den Schädel gestoßen, und mit Zurücklassung der Spitze im linken Felsenbein ausgezogen, das Selbstbewußtsein des Verletzten so wenig beeinträchtigte, daß er es selbst versuchte, häuslichen Geschäften nachzugehen und der untersuchenden Gerichtsperson über die Veranlassung seiner schweren Verwundung Auskunft geben konnte!

Aus seinen Schlußausführungen seien die folgenden Sätze, gewissermaßen als das Glaubensbekenntnis des idealen Forschers angeführt:

„Während Wahrheit, ja Untrüglichkeit im Instinkt des Tieres liegt, soll die Sehnsucht nach persönlichem Fortdauern, die ebenso positiv und allgemein existiert und sich ebensowenig wegleugnen läßt, wie der Instinkt, nur zur Qual uns beschieden worden sein? Bei dieser Frage steht die Wissenschaft an der Grenze ihrer Macht und es wird still im kühnsten Forschergeist: der Glaube tritt in seine Rechte; der Glaube, den die Wissenschaft nicht beweisen und nicht widerlegen kann, wohl aber seinen Gegensatz als nicht objektiv und begründet in der Natur der Dinge aufzeigen kann. – Werft ihn von euch, und der Selbstmord eurer Seelen macht aus dem stolzen Herrn der Schöpfung ein ungeziertes, anatomisches Präparat – ein Häuflein stickstoffreichen Düngers für den Acker. – Er ist dann auch nichts mehr, als das erste Säugetier der Schöpfung, nur etwas schlimmer daran als alle seine Verwandten, da er noch lernen muß zu leiden ohne Trost, zu klagen ohne Rettung, und, wenn er glückliche Tage nicht gekannt, zu verzweifeln und zu sterben ohne Hoffnung! – Alles, was ich in flüchtigen Worten berühre, weist auf eine letzte, über den Sinnen stehende Abstraktion des Denkens hin und diese führt zur Gottesidee und ihrem Ausfluß: der menschlichen Seele! – Und da frage ich mich und mit mir jeder denkende Mensch aus tiefster Überzeugung: Sollte der Mensch wirklich, ohne darum gebeten zu haben, zu einem Erdenleben voller Gebrechen in die Welt gesetzt worden sein, zum Endzwecke, lediglich des Sterbens verdammt? Ohne jegliche Zukunft, ohne jegliche Hoffnung, ohne jeden Entgelt nach Ablauf seiner Erdentage?... Lassen Sie mich von Ihnen Abschied nehmen mit den Worten zweier Geistesheroen, deren Ansichten wohl verdienen, gehört zu werden, des großen Mathematikers Karl Friedrich *Gauß* und des unsterblichen italienischen Dichters Francesco *Petrarca:*

Der erste rät an: „Halten wir fest an dem Glauben, daß eine schöne, erhabene Lösung des Erdenlebens da sein muß und uns einst zuteil werden wird: daß neben dieser materiellen noch eine zweite, reingeistige Weltordnung besteht mit ebensovielen Mannigfaltigkeiten, wie die, in der wir leben, dafür spricht vieles!" –

Die Meinung des zweiten ist noch klarer, sie lautet: „Was die Törichten Sterben nennen, das ist der Anfang des Lebens, der Anbruch des Lebens, der Anbruch des Morgenrots: jener Tag, auf den keine Nacht mehr folgt!"

Ein anerkannter Philosoph unserer Tage, Georg *Heidingsfelder,* bemerkt mit Recht, daß der moderne Mensch seine Unsterblichkeitsüberzeugung nicht aus der Offenbarung gewinnen wolle und daß auch in den gegenwärtigen Philosophen das einseitige Verlangen lebe, die große Schicksalsfrage der unsichtbaren Menschenseele nur durch unmittelbare Empirie allein (also durch Erfahrung) zu lösen. Er fährt dann fort:

„Daß die Menschenseele unsterblich sei, ist ein Bewußtseinsgut aller Jahrtausende und aller Stufen des Menschlichkeitslebens von seinen primitivsten Formen bis zu den höchsten Blüten der Kultur... Der Unsterblichkeitsglaube ist allgemeine Menschheitsüberzeugung.. Die Seele des Menschen, die in geheimnisvoller Weise das ganze menschliche Sein und Leben zumindest bedingt, entzieht sich in ihrem eigentlichen Sein und Wesen der anschaulichen Erfahrung. Sie offenbart sich aber in der reichen Mannigfaltigkeit ihres Erlebens und Tätigseins, welches wie jedes andere Tatsachengeschehen, empirisch faßbar und konstatierbar ist, und von dem aus man dann auf dem Wege des schlußfolgernden Denkens auch zur Erkenntnis ihrer Natur und ihres Wesens vorzudringen vermag. Einem solchen aber offenbart sich die Seele als ein substantielles, geistiges, individuelles Sein."

Der Philosoph Erich *Becher* veranschaulicht in einer umfangreichen Tabelle, daß die vielfach behauptete Abhängigkeit größerer oder geringerer psychischer Begabung von einer mehr oder minder voluminösen Ausbildung der Gehirnsubstanz keineswegs zu Recht besteht. Er führt dann weiter aus:

„Die Menschenseele selbst verlangt nach Unsterblichkeit und alles Suchen und Sehnen nach ihrer Erkenntnis – auch das in spiritistisch-okkultistischen Formen – ist mit eine Kundgebung dieser allgemeinen Menschheitsüberzeugung... Das Unsterblichkeitsbewußtsein aller Menschen und aller Zeiten ist so allgemein und in allen Lebensverhältnissen so lebendig, daß aus ihm die innerste Stimme der Menschennatur spricht, die nicht lügen und nicht trügen kann. Was immer Menschengeist und menschliche Forschungsgabe unvoreingenommen an der Seele zu erkennen und ihren mannigfachen Äußerungen im Menschenleben abzulauschen vermögen, das schließt sich so zu einem machtvollen Bekenntnisse zusammen, daß sie wahrhaft unsterblich ist und sein muß... Zusammenfassend muß gesagt werden: Die Kraft aller Beweisversuche für die persönliche Unsterblichkeit der individuellen Menschenseele liegt in der zwingenden Folgerichtigkeit metapsychischen Denkens, das in einer Wesensbetrachtung der Seele und ihrer Wirklichkeiten seinen realen Stützpunkt hat. Dieses eigenartige Wesen der Menschenseele selbst, ihr innerstes Sein und die daraus notwendig sich ergebenden Konsequenzen verbürgen uns, daß sie unsterblich ist."

Vertrauensvoll dürfen wir mit Josef *Geyser*, einem der scharfsinnigsten Denker unserer Tage, bekennen: „Darum glauben wir an die Unsterblichkeit unserer Seele und ihre ewige Bestimmung. Mag also der Tod kommen. Was bedeutet er dem, der sich bemüht hat, in seinem Leben gerecht und fromm zu sein? Der Lauf ist vollendet. Die Glocken läuten den Ostertag ein. Die Ewigkeit bricht an. Das neue und bessere Leben beginnt. Die Sonne ist da, jene Sonne, die nie wieder untergeht."

Es ist nicht verwunderlich, daß alle Denker, die sich eingehend mit dem Problem der Seele befassen, zu ein und derselben Erkenntnis kommen, daß sie existiert, daß sie geistig und unsterblich ist. Und auch über die außerordentliche Bedeutung der Unsterblichkeit für den Menschen sind sich alle Einsichtigen klar. Zweifellos geht auch nach *Pascal* „die Frage nach der Unsterblichkeit uns so gewaltig an und berührt uns so tief, daß man jedes Gefühl verloren haben müßte, um gleichgültig dagegen zu sein. Unser Tun und Denken ist in seiner Richtung davon beeinflußt, wie wir dazu Stellung nehmen." Und *Dostojewski* bringt denselben Gedanken in folgender Form zum Ausdruck: „Ohne das Gefühl eines Zusammenhangs im Ganzen, ohne Sinngefühl und leitende, höchste Idee kann weder der einzelne noch das Volk existieren. Es gibt aber auf Erden nur eine höchste Idee: die von der Unsterblichkeit der menschlichen Seele. Denn alle anderen höchsten Ideen, von denen Menschen leben können, sind Folgerungen aus dieser einen."

Otto *Karrer,* ein Religionsphilosoph der Gegenwart, sagt: „Die weltanschauliche Frage um Gott und Seele beginnt sich in der Brust des Menschen zu regen, sobald er es unternimmt, über den Sinn des Lebens nachzudenken." Und er fährt dann an einer anderen Stelle fort: „Die Menschheit im ganzen ist in ihrem Seelenleben von Ahnungen, Sehnsüchten, Hoffnungen der Unsterblichkeit durchtränkt, und diese Gemütsbewegungen finden ihren gedanklichen Niederschlag in der Philosophie und Religionsgeschichte der Menschheit... Der Glaube an die Unsterblichkeit wurzelt seinem wesenhaften Gehalte nach in der religiösmoralischen Anlage des Menschen Die Annahme einer bloß natürlichen oder physikalischen Weltordnung wird auf die Dauer weder den Anforderungen des Denkens noch denen des Herzens genügen. Mit dem Gottesglauben zusammen, dem erhabensten und wesentlichsten Gut des menschlichen Geisteslebens, ist der Unsterblichkeitsgedanke so tief im Menschenwesen verwurzelt, daß man den Menschen geradezu definieren könnte als das Wesen, das Gott und Unsterblichkeit denkt und sucht. Diese Tatsache spricht für sich. Wer die Unsterblichkeit leugnet, setzt sich in Widerspruch zu den Grundtendenzen der menschlichen Natur." [9])

Der bereits im Vorwort zitierte amerikanische Forscher Prof. *Rhine,* vertritt dieselbe, hier bereits mehrfach zum Ausdruck gebrachte Auffassung:

„Unter allen Völkern treffen wir den Glauben an, daß die Berichte der bekannten Sinne nicht das einzige Mittel sind, durch welche die Seele etwas erfährt. In allen Zeiten der verbrieften Geschichte haben Menschen an die Bedeutung von Ahnungen, seltsamen Geräuschen, Gedankenlesen, Prophezeiungen und Warnungen geglaubt und ebenso an die Kraft des Geistes, über die Grenzen der mechanischen und sinnlichen Welt vorzudringen... Wenn nun auch ein überlieferter bloßer Glaube keinen Platz in der Wissenschaft hat, so kann ihn doch vielleicht der Forscher als ein Anzeichen dafür verwenden, wohin er seinen Blick richten muß, um eine neue und vielleicht sehr wichtige Entdeckung zu machen. Stets beginnt ja der Forscher mit der Feststellung von etwas, was er nicht erklären kann. Er fühlt sich angetrieben, hier etwas zu entdecken, und die Wissenschaft ist ja ganz vornehmlich ein Weg des Entdeckens.

In meiner Jugend war in den Bergen von Pennsylvanien der Glaube an Vorbedeutungen, Warnungen oder Botschaften aus einer unbekannten Welt weit verbreitet. Ich erinnere mich vieler Geschichten jener ungewöhnlichen Art, die heute „psychisch" heißt; bei allen handelte es sich um einen Erwerb von Wissen ohne Bedeutung der Sinnesorgane..."

Nachdem Rhine einige außerordentlich bemerkenswerte und gut bezeugte Fälle von Ahnungen und Wahrträumen wiedergegeben, kommt er zu der Schlußfolgerung: „Hier, ebenso wie in anderen Fällen, ist es so gut wie völlig unmöglich, die Vermutung abzuweisen, daß die Seele in irgendwelcher Form den Raum durcheilt und dabei Dinge erfährt, welche die Sinne nicht wahrnehmen können." [10]

In einer Schrift über das Weiterleben nach dem Tode führt Dr. Joh. *Thöne* aus:

„Schon im 19. Jahrhundert hatten die meisten Gelehrten den Materialismus wieder aufgegeben. Sie hatten nämlich eingesehen, daß alles, was mit unserer Seele zusammenhängt, also Wahrnehmungen, Gedanken, Erinnerungen, Einbildungen, Wünsche, Freud und Leid usw., doch Eigenschaften an sich hat, die sich mit den Eigenschaften des Stoffes nicht vertragen. Aller Stoff z. B. ist ausgedehnt, d. h. er hat eine bestimmte Größe. Er ist so lang und so breit. Aber Gedanken haben keine Ausdehnung... Auch Freude und Leid, Wünsche und Willensentschlüsse sind ausdehnungslos. Also können sie vom Stoffe doch nicht hervorgebracht werden... Jedenfalls ist das Ich in uns unsere Seele oder, wie man auch sagt, unser Geist. Diese Seele bleibt nicht nur während des Lebens immer dieselbe, sondern sie überdauert auch den Tod... Gerade dieses Ich übersehen die Gelehrten... Das Ich ist eben die Seele, die die Bewußtseinsvorgänge auf sich bezieht, und sie sich dadurch erst bewußt macht. An sich sind es freilich stoffliche Vorgänge in unserem Gehirn. Aber dadurch, daß das Ich sie auf sich bezieht, bekommen sie die Eigentümlichkeit, daß sie dem Ich bewußt sind. Sonst blieben sie ewig rein stofflich und unbewußt..." [11]

Schon *Kant* spricht von dem „moralischen Gesetz" im Menschen und er sagt von ihm: „nun... es erhebt meinen Wert als einer Intelligenz unendlich durch meine Persönlichkeit, in welcher das moralische Gesetz mir von der Tierheit und selbst von der ganzen Sinnenwelt unabhängiges Leben offenbart, wenigstens soviel sich aus der zweckmäßigen Bestimmung meines Daseins durch dieses Gesetz, welche nicht auf Bedingungen und Grenzen dieses Lebens eingeschränkt ist, sondern ins Unendliche geht, entnehmen läßt." Damit hat Kant seinem Glauben an die Existenz und Geistigkeit der Menschenseele unzweideutig Ausdruck gegeben.

Sehr überzeugend sagt Paul von *Rechenberg-Linten:* „Nie würden die Jenseitsreligionen und alle verwandten Systeme und Bestrebungen solch eine Ausbreitung und Anerkennung in allen Zeiten und bei allen Völkern gefunden haben, wenn diese Lehren und Systeme nicht eine tief in der menschlichen Natur begründete Wahrheit – eben seine tatsächliche Unsterblichkeit – zu Grunde liegen würde. Weil der Mensch diese Wahrheit instinktiv und intuitiv fühlt und „erschaut" – ganz unabhängig von allen Verstandesüberlegungen und Gegeneinwürfen – deshalb erkennt er die in den Religionen und Kirchenlehren enthaltenen Jenseitslehren an; nicht umgekehrt. Ja, es würden gar keine Jenseitsreligionen und -lehren existieren können, wenn sie ihre Grundlage nicht in dem unmittelbaren Gefühl der Menschen besäßen, unsterblich zu sein."

Rechenberg-Linten weist dann darauf hin, daß unser unmittelbares Ich-Bewußtsein kein Produkt unseres Körpers ist bzw. sein kann und daß es insofern auch gar nicht durch die Auflösung des Körpers vernichtet werden kann. „Ein nicht persönliches und nicht bewußtes geistiges Leben gibt es gar nicht, denn der Begriff des geistigen Lebens ist notwendig an eine Ich-Bewußtseinspersönlichkeit gebunden, dessen Funktion dieses geistige Leben erst ist." [13]) Diese Ich-Bewußtseinspersönlichkeit könne sich nicht in ein Nichts auflösen und also überhaupt nicht aus der Welt verschwinden. Wobei zwischen Tagesbewußtsein und Unterbewußtsein zu unterscheiden sei, das aber beides derselben Quelle entspringe, unserem „Ich". Zwischen beiden gebe es eine Brücke. In keinem Stadium des Schlaf- bzw. Traumzustandes sei unser „Ich" in Wirklichkeit verschwunden, sondern gleichsam nur unter den Horizont des Tagesbewußtseins für kurze Zeit untergegangen – ins Unterbewußtsein, um später wieder „aufzutauchen". Unsere geistige Tätigkeit sei auch in einer traumlosen, ichlosen Nacht gar nicht verschwunden, sondern habe sich nur für unsere Erinnerung beim Erwachen irgendwohin zurückgezogen. Die in den Schlafzuständen auftretenden Erinnerungslücken könnten jedenfalls nicht so gedeutet werden, als sei hier eine absolute Vernichtung des „Ich" für die Zeit dieser Erinnerungslücke eingetreten.

Nach einem Hinweis auf das Gesetz von der Erhaltung der Energie — keine einmal vorhandene Energie- und Stoffmenge kann aus dem Haushalt der Natur verschwinden — fährt Rechenberg-Linten fort: „Vergegenwärtigen wir uns, daß durch psychologische Analyse eine unmittelbare Ich-Bewußtseinspersönlichkeit in uns festgestellt ist, die nicht aus unserem Körper stammen kann, da wir diesen Körper selbst erst vermittelst der in unserem unmittelbaren Ich-Bewußtsein schon gegebenen und vorhandenen Fähigkeiten wahrnehmen; und zählen wir unsere unmittelbare Ich-Bewußtseinspersönlichkeit zu den im Weltall gegebenen und vorhandenen geistigen Grundenergieformen (Grundeinheiten), da unser „Ich" sich nicht in eine elementare Form auflösen läßt, so ist einleuchtend, daß auf Grund dieser Voraussetzungen, die sich jederzeit und von jedermann nachprüfen lassen, unser „Ich" unsterblich ist. Es kann nicht untergehen oder überhaupt verschwinden, sondern muß — in welchen Daseinszuständen und Formen es auch immer sei — weiterleben, nur einem Gesetz unterworfen: dem Gesetz der moralischen Vervollkommnung, welches nichts anderes als die Bejahung des Lebens in seiner höchsten harmonischen Form durch dieses geistige Ich selbst ist." [14]

In seiner sehr lesenswerten Schrift „Das Problem des Todes" bringt *Schleich* es so eindrucksvoll und treffend zum Ausdruck:

„Vor unserer zeitlich so kurz bemessenen Daseinsperiode liegt ein Ozean des Todes, er bildet ein Riesengrab der Wesen und nach uns rauscht ein ebenso unbegrenzbarer Ozean, die Heimat des Todes, und zwischen beiden Unausdenkbarkeiten fließt der kleine dünne Strom des Lebens, das Rinnsal des Hierseins dahin. Um diesen Fadenbach, dieses Sandkorn, kann nicht der ungeheure Weltapparat und die gewaltige Organisation der Schöpfermacht zu all den Wundertaten von Sternen, Milchstraßen und Sonnen angetreten sein; um dieses bißchen Leben kann sich nicht die Achse des Alls drehen; das wäre ein weltökonomischer Wahnsinn und diese naive Auffassung von uns, als sei unser Leben der Güter höchstes, das einzig Wertvolle und Bedeutsame, ist geradezu unhaltbar und absurd. Milliarden des eisigtoten Materials um ein Bröckelchen eines blinkenden Glassplitterchens?... Das Problem des Alls, das Rätsel des Daseins, wie das vom Hiersein jedes Einzelnen steckt im Tode, nicht im Leben! Wer es nur hier sucht, hat auch nur ein Hiersein, hat nicht teil am Dasein im All... Man hat sich immer lieber über das uns naheliegende Leben den Kopf zerbrochen als über die Dinge nach uns, ohne zu bedenken, daß erst ein besseres Wissen von dem Tod die Scheinwerfer erhellen könnte, mit denen man des Lebens Dunkel ableuchten wird."

Diese wenigen Stimmen bekannter Denker und Gelehrter unserer Tage zur Frage des persönlichen Fortlebens mögen genügen. Sie könnten unschwer um ein vielfaches vermehrt werden, wovon jedoch im Interesse eines nicht allzugroßen Umfanges dieses Buches Abstand genommen werden mußte. Wenden wir uns dem Nachweis der Existenz und Geistigkeit der Seele wieder zu, denn von ihm hängt ja die Beantwortung der Frage, ob es ein Jenseits gibt, ganz und gar ab. Denn wir wollen hier diese Fragen in der Hauptsache rein vernunftgemäß zu beantworten suchen. Der moderne Mensch, der vom Unglauben angesteckt ist, der Zweifler und Kritiker verlangt Beweise. Versuchen wir, sie ihm zu geben!

Existenz und Geistigkeit der Menschenseele

Die Existenz und Geistigkeit der Seele ist, oberflächlich gesehen, nur eine Annahme, eine Theorie, da sich diese Seele weder mathematisch noch physikalisch, weder im Schmelztiegel noch mit dem Seziermesser nachweisen läßt. Und doch läßt sich ganz exakter Nachweis dieser Existenz einer geistigen Menschenseele führen!

Der einwandfreie, zwingende Beweis für die Existenz und Geistigkeit der Menschenseele wird erbracht durch die *historisch feststehende Tatsache des zeitlichen Voraussehens,* wie sie uns in den Ahnungen, Wahrträumen, dem Zweiten Gesicht, der Prophetie und sonstigen Vorgesichten, darunter dem gewöhnlichen zeitlichen Hellsehen, entgegentritt. Eine ungeheure Literatur bemerkenswerter, einwandfrei festgestellter Fälle zeitlichen Voraussehens beweist geradezu erfahrungswissenschaftlich die Existenz und Geistigkeit der Seele, und weder Rationalismus noch Materialismus in irgend einer Form sind imstande, an dieser Tatsache zu rütteln bzw. sie in „natürlicher" Weise durch „Zufall", Irrtum oder sonstige „Fehlerquellen" zu erklären. Und so ist es denn kein Wunder, daß die Zahl der Wissenschaftler, die sich für die Tatsächlichkeit des zeitlichen Voraussehens einsetzen, immer größer wird.

Für das Wesen der menschlichen Seele fehlt uns freilich jeder Begriff und jede Erklärung. Wir können es höchstens ahnen, wenn wir uns in das Studium der Eigenschaften und Fähigkeiten dieser Seele versenken.

Denn wir wissen — das ist unsere heilige Überzeugung —, daß die menschliche Seele göttlichen Ursprunges ist. Wenn dem aber so ist, dann ist es einleuchtend, daß diese dem Menschen von Gott einverleibte Seele auch gewisse übernatürliche Eigenschaften haben muß! Wie ja überhaupt der Menschengeist durch seine Leistungen in so vieler Hinsicht (Kunst, Wissenschaft, Technik) jedem tiefer Denkenden bereits beweist, daß der Mensch als Geschöpf aus der Hand Gottes hervorgegangen ist bzw. sein muß! — Zu den Eigenschaften und Fähigkeiten der menschlichen Seele, entsprechend den Fähigkeiten des Menschengeistes — als schwachem Abglanz der göttlichen Allmacht — gehört auch das zeitliche Voraussehen.

Bevor wir zu den Tatsachen selbst übergehen, die uns hier interessieren, seien noch Äußerungen bekannter Forscher und Denker über die Probleme des Seelenlebens wiedergegeben.

Schon Georg *Daumer,* Historiker und bekannter Forscher auf dem Gebiete des Übersinnlichen, der sich um die Erkenntnis der okkulten Tatsachen große Verdienste durch seine scharfsinnigen und kritischen Untersuchungen erworben hat, stellt sehr zutreffend fest: „Es existiert in uns eine gewisse wundersame Schöpferkraft, die man zur göttlichen Ebenbildlichkeit des Menschen rechnen kann ... eine Schöpferkraft, die sich zunächst bloß innerlich und in nach außen hin verdeckter Weise als produktives Vorstellungsvermögen, Einbildungskraft. Phantasie betätigt und nur in dieser Form als allgemein menschliche Eigenschaft erscheint, auf diese Form jedoch nicht absolut beschränkt ist, sondern unter gewissen Umständen auch darüber hinauszugehen vermag ... Die menschliche Psyche existiert erstens als das offenbare, im gewöhnlichen Wachen vorhandene und an das Gehirnleben gebundene Selbst des Individuums; und dann als ein zweites, verborgenes Geheimnisvolles, in welchem sich die wundersamsten, dem Ersteren in seiner Besonderheit ganz fremden Eigenschaften und Kräfte bergen: Das allgemeine und das mystische Ich... Auch schon durch den Hypnotismus kann der positive Beweis von der Selbständigkeit des menschlichen Geistes gewonnen werden: Der Körper verharrt gleich einer gefühllosen Masse im Ruhestande und bleibt gegen äußere Einwirkungen unempfindlich, der Geist dagegen, der sich somit als eine mit dem Körper keineswegs identische Natur erweist, betätigt sich in diesem Zustande auf seine eigene Weise... ebenso Somnambulen, die in diesem Zustande zeitlich hellsehen..." [15)]

Schleich, der berühmte Anatom, äußert sich zur Frage der Geistigkeit der Seele u. a. wie folgt: „Was ist die Seele in unserem Leben? Wo ist sie? Zu finden ist sie nicht. Gerade im Krieg mit seiner enormen Experimentierarbeit hat jeder von uns, der beim Verbändemachen zugesehen hat, sich davon überzeugen können, daß, *wenn eßlöffelweise die Hirnsubstanz aus dem Kopf herausfließt, dies unmöglich Seelensubstanz sein kann.* Wer verfolgt hat, *wie die Verletzungen des Gehirns der Seele des Verletzten auch nicht das geringste antun konnten, der muß den Glauben aufgeben, als könne die Seele im Gehirn sitzen, als sei die Seele ein Produkt der Gehirntätigkeit* wie die Galle ein Produkt der Leber; und zwar deshalb nicht, *weil keine Stelle zu finden ist, durch deren Verletzung die Seele ausgeschaltet würde.*" [16)]

Damit ist die Zahl der Mediziner, die zu derselben Feststellung gelangt sind, noch nicht erschöpft. So führt Dr. *Ennemoser* in seinem Werk „Der Geist des Men-

schen" u. a. aus: „Das Bewußtsein, der Verstand und
der Wille gehen bei sehr starken Verletzungen und nach
sicheren Beobachtungen *bei gänzlicher Hirnauflösung*...
nicht verloren, ja erleiden sogar nicht einmal eine auffallende Veränderung, wie es Leichenöffnungen oft gezeigt haben (mehrere in Heckers Annalen 1897, Oktober)
und *Hufeland* hat im „Journal der praktischen Heil-
kunde" (Oktober 1838) einen höchst merkwürdigen Fall
aufgezeichnet, wo ein zwar lange Zeit Kranker bis zur
letzten Stunde seines Lebens nicht die geringste Spur
von Geistesstörung hatte, wohl aber gelähmt war. Man
fand den Hirnschädel wie eine leere Büchse, nur mit
etwas Wasser gefüllt. Keine Spur von Gehirn, weder in
den vorderen noch mittleren Gruben der Basis cranii,
noch auf der Sella turicica. Die Geistesfähigkeit behielt
er bis zum Tode." –

Der Anatom v. *Kern* spricht von einem Mann, der bei
vollkommenem Bewußtsein plötzlich niederfiel und bald
starb. Der größte Teil des Gehirns fand sich da in eine
dem Eiter ähnliche Flüssigkeit aufgelöst, welche offenbar schon seit langer Zeit bei ganz normalem Denkver-
mögen bestanden hatte.

Der Philosoph Ed. v. *Hartmann:* Geist des Menschen:
Es gibt keinen Gehirnteil, den man nicht schon verhär-
tet, erweitert, gelähmt gefunden hätte, *ohne* Geistesstörung im Leben vorher.

Prof. Schmick: „*Beneke* erzählte uns Studenten im
Kolleg als feststehendes Faktum, man habe bei der Sek-
tion in dem Gehirn des genialen Architekten Schinkel
in Berlin, der doch mit nahezu vollem Bewußtsein gestorben war, nur mehr Häute, aber den Schädel völlig
leer gefunden."

Es wäre noch weiter anzuführen, was in jeder Irrenanstalt bestätigt werden könnte, daß die Fälle gar nicht selten sind, daß vollkommen vertrottelte, tierische Kranke kurze Zeit vor ihrem Tode plötzlich die Fähigkeit besitzen, klar, sogar sehr klar zu denken und ein vorzügliches Gedächtnis aufweisen. Nach der kurz darauf erfolgenden Öffnung des Schädels findet man, daß die Gehirnmasse zerstört und entweder in eine unorganische jauchige Masse oder in Eiter übergegangen war. [17]

In einer Sitzung der Akademie für Medizin in New York legte der Chirurg Dr. *Gulpin* Photographien und Zeichnungen vor, die zahlreiche von ihm ausgeführte Versuche veranschaulichen, nach denen es *für ein menschliches Wesen möglich sei, ohne Gehirn zu leben.* Dr. Gulpin zeigte, wie er einem verwundeten Soldaten zwei Drittel des Gehirns *entfernt* hat und wie der Soldat trotzdem weiterlebe, sich sogar bester Gesundheit erfreue und völlig normal denke. – In der Denkschrift zu seinen Photographien und Zeichnungen führt der Chirurg näher aus, daß der Soldat, obwohl ihm infolge der Operation einige Gehirnzentren fehlen, *alle seine geistigen Fähigkeiten behalten* habe. Er denke, spreche, gehe, beherrsche seine Bewegungen, wie er es tat, bevor er verwundet wurde. Er sei also nach dem chirurgischen Eingriff wieder ein normaler Mensch geworden. [18]

Kein Wunder, daß solche Erkenntnisse in ärztlichen Kreisen immer mehr Beachtung finden. Dies geht auch aus der Schrift hervor, die Dr. med. F. *Schwab* unter dem Titel „Geburt und Tod als Durchgangspforten des inwendigen Menschen" veröffentlicht hat und in der es heißt:

„Ich möchte an dieser Stelle auf merkwürdige Entdeckungen hinweisen, die man bei Sektionen machte.

Nämlich, daß in der Schädelhöhle der Leichen von normalen, gesunden und denkenden Menschen bisweilen kein Gehirn gefunden wurde, die Schädelkapsel absolut leer war. Zeugen dafür sind große medizinische Autoritäten wie *Hufeland, Schleich, Ennemoser* und andere. Sie traten für die Wahrheit dieser Tatsache ein. Eine materialistische Wissenschaft konnte aber nicht die Konsequenzen daraus ziehen. Aber Prof. Dr. *Schmick* schreibt jetzt: „Alles spricht dafür, daß wir *nicht das Gehirn* als dasjenige Organ des Leibes aufzufassen haben, welches ganz allein das sogenannte geistige Leben des Menschen darstellt und in sich erzeugt. *Es kann nur als Handhabe eines anderen, auf physischem Weg unverletzlichen Elements betrachtet werden, welches dieser Handhabe sich auch dann noch zu bedienen vermag, wenn sie nur teilweise, ja in Spuren brauchbar geblieben ist.*

Durch alle diese Züge zusammen charakterisiert sich das Gehirn des Menschen nicht als selbständiges Organ, sondern vielmehr als bloße Basis für das Eingreifen einer von der eigentlichen Materie völlig verschiedenen Wesenheit." (Stuttgarter N.-S.-Kurier.)

Schwab fügt dann noch hinzu:

„Da ich an jedem Punkt meines Gehirns und ganzen Körpers denken kann, so müßte logischerweise das Bewußtsein außerhalb des Organismus seinen Sitz haben. Das hat wohl s. Zt. Geheimrat *Nißl*, Chef der Psychiatrischen Klinik in Heidelberg veranlaßt, den Sitz des Bewußtseins nirgends hinzuverlegen. Er stellte dies Problem mit Vorliebe als Examensfrage seinen Studenten zur Beantwortung und ließ sie dann glatt durchrasseln, wenn sie irgendeinen Ort im Gehirn als Sitz des Bewußtseins angaben." [19])

Schwab betont, es könne nicht bestritten werden, daß die *Vorstellung an sich auch leibfrei existieren* könne und verweist auf die ererbten Vorstellungen, die in der Zwischenzeit zwischen Vatergehirn und Sohnesgehirn irgendwo anders, mindestens aber in der gehirnlosen, Keimzelle, gesessen haben müssen.

Das, was hier Schleich und andere Chirurgen bezüglich des Verhältnisses von Seele und Gehirn auf Grund ihrer eigenen Erfahrungen zur gewiß nicht geringen Überraschung weiter Kreise anführen, erhält jetzt eine weitere Bestätigung durch die amerikanische Fachzeitschrift, „Journal of Neurosurgery" 1949, in der mitgeteilt wird:

„Einige Neurochirurgen berichten über den Erfolg einer Operation, bei der fast die ganze rechte Hemisphäre des Gehirns, also beinahe die Hälfte des Gesamthirns, entfernt wurde. Diese Operation war bei solchen Patienten angezeigt, die an einem Hirntumor litten und ohne den Versuch einer Operation bald an ihrem Leiden gestorben wären. Der Hirntumor erwies sich bei diesen Patienten bereits als so fortgeschritten, daß eine Erhaltung der rechten Hirnhälfte nicht mehr möglich war. Vier Patienten, die diesen Eingriff überstanden, konnten nach einiger Zeit wieder am Stock gehen, sich selbst ankleiden und leichte Arbeiten verrichten. Obwohl ihnen also *die rechte Hirnhälfte fehlte,* zeigten sie außer einer leicht auslösbaren Erregbarkeit *keine psychisch-intellektuellen Ausfallserscheinungen.* Einer dieser Operierten wurde zehn Jahre lang nach der Operation beobachtet. Er führte mit seiner Frau zusammen ein kleines Restaurant und fühlte sich stets wohl. Eine Änderung seines Charakters konnte nicht festgestellt werden." („Neue Zeitung" Nr. 175 vom 26. Juli 1950.)

Damit ist ein weiterer, sehr wertvoller Beitrag für die Auffassung Schleichs und anderer Mediziner geliefert, daß die Seele kein Produkt der Gehirntätigkeit sein kann, daß sie unabhängig vom Gehirn existiert, daß also das Entfernen bzw. Schwinden von Gehirn keinen Einfluß auf die menschliche Geistestätigkeit ausübt.

Der bekannte Naturforscher Prof. Dr. E. *Dennert* sagt in seiner Schrift „Ist der Geist eine Gehirnfunktion?" sehr zutreffend: *„Wenn man Seele und Geist als besondere Wesenheiten ansieht, deren Eigenart gerade darin besteht, daß man sie nicht mit den Sinnen wahrnehmen kann wie den Stoff — wie kann man sie denn dann mit dem Seziermesser und Mikroskop im Körper suchen* und hinterher dem Gegner triumphierend zurufen: Ich habe deine Seele, deinen Geist nicht gefunden!? Es ist eben so, daß diese Menschen sich von der Materialität gar nicht losmachen und losdenken können, und das ist wieder ein Beweis für ihren Dogmatismus und ihre unausrottbare Orthodoxie." [20]

Mit Recht bemerkt Dennert, daß ein seelisches Prinzip nicht mit materiellen Mitteln gefunden und erforscht werden kann. Die Herrschaft der Seele und des Geistes über den Körper beweist Dennert zwingend zunächst durch die Tatsache der *Suggestion*, also der geistigen Beeinflussung, die von anderen Personen (Fremdsuggestion) oder von der eigenen (Autosuggestion) ausgehen kann. Der Betreffende steht dann derartig unter der Herrschaft eines ihm mitgeteilten Gedankens oder Befehls, daß er dementsprechend nicht nur handelt, sondern auch körperliche Empfindungen hat. Er führt also Handlungen aus, die man von ihm verlangt, oft sogar nicht sofort, sondern zu einer späteren, vorgeschriebenen Zeit. Vielfach geschehen solche Dinge im hypnotischen Zustand, und ganz ähnliche Erscheinungen hat man auch in gewissen Fällen von *Hysterie* beobachtet, sowie beim *Somnambulismus*. Diese Dinge sind zwar mit bestimmten, physiologischen Erscheinungen im Gehirn verbunden, aber es ist nicht so, daß es lediglich die Worte des Suggerierenden sind, die Schallschwingungen, die in dem Hörzentrum des Betreffenden wirken und von hier aus den ganzen Apparat mechanisch in Bewegung und Funktion setzen, denn es gibt, wie Dennert ausführt, nun doch zwei Umstände, welche die ganze Angelegenheit in ein höchst eigenartiges Licht setzen:

„Einmal ist festzustellen, daß Suggestion auch aus weiter Entfernung *ohne das gesprochene Wort* des Suggerierenden möglich sind, also *lediglich durch dessen Gedanken und deren Übertragung auf den anderen, wofür man kein materiell energetisches Medium kennt.* Dann aber vor allem das andere: Auch bei der in Gegenwart des Suggerierenden und unter dessen gesprochenen Worten stattfindenden Suggestion sind die Worte an sich nicht ausschlaggebend; denn der Suggerierte folgt nicht etwa jedem ohne Unterschied. Es kommt vielmehr auf die *Persönlichkeit des Suggerierenden, auf seine Willensstärke* an. Es ist also keine materielle, sondern eine geistige Beeinflussung, und der Geist des Suggerierenden bedient sich dabei gern des gesprochenen Wortes und der materiellen Schallwellen, um auf den anderen leichter einzuwirken, ist er aber stark genug, so gelingt es ihm auch ohnedies, ja, selbst aus großer Entfernung." [21]

Auf weitere, überaus eindrucksvolle Beweise Dennerts für die völlige Beherrschung des Körpers durch irgend ein geistiges Prinzip kann hier nicht eingegangen werden. Bemerkt sei nur noch, daß Dennert auch die *Selb-ständigkeit des Geistes* überzeugend nachweist, wie die damit eingeschlossene Tatsache, daß es Wahrnehmungen ohne Sinnesorgane gibt, z. B. auf dem Gebiet der Hallu-zinationen. Zu dieser Wahrnehmung ohne Sinnesorgane gehöre auch die zeitlose Rück- und Vorschau, die *Intui-tion* oder das innere Schauen auf den Gebieten der Kunst, Religion, Wissenschaft und Technik, die *Tele-pathie* (Gedankenlesen oder Gedankenübertragungen) und das *Hellsehen*. Dennert kommt dann zu dem Schluß:

„Es gibt Erkenntnisse, die sowohl ohne Sinnesorgan als auch ohne Arbeit des Gehirns erfolgen. Der *Geist kann demnach auch ohne Gehirn* arbeiten, und wir sind daher durchaus zu dem Satz berechtigt: *„Das Gehirn ist eine Funktion und ein Organ des Geistes. Der Geist ist eine selbständige, das Gehirn beherrschende Wesenheit, nicht materiell-energetischer, sondern dynamischer Art."* [22])

Schleich weist darauf hin, daß wenn zu viel Blut an bestimmten Stellen die Gehirnganglien überflute, be-stimmte Wahrnehmungen nicht mehr möglich seien. Das ganz allein beweise schon, daß der Sitz der Seele nicht im Gehirn sein könne. [23]) Er fährt an einer anderen Stel-le fort: „Nicht der Körper schafft sich die Seele, den Geist, sondern er selbst in allen seinen Teilen ist erst ein Produkt der schöpferischen Seele eines Einzel-individuums." [24]) In sehr interessanter Weise behandelt Schleich das Problem der *Hysterie*, die er eine „Perver-sion der Phantasie" nennt. „Was jedoch die Hysterie besonders auszeichnet, ist, daß sie *Stoffe ansetzen, stoffliche Gebilde schaffen kann, also Gewebe aus Idee produzieren kann,* was sonst in der Natur nirgends vorkommt." Schleich erklärt, daß er den Beweis dafür antreten werde. Und zwar nicht etwa bloß im Hinblick auf seine Beobachtungen in dreißig-jähriger Tätigkeit, die er reichlich gesammelt habe, sondern auch unter Verwertung einschlägiger, medizinischer Literatur, aus der hervorgehe, daß viele Wissenschaftler Fälle anführen können, bei denen man bis jetzt vor Rätseln stand. So z. B. wie eine hysterisch veranlagte Frau beim Anblick eines Walrosses einen Robbenzahn bekam, d. h., der eine Schneidezahn wuchs um vier Zentimeter länger. Schleich führt diesbezüglich weiter aus:

„Was werden Sie dazu sagen (er hielt einen Zyklus von Vorträgen, die dann gedruckt erschienen), daß in meiner Sprechstunde eine Dame zu mir kam und fragte: „Was fehlte der Dame, die eben fortging?" – „Sie hat einen Ausschlag." – „Dann werde ich auch einen Ausschlag bekommen", meinte die Patientin. Am nächsten Tag bekam sie wirklich einen Ausschlag, wie die andere Dame ihn hatte, mit denselben Bläschen auf derselben Hand, die sie gar nicht gesehen hatte. Also eine plastische Umformung der Haut allein auf Grund einer Vorstellung.

Was werden Sie sagen, wenn ein junges Mädchen von 16 Jahren in einem Zimmer saß, in dem ein Ventilator ging und mich fragte: „Wenn nun das eine Biene ist?" – „Nein, das ist ein Ventilator." – „Es könnte aber doch eine Biene sein, die mich ins Auge sticht!" Vierzehn Minuten später war ihr das Auge angeschwollen, prall und rot, wie ein Bienenstich, ohne Anwesenheit einer Biene.

In meinem Lazarett während des Krieges lag in einem Saale ein Feldwebel mit zwei durchschossenen Schultern. Er war schon monatelang gesund und spielte schon Mundharmonika, als ihm gegenüber ein Kranker mit

Schädelschuß und Krämpfen eingeliefert wurde. Unvorsichtigerweise fiel von dem konsultierenden Arzt die Bemerkung: „Vielleicht ist es auch Wundstarrkrampf." Der Mann bekam keinen Wundstarrkrampf, aber der Feldwebel mit den vier Monate vorher durchschossenen Schultern bekam am nächsten Tage mit sämtlichen dazugehörigen Symptomen den Tetanus. Er hatte nie diese Krankheit beobachtet, wie konnte er, der Laie, alle Symptome der Krankheit nachahmen? Die zitternden Zuckungsanfälle, die Ballungen der Muskeln am Leibe, Stimmritzenkrämpfe mit deutlicher Zyanose (Blausucht)? Ich möchte den Arzt sehen, der imstande wäre, das nachzumachen. *Der Patient ahmte die Krankheit nach aus einem mysteriösen Wissen um diese, dessen Quelle niemals festgestellt werden kann.* (Ich sehe hier zwei (Kranken-)Schwestern sitzen, die den Fall mitbeobachtet haben, auch Dr. Oelsner hat ihn mitangesehen) ...

Ich kann Ihnen nicht ausführen, was da alles für staunenswerte Fälle vorkommen. Die wunderbarste Veränderung ist diejenige des Nestes der Mutter, die gute Hoffnung vortäuscht. *Ein elfjähriges hysterisches Mädchen behauptet, guter Hoffnung zu sein.* Von Monat zu Monat wurde *von ersten Ärzten festgestellt, wie die Leibesfrucht stieg, wie eine Geschwulst entstand,* die den regulären Stand einer Gebärmutter aufwies. Als dann zu gegebener Zeit, ja sogar im elften Monat noch keine Geburt erfolgte, schritt man zur Operation – und es war überhaupt nichts vorhanden!

Wer solche Wunder erlebt hat, wer auch Rückbildungswunder von bösen Geschwülsten unter Einfluß geistiger Störungen erlebt hat, muß zugeben: Die *hysterische Phantasie hat einen metaphysischen Einschlag, den man nur versteht, wenn man das metaphysische Prinzip der Welt versteht*. Das zeigt die Hysterie gleichsam mit einer kleinen feinen Lupe, durch die man das Leben und Walten der Natur etwas genauer betrachten kann als mit bloßem Auge und dem sog. gesunden Menschenverstand." [25])

Diese Feststellungen des großen Anatomen und verdienstvollen Forschers Schleich sind natürlich von einer derartigen Bedeutung, daß kein Arzt und kein Naturforscher an ihnen vorbeigehen kann. Wenn vereinzelt andere, ungläubige Forscher einen anderen Standpunkt eingenommen haben, so ist das im Hinblick auf die Tatsache, daß die übergroße Mehrzahl der Naturforscher gottes- bzw. christusgläubig ist, so ziemlich ohne Belang. Und wenn zu den ungläubigen Ärzten auch Berühmtheiten wie *Wundt* und *Virchow* gehörten, so muß man wissen, daß gerade diese beiden Forscher es waren, die s. Zt. die Hypnose – als Schwindel erklärten. Heute arbeitet mit diesem „Schwindel" jeder Arzt. –

Die Existenz und Geistigkeit der Menschenseele läßt sich gewissermaßen erfahrungswissenschaftlich auch schon durch die *leibfreie Bewußtseinswahrnehmung* beweisen. Rechenberg-Linten führt dafür u. a. folgende zwei Fälle an:

„Ein Zahnarzt F. berichtet mir folgendes Erlebnis.

Er habe einmal eine kleine Operation durchmachen müssen und sich zu dem Behufe in den Operationsstuhl gesetzt. Als man ihm nun die Chloroformmaske vor das Gesicht gehalten habe, sei sein wahrnehmendes Bewußtsein – sein „Ich" – aus seinem Körper herausgetreten und habe sich etwa in der Höhe des Kronleuchters oben im Zimmer befunden. Von dort aus habe er, also sein körperloses, wahrnehmendes Ich, auf seinen unten im Operationsstuhl sitzenden Körper hinabgesehen. Als die assistierende Schwester, die die Chloroformmaske vor sein Gesicht hielt, mit dem Druck ein wenig nachließ, sei zu viel Luft eingeströmt, und er habe das der Schwester durch den Mund seines Körpers gesagt: die Narkose sei eine leichte gewesen, als die Operation vorüber war, sei er, d. h. sein wahrnehmendes bewußtes Ich, wieder in seinen Körper zurückgekehrt.

Ein Dr. G. erzählte mir, daß er den Zustand des leibfreien Zustandes ebenfalls erlebt habe. Er habe sich einmal einer Meditation hingegeben. Dabei habe sich sein wahrnehmendes „Ich" vom Körper gelöst, und habe im Zimmer herumzuschweben, zu fliegen begonnen, wobei er seinen Körper von oben im Bett habe liegen sehen. Als seine Kinder im Nebenzimmer Lärm machten, sei er an die Tür geflogen und habe mit seiner Faust an die Tür geschlagen, um die Kinder zur Ruhe zu mahnen, weil er nicht in diesem wundervollen Zustande gestört sein wollte. Sie hätten aber nichts gehört. Er mußte in seinen Körper zurückkehren." [26)]

Solche Berichte über das Heraustreten des „Ich" aus dem Körper sind gar nicht so selten, wie es vielleicht scheinen möchte. Meist handelt es sich dabei um Personen, die sich in der Narkose befanden oder im Zustande tiefster Bewußtlosigkeit, die durch eine Verletzung hervorgerufen war.

Vor einiger Zeit behauptete der englische Schriftsteller William *Gerhardi*, daß er imstande sei, nachts seinen Körper zu verlassen und umherzugehen, Türen und Mauern zu durchschreiten und andere Personen in ihren Wohnungen aufzusuchen. Bei seinem ersten derartigen Erlebnis fühlte er sich plötzlich wach, hatte aber das Gefühl, als ob er mit sehr schweren Gliedern durch die Luft wate, etwa so, wie wenn ein Mensch unter Wasser schreitet. Er kam in sein eigenes Schlafzimmer und sah sich, d. h. seinen Leib, zu seinem Entsetzen — im Bett liegen. Er versuchte nun die Vorgänge streng sachlich zu erfassen. Vor allem aber kehrte er um und verließ das Haus. Unterwegs stellte er fest, daß andere Menschen ihn anscheinend gar nicht sahen. Man stellte Gerhardi gewisse Aufgaben. So mußte er in seinem Schlafzustand in gewisse Häuser gehen, die er niemals vorher betreten hatte. Nach seinem Erwachen wurde er dann veranlaßt, die Einrichtung jener Häuser und Zimmer zu beschreiben und auch eine Schilderung der Personen zu geben, die sich in den Zimmern aufgehalten. Diese Prüfungen seien mit verblüffendem Erfolge verlaufen. — Wenn seine nächtliche Wanderung beendet ist, dann begibt sich Gerhardi ins Haus zurück und befiehlt sich selbst, in seinen im Bett schlummernden Körper zurückzuwandern. Er behauptet, er fühle dann in seinem Kopf und in seinem Genick einen starren „Schock". Einen Augenblick später sei er wach und fühle sich trotz der nächtlichen Streifzüge frisch und gesund. [27])

Angesichts solcher und ähnlicher Fälle scheint tatsächlich die Möglichkeit zu bestehen, daß das wirkliche, empfindende Selbst eines Menschen, der eigentliche Mensch, sein „Ich" unter besonderen Umständen aus seinem Körper sich loslösen kann. Die Literatur weist eine derartige Menge solcher Fälle auf, daß man sie kaum anders denn als Tatsachen ansprechen kann. Man kann *Mattiesen* beipflichten, wenn er sagt: „Wie der zu Lebzeiten seinen Leib Verlassende bewußt persönlich weiterlebt, so lebt auch der ihn im Sterben Verlassende bewußt persönlich weiter. Anders gefaßt: Ein Ich mit allen Eigenschaften seelischen Lebens kann *außerhalb des Leibes bestehen, folglich kann es auch bestehen,*

wenn der Leib als solcher zu bestehen aufgehört hat ...
Es besteht demnach zu Recht, daß der Tatsachenzusammenhang des Austritts des Ichs *das Überleben der Persönlichkeit mit allen Eigenschaften seelischen Lebens endgültig beweist."* [28])

Daß dieses „Ich", wie es hier und in den vorher geschilderten Fällen genannt bzw. dargestellt wird, nicht das ist, was wir die unsterbliche *Seele* – im christlichen Sinne – nennen, ist gar keine Frage. Es könnte ja sein, daß, wie manche Forscher annehmen, außer der Seele noch so eine Art Ätherleib, ein vermittelndes Organ zwischen Seele und Leib, besteht (obwohl die Seele, die doch eine geistige Substanz ist, als solche unmittelbar mit dem Leibe, also ohne Zwischenglied, verbunden sein muß). Friederike Hauffe, die bekannte Seherin von Prevorst, gab nach den ihr angeblich durch Geister zuteil gewordenen Offenbarungen an, daß es einen „Nervengeist" gebe, der die Seele mit dem Leib verbinde, der auch nach dem Tode die Seele wie eine ätherische Hülle umgebe und diejenige Kraft sei, durch die sich die Seelen der Verstorbenen manifestieren könnten. *Irgend etwas* ist wohl vorhanden, was unter gewissen Umständen aus dem Leib herauszutreten, sich selbständig zu bewegen und den zurückgelassenen Körper zu beobachten vermag. Was es in Wirklichkeit ist und wie man es nennen soll, ist noch ein Problem, das hoffentlich eines Tages einwandfrei und überzeugend gelöst werden wird. Im gewissen Sinne ist es wohl eine Spaltung der geistigen Persönlichkeit, deren aus dem Leibe getretene Hälfte dieselbe Selbständigkeit des Denkens, Erkennens und Wollens wie im tagwachen Zustande besitzt. In einzelnen Fällen mag es sich um Suggestion, Halluzination oder Hellsichtigkeit, verbunden mit seelischer Fernwirkung (Telepathie) handeln, aber diese Möglichkeit kann nicht verallgemeinert werden. Daß im übrigen die Erscheinung der eigenen Gestalt durch rein gedankliche Einwirkung in die Ferne erzielt werden kann, ist durch Tatsachen zur Genüge bezeugt. Doch unterscheiden sich solche Erscheinungen von denen des Sichselbstsehens ganz wesentlich. [29])

Das Problem der „Doppelgänger" gehört auch hierher.

Dr. Max *Kemmerich*, der bekannte Münchner Kulturphilosoph, auch als Forscher auf okkultem Gebiet bekannt, teilt einige solche Fälle, darunter auch den folgenden mit.

„Es ist mir ein Oberregierungsrat V. in einem bayrischen Ministerium persönlich bekannt, der nicht selten von Angehörigen und Bekannten etwa in sein Haus eintretend gesehen wird, während er in seinem Büro arbeitet. Also, eine Verdoppelung bei vollem Wachbewußtsein und ohne Störung der normalen Funktionen."

Frau Gabriele Z., früher in Ratibor, jetzt in Bayern, teilt mir mit: „Das Doppelsehen einer Person habe ich mit wachen Sinnen unzweifelhaft ganz „ahnungslos" festgestellt. Das ging so zu. In unsere oben gelegene Wohnung führte nur eine Treppe, an deren Anfang eine Tür in den Garten führte. Einmal kam ich vom Brunnen mit einer Kanne Wasser. Wie ich die Treppe hinauf will, sehe ich meinen Mann im Garten über einen Korb Blumen gebückt, die wir einpflanzen wollten. Es war Essenszeit. Ich gehe eilig an meinem Manne vorbei und denke: Nun, der kann auch warten mit dem Pflanzen, bis wir gegessen haben... Ich gehe aber ohne etwas zu ihm zu sagen, hinauf ins Eßzimmer – und sehe meinen Mann ruhig essend am Tisch sitzen... Mir fiel vor Erstaunen und Schreck fast die Kanne aus der Hand...

„Ja, was ist denn das", fragte ich entsetzt, „bist du denn nicht im Garten?" — „Ich war überhaupt nicht im Garten gewesen", erwidert mein Mann ebenso erstaunt. Wir waren beide sprachlos, als ich ihm das Erlebte erzählte. Wenn ich geahnt hätte, daß die Erscheinung meines Mannes im Garten nur dessen Doppelgänger gewesen, hätte ich diese angesprochen und angefaßt, aber wer denkt an so etwas..."

Der Sachverhalt ist hier ohne Zweifel der gewesen, daß der Mann, als er beim Essen saß, sich in Gedanken mit dem Pflanzen der Blumen beschäftigte, was zur Folge hatte, daß sich sein zweites Ich, sein „Astralleib" oder wie man es nennen will, von ihm loslöste und im Garten am Blumenkorb erschien... Ein außerordentlich aufschlußreicher Fall!

Daß die Seele nicht mit dem Gehirn, mit dem Denken identifiziert werden kann, sondern ein völlig selbständiges „Etwas" ist, geht aus dem folgenden Beispiel einer eigenartigen Fernwirkung ganz unzweideutig hervor.

Johannes *Illig*, ein verdienstvoller Forscher auf dem Gebiete des Übersinnlichen, berichtet in der „Zeitschrift für Parapsychologie":

„Ein mir bekannter Herr war mit einer Gruppe von Skiläufern ins Gebirge gegangen und mit ihr von einer Staublawine überrascht worden, als er eben ein Felsenhorn überquerte, an dem sich die Lawine spaltete, so daß er für seine Person völlig unversehrt blieb, aber zusehen mußte, wie seine Begleiter in der Tiefe verschwanden. *Genau auf die Minute hin blieben zu Haus in seiner Wohnung, also in einer Entfernung von 150 — 200 Kilometer, beide Uhren stehen,* eine Wanduhr im Wohnzimmer und die Weckeruhr im Schlafzimmer. Wie ich am anderen Tage von dem Heimkehrenden erfuhr, *be-*

fand er sich im Augenblicke der Katastrophe in furcht-
barer Erregung und war ganz von der Katastrophe und
ihren Folgen erfüllt. Irgend ein anderer Gedanke ist ihm
nicht aufgestiegen, namentlich ist ihm nicht der leiseste
Gedanke an seine Familie gekommen. Trotzdem eilte in
diesem Zustand der Schreckekstase der *„Andere" in*
ihm, der Unterbewußte, der Nachtwandler und Träumer,
nach Hause und gab durch das symbolische Anhalten
der Uhren das Signal „Tod" oder „Todesgefahr" ab.
Dieser Vorgang ist, so selten er auch mit dieser Deut-
lichkeit beobachtet wird, einfach zu verstehen, denn der
Skiläufer konnte in dem Augenblick, als die Lawine
rings um ihn niedersauste und seine Begleiter mit sich
in die Tiefe riß, gar keinen anderen Gedanken haben,
wenn das Wort „Gedanke" hier überhaupt angängig ist,
als: Jetzt hat deine letzte Stunde geschlagen, jetzt ist's
mit dir zu Ende, Tod, Tod! Und dieser aus den tiefsten
Lebenstiefen aufgewühlte „Gedanke", der im eigentlichen Sinne noch gar nicht Gedanke war, sondern sich
erst in der Form einer seelischen Erschütterung durch
ein unmittelbares Erlebnis in sein Unterbewußtsein bet-
tete, riß sich infolge der gewaltigen seelischen Erschütterung zu seiner Nervengebundenheit los und eilte auf
der unsichtbaren Bahn der Sympathieverbundenheit in
die Heimat und drückte sich dort symbolisch durch das
Stehenbleiben der Uhren aus ..." [30]

Der nachstehende Fall ist von ganz besonderer Bedeutung: Und zwar deshalb, weil er geradezu beweist,
daß das mysteriöse Stehenbleiben von Uhren nicht
durch irgendwelche vom Bewußtsein (Gehirn) des lebenden Menschen ausgehende Einflüsse bewirkt wird, durch
Gedankenkräfte, sondern daß dieses Phänomen rein geistigen, seelischen Ursprungs ist: Daß es also von der

geistigen Individualität des Menschen, von dem eigentlichen „Ich" bewirkt wird! Gerade an Hand dieses Falles erscheinen alle anderen ähnlichen Berichte in einem ganz hellen Licht! –

Der Berichterstatter Dr. C. *Vogl*, ein protestantischer Theologe, veröffentlicht über ein Uhren-Erlebnis eine längere Darstellung, der ich folgendes entnehme:

„Im März 1934 besuchte ich meinen Freund, den durch sein wundervolles Buch „Ewiges Schweigen?" (Union, Deutsche Verlagsgesellschaft) bestbekannten Johannes *Illig* in Göppingen. Als wir in unseren Gesprächen uns einmal über einen sehr merkwürdigen und überzeugenden Fall des *Stehenbleibens einer Uhr* als Kundgebung eines Verstorbenen unterhielten, erklärte ich mich bereit, zu verabreden, daß derjenige von uns, der zuerst stirbt, dem anderen sich sterbend oder nach dem Tode irgendwie kundtun möge. Illig lehnte ab mit der Begründung, er bedürfe solcher Beweise nicht, wolle aber auch kein Versprechen geben, das er vielleicht nur schwer würde erfüllen können. Ich sprach über die Sache nicht weiter. Nach mehrwöchigem Zusammensein verließ ich Göppingen. Mein Freund versprach mir, mich bald in Thüringen zu besuchen. Mitte Oktober schrieb ich ihm eine Postkarte, auf der ich bedauerte, daß das Jahr zu Ende gehe, ohne daß er seinen beabsichtigten Besuch bei mir durchgeführt hätte.

Am Morgen des 4. November beim Erwachen mußte ich besonders lebhaft an Illig denken. Ich sah nach der Uhr, die neben meinem Bette stand, sie zeigte 5 Minuten vor 7. Als ich abermals nach der Uhr sah, bemerkte ich, daß sie seit eben jener Zeit stand. Ich rüttelte sie, ohne Erfolg; ich zog sie auf: sie war am vorigen Tage regelrecht aufgezogen worden und hätte, wenn nicht aufgezogen, noch mindestens zwölf Stunden gehen müssen. Nun ging sie wieder. Ich ersuchte meine Frau, im Speisezimmer nach der Wanduhr zu sehen. Sie stellte fest: „Die Uhr *steht auch,* auf 10 Minuten vor 8." Meine Frau rief meiner Tochter, die noch in ihrem und ihrer Mutter Schlafzimmer sich befand, sie möchte nach der dort immer in Gang befindlichen Weckeruhr sehen. Aber auch diese war gegen 8 Uhr stehen geblieben. *Also unsere sämtlichen, ständig in Gebrauch befindlichen Uhren waren stehen geblieben innerhalb eines Zeitraumes von weniger als einer Stunde.* Es sei gleich hier bemerkt, es handelt sich um Uhren, die bis dahin niemals stehen geblieben waren, wenn sie aufgezogen waren und die auch nachher wieder als ganz zuverlässig sich erwiesen haben. Sämtliche Uhren waren regelrecht aufgezogen.

Das Ereignis mutete natürlich seltsam an, und ich äußerte zu meiner Frau, ob dies nicht etwas zu bedeuten habe. Dachte auch an meinen Freund Illig. Drei Stunden später brachte die Post ein schwarzumrandetes Kärtchen, auf dem mir der Sohn meines Freundes die Mitteilung machte, daß sein Vater am 1. November früh entschlafen sei. Die Stunde, als bei mir die Uhren stehen geblieben, sei — wie mir der Sohn nach Rückfrage schrieb — die Zeit gewesen, *da der Sarg aus dem Hause getragen wurde.*

Eine besondere Erklärung des geschilderten Erlebnisses sollte sich erübrigen. Dem aus dieser Zeitlichkeit abgeschiedenen Freunde ist es offenbar nicht schwer geworden, meinen ihm seinerzeit geäußerten Wunsch zu erfüllen. Er hat, drei Tage nach seinem Leibestode, *kundgetan,* daß er, sein wesenhaftes Ich, auch ohne den grobstofflichen Leib und weit entfernt von ihm, der längst im Tode erstarrt war, grobstoffliche Gegenstände zu handhaben und an ihnen unleugbare, allen wahrnehmbare Veränderungen vorzunehmen imstande ist, daß er, sein wesenhaftes Ich, weiß, was er will und sein Wollen in die Tat umzusetzen vermag. Dies ist für mich die einzig natürliche Erklärung des mitgeteilten Sachverhaltes. —

Zwei und einen halben Monat nach jenem Vorkommnis besuchte mich ein Uhrmacher, der meine Taschenuhr instandsetzte. Ich nahm die Gelegenheit wahr, ihn zu fragen, wie er sich das Stehenbleiben meiner Uhren erklären würde. Er meinte, aufgezogene Uhren könnten aus drei Gründen stehen bleiben, nämlich, wenn das Werk infolge Alters sehr abgenützt ist, wenn es verschmutzt ist, oder bei starkem Temperaturwechsel. Alle diese Gründe kamen bei meinen Uhren, wie der Mann feststellte, nicht in Frage. Als mir der Uhrmacher später meine Taschenuhr wiederbrachte, erzählte er, er habe mit seinem Vater (ebenfalls Uhrmacher) gesprochen und dieser habe gesagt, auch ihn habe man schon nach solchen Fällen des Stehenbleibens von Uhren aus Anlaß eines Todesfalles um seine Meinung gefragt, doch vermöge er keine Erklärung zu geben." [31])

Auch der folgende Fall beansprucht Interesse: Geheimrat Prof. Dr. A. *Ludwig* in Freising, ein bekannter Forscher auf dem Gebiet des Okkultismus, berichtet mir:

„Ein hiesiger Metzger besuchte immer eifrig meine Vorträge über die Phänomene des Übersinnlichen. Da erkrankte er an Leberkrebs und lag von Januar bis Juli 1931. Ich besuchte ihn jede Woche und er sagte mir oft, wie froh und glücklich er sei trotz großer Schmerzen, daß er jetzt durch meine Vorträge fest vom Fortleben überzeugt sei. Im Juli bat er mich, ich möge ihm erlauben, daß er sich nach seinem bald zu erwartenden Tode *mir kund tue.* Ich dankte ihm dafür und bat nur, er möge diese Kundgebung auf eine Weise tun, daß ich, da ich nervenleidend sei, nicht schwer erschrecken müsse. Etwa acht Tage nachher starb er, und zwar an einem Freitag. Am folgenden Sonntag sollte er beerdigt werden. Am Samstag Abend, als ich am Tisch saß zugleich mit meinem Neffen, blieb plötzlich um einhalb zehn Uhr die auf dem Aufsatz über dem Schreibtisch stehende Uhr ohne erkennbare Ursache stehen, wovon auch mein Neffe, Universitätsstudent in München, Zeuge war. Ich dachte, es werde wohl im Uhrwerk etwas verdorben sein, da die schöne Uhr aus der Zeit Louis XVI. stammte. Sie wurde von meinem Neffen sofort wieder in Gang gebracht. Als ich aber am folgenden Tage, Sonntag früh 8 einhalb Uhr, neben meinem Schreibtisch saß, ohne ihn im geringsten zu berühren und Brevier betete, sah ich ab und zu auf die Uhr, da ich um 9 Uhr im anstoßenden Dom die Predigt zu halten hatte. Als ich wieder einmal auf die Uhr sehe, bemerkte ich, daß sie plötzlich wieder stehen geblieben war. Ich fixiere die Uhr und wer beschreibt mein Erstaunen, als plötzlich der *Perpendikel sich von selbst vor meinen Augen in Bewegung setzte und wieder regelmäßig ging!* Sogleich rief ich meinen Neffen und erzählte ihm den mysteriösen Vorgang. Auch er war starr vor Staunen. Um nun die Probe zu machen, ob nicht doch vielleicht eine unbewußte kleinste Erschütterung des Schreibtisches die Bewegung verursacht haben könnte, ließ ich den Perpendikel stehen und schüttelte den Schreibtisch mit beiden Händen stark! Allein nichts bewegte sich! Erst als ich mit der Hand den Perpendikel wieder in Bewegung setzte, ging die Uhr weiter. Am Nachmittag desselben Sonntags war die Beerdigung des am Freitag vorher Verstorbenen. Ich fragte mich nun: war dies vielleicht die *versprochene sanfte Kundgebung,* die deutlich genug doch zugleich meine Nerven schonen sollte?"

Ich habe die hier in Rede gestellte Uhr gesehen, als ich Prof. Ludwig besuchte, der mir diesen Vorgang noch etwas eingehender erzählte und gar nicht daran zweifelte, daß der Verstorbene sein Versprechen wahr gemacht hatte.

In diesem Zusammenhang sei noch erwähnt, daß die Taschenuhr eines Bekannten von mir, der im Krankenhaus lag, und die sich neben ihm auf dem Nachttisch befand, im Augenblicke seines Todes stehen blieb, obwohl sie noch aufgezogen war.

Als Schüler erlebte ich im Hause meiner Großeltern die Tatsache, daß eines Abends gegen acht Uhr die Wanduhr ohne sichtbare Ursache stehen blieb. Sie war noch gar nicht abgelaufen, und als der Perpendikel in Bewegung gesetzt wurde, ging sie wieder weiter. In derselben Nacht starb mein im Nebenzimmer krank liegender Onkel.

Dieses Stehenbleiben von Uhren ist geradezu charakteristisch für die Art und Weise, in der sich das menschliche „Ich", die Seele zu Lebzeiten und nach dem Tode Menschen zu offenbaren vermag oder besser gesagt, nicht selten offenbart. Merkwürdig nur, daß dieses seelische „Abreagieren", wenn man es so nennen soll, in so vielen Fällen an Uhren erfolgt! Als ob dieses „Etwas" einem ganz bestimmten Gesetz folgen würde. Einem Gesetz, das wir Sterblichen nicht kennen. Man fragt sich, *weshalb* die hier in Frage stehende Potenz in den einzelnen Fällen die Uhr zum Stillstand bringt? Die Antwort ergibt sich zwangsläufig: Um die Aufmerksamkeit eines gewissen Personenkreises – meist Angehöriger – auf ein tragisches Ereignis zu lenken. In der Regel handelt es sich um einen Todesfall. Weil also mit dem Stehenbleiben von Uhren ganz offensichtlich eine bestimmte Absicht verbunden ist, ergibt sich daraus zwingend, daß die Ursache dieser Wirkung nicht stofflicher Natur, nicht das Gehirn und der ihm entspringende Gedanke sein kann. Das wird schon dadurch bewiesen, daß auch in Fällen, wo der Tod urplötzlich eintritt, wo jemand auf der Stelle getötet wird, z. B. durch einen Kopfschuß, wie es im Kriege so oft der Fall ist, wo also der Getötete gar nicht mehr in der Lage ist, einen Gedanken zu fassen, doch auch zu Haus eine Uhr zum Stehen gebracht wird. Es ist also ein *seelischer* Agent, der sich in solchen Fällen auswirkt! Es ist das *geistige* Prinzip, das hier sichtlich dominierend ist.

Die sich in ihren Variationen stets bleibende Grundform dieses Phänomens – bei Menschen aller Geistesstufen – ist ein weiterer Beweis des rein seelischen Charakters, da es völlig ausgeschlossen erscheint, daß in allen den zur Rede stehenden Fällen jede der hier in Frage kommenden Person die Absicht gehabt bzw. den Gedanken gefaßt hätte, bei den entfernt wohnenden Angehörigen irgend eine Uhr zum Stillstand zu bringen! Vielmehr kann diese Wirkung nur ganz unbewußt, d. h. ungewollt vom Gehirn bzw. vom Verstand, aber bewußt und gewollt vom geistigen Ich, der Seele, fernwirkend hervorgebracht worden sein! Was nicht ausschließt, daß vielleicht Gedanke und Seele zuweilen auch zusammenwirken können. –

Ein ganz untrüglicher Beweis der Existenz und Geistigkeit der Seele ist auch das örtliche und besonders das zeitliche *Hellsehen*, also das Wahrnehmen von Dingen nicht mit den leiblichen Augen, sondern mit den geistigen Augen, den Augen der Seele. Und auch das gibt es! Ich kann im Hinblick auf den Rahmen dieses Buches hier nicht auf lange theoretische Ausführungen über das Hellsehen eingehen, sondern muß mich in der Hauptsache darauf beschränken, Tatsachen anzuführen.

Ein sehr bekannter Hellseher war der in Warschau lebende Ingenieur Stefan *Ossowiecki*, der vor einiger Zeit anläßlich eines ganz besonderen Falles von sich reden machte. Die Tagespresse berichtete damals u. a. von ihm:

„Dutzende von Menschen aus allen Teilen des Landes pilgern täglich zu ihm. Ossowiecki aber verschließt in der Regel seine Türen, da er von seinen Fähigkeiten keinen gewerbsmäßigen Gebrauch macht. Er interessiert sich nur rein privat für besondere Fälle, dann aber, ohne irgend eine Entschädigung anzunehmen.

Heute beschäftigt sich die polnische Öffentlichkeit wieder einmal mit der unheimlichen Gabe des Ingenieurs. In dem Städtchen Stolina, das auf den ausgedehnten Besitzungen des Fürsten Radziwill liegt, war ein 14jähriges, ob seiner Schönheit bekanntes Mädchen an einem Januarnachmittag spurlos verschwunden. Alle Nachforschungen der Eltern und der Behörden verliefen im Sande. Durch Vermittlung des Fürsten Karol Radziwill gelang es dem Gemeindevorsteher, der sich dieses Falles besonders angenommen hatte, zu dem Warschauer Ingenieur zu gelangen. Nach längerer Betrachtung einer schlechten Liebhaberaufnahme von dem Mädchen, die ihm der Gemeindevorsteher vorlegte, beschrieb Ingenieur Ossowiecki genau die äußeren Lebensverhältnisse, in denen sich die Vermißte befunden hatte, machte genaue Angabe über die Familienverhältnisse des Mädchens und erklärte dann, daß das Mädchen am 10. Januar nachmittags zwischen 4 und 5 Uhr einem Verbrechen zum Opfer gefallen sei. Auf dem Nachhausewege habe das Mädchen ein jüdischer Hausierer angesprochen und aufgefordert, ihm gegen eine gute Belohnung einen der beiden Koffer zu einem Nadelwäldchen tragen zu helfen. Das Mädchen habe das Angebot angenommen. Der Ingenieur bezeichnete dann genau die Stelle, an der sich der Unmensch auf das Mädchen geworfen, es vergewaltigt, dann in viehischer Weise zerstückelt und vergraben hatte.

An der bezeichneten Stelle, zweieinhalb Kilometer von der Stadt, wurde dann tatsächlich der zerstückelte Körper des Mädchens vor den Augen der Polizeibeamten ausgegraben." [32])

Der Herausgeber der „Zeitschrift für metaphysische Forschung", Prof. Dr. Ch. *Schröder*, Berlin, interessierte sich für diesen Fall besonders und war dann in der Lage, mitzuteilen, daß der in der Tagespresse geschilderte Sachverhalt als durchaus zutreffend zu bezeichnen sei. Das Verdienst daran hat in erster Linie Dr. K. *Kuchenka*, Prag, der sich an Ossowiecki mit dem Ersuchen um Stellungnahme zu den Presseberichten wandte.

Die folgenden Berichte liegen auf derselben Linie:

Frau Frieda *Strindberg*, die auch als Schriftstellerin bekannte Witwe des großen nordischen Dichters, schreibt in ihrem Buch „Lieb, Leid und Zeit", eine unvergeßliche Ehe (Hamburg, 1936) unter anderem:

„Ich bin jetzt sechs Monate mit August Strindberg verheiratet. Kenne ich meinen Mann schon? Das eine weiß ich: Es ist schwer für Strindberg, mit Menschen ohne Zusammenstoß zusammenzuleben, weil er die Welt anders empfängt als sie.

Vor ungefähr einer Woche ging ich nachmittags eine halbe Stunde aus und kam ohne besonderes Erlebnis zurück. Strindberg war finster. Nach Tisch fragte er mich lauernd: „Du hast S... getroffen?" Es klang mehr wie eine Behauptung als eine Frage.

„Ich – nein."

„Du hast ihn um 4 Uhr an der Karlstraße (in Berlin) getroffen!"

Ich war um 4 Uhr an der Karlstraße, doch getroffen habe ich niemanden.

„N – ein – – !"

„Trugst du nicht dein grünes Tuchkleid (er hatte mich nicht darin gesehen)... und knüpfte nicht S... eine Erinnerung daran?"

„Ich trug das Kleid, aber ich habe ihn nicht getroffen!"

„Warum leugnest du?"

„Aber ich sage dir doch: ich habe keinen Menschen getroffen!"

Heute aber, wo ich an das Ganze nicht mehr denke, treffe ich genau um 4 Uhr an der Karlstraße, in genau demselben Kleide – H. S. Er knüpft tatsächlich eine Erinnerung an das Kleid. Ich bin derartig entsetzt, daß ich blindlings die Flucht ergreife. S. versteht nicht, meint, er habe etwas verbrochen, jagt, Entschuldigungen stammelnd, hinter mir her. Ich wende mich nicht um. Endlich läßt er nach, er hält mich wohl für verrückt...

Strindberg merkt, daß ich verstört bin, fragt und – ich gestehe es weinend. Er hat aber nur einen Blick unsäglicher Verachtung für mich: – warum ich es nicht schon vor acht Tagen zugestanden hätte –? Die organische Verlogenheit des Weibes äußere sich da wieder.

Ich will der Wahrheit gewiß nicht zu nahe treten, aber was Wahrheit ist – weiß Gott allein."

„Ein andermal behauptet er, Großmutters Lieblingskater habe mit Mutters Lieblingskater ein Duell bis aufs Blut gekämpft und sei um ein halbes Ohr ärmer geworden dabei. Ich stelle fest, daß das nicht stimmt, Großmutters Kater und Mutters Kater befinden sich wohl. Vier Tage später beißt der eine dem anderen aber tatsächlich das halbe Ohr ab, ein sizilianischer Ehrenhandel offenbar, der Großmutter und Mutter in feindliche Lager treibt.

Dergleichen „Übersinnliches" interessiert Strindberg als Phänomen, aber es erstaunt ihn nicht sonderlich..."

Den Aufzeichnungen der Verfasserin ist zu entnehmen, daß Strindberg auch sonst noch okkulte Erlebnisse gehabt hat, die er seinem näheren Freundeskreis, darunter dem bekannten Chirurgen Karl Ludwig Schleich, mitteilte.

Ein ganz einzigartiger Fall von Hellsehen, der zwar lange zurückliegt, dafür aber exakt beglaubigt und daher von besonderem Wert ist, findet sich in dem Buche „Aus alten Tagen" Lebenserinnerungen eines Markgräflers 1815 – 1875 (Lörrach 1908) von Eduard *Kaiser*. Der Autor war ein sehr angesehener Arzt und bekannter Politiker, der im Vorwort (er selbst hat das Buch nicht mehr herausgegeben) als ein seltener Charakter und hochgebildeter Geist bezeichnet wird, der „sicheren Schrittes alle Gebiete durchwanderte, die menschlicher Forschung zugänglich sind."

Kaiser spricht vom „Wahrsagen", weil er anscheinend keine andere Bezeichnung für diese seltene Fähigkeit kannte, und spricht von dem Manne, den er selbst kennen gelernt und der ihm selbst die erstaunlichsten Dinge

vorausgesagt hatte, als von einem „Wahrsager". Heute
wissen wir, daß er es mit einem Hellseher zu tun hatte.
Man ist versucht, den Bericht in Zweifel zu ziehen,
wenn er nicht von einem Manne wie Kaiser herrührte,
der in seinen Erinnerungen u. a. erklärt, daß ihm in seinem Leben nichts so verhaßt gewesen sei wie das Lügen
und der demzufolge auch mit rücksichtsloser Offenheit
seine Schwächen und Charakterfehler dem Lichte der
Öffentlichkeit preisgibt. Dieser Mann berichtet in zwar
etwas weitschweifiger Weise und in einem etwas ver-
alteten Stil seine Erlebnisse mit dem „Wahrsager", die
aber dadurch nichts an Wert einbüßen. Er schreibt u. a.:

„Mein jüngster Bruder in Berlin, schrieb mir von dort
im Frühjahr 1856 erstaunlich Verführerisches über den
bekannten Wahrsager Sohn in Berlin, den er selbst wiederholt gesprochen habe. Vor einigen Jahren hat „Die
Gartenlaube" einen fulminanten „Bock"-Artikel gegen
diesen nun längst verstorbenen „Sohn" gebracht, darin-
nen dieser als ein Gauch und Schwindler abgetan wird,
alles dies im Interesse der Aufklärung und gesunden
Vernunft samt Zubehör, jedenfalls nicht im Spezialdien-
ste der Wahrheit, die bisweilen ein ganz anderes Gesicht
trägt, als verlangt wird. Die Frage über die Möglichkeit
derartiger Wahrsagungen ist himmelweit verschieden
von derjenigen der Gaunerei, die mit denselben getrie-
ben wird und sowohl das Urteil des „alten Fritz" über
den Grafen von St. Germain als die bekannte Abhand-
lung Kants über Swedenborg, Schopenhauers über Magnetismus und Sympathie, samt Giehnes „Gesichte eines
Dorfpropheten" und Cazottes Prophezeiungen, müßten
laut „Gartenlaube" als Beispiele menschlicher Albern-
heit sich verzeichnen lassen. Von der Lenormand dürfte
man vor honetter Gesellschaft nicht wohl reden und wie

man zu der von dem großen Manne Kepler dem Wallenstein ausgefertigten Nativität, die leider nicht bloß von Anfang bis zu Ende sich als richtig bewiesen, sondern den „Friedländer" bis zu seinem Tode magisch regierte, sich zu stellen hätte, das geben wir dem höheren Ermessen der „Gartenlaube "anheim.

Dies hier nur als Entschuldigung meines wiederholten Besuches bei Sohn in Berlin.

Gegen Ende Frühjahrs 1856 fuhr ich plötzlich mit dem Schnellzug von Basel nach Berlin. Ich kam früh 7 Uhr etwa im Hause meines erstaunten, jüngeren Bruders an, der gegenüber unserem anderen Bruder in der Oranienstraße wohnte. Ich eilte durch die Straßen gegen den Schiffbauerdamm, wo in einem kleinen Tabaklädchen der Sohn des Wahrsagers seinen Kram betrieb und die Konsultationen mit dem Vater vermittelte. Ich ließ mich in das einfache Nebenzimmer einweisen, worauf bald darnach Sohn eintrat.

Er war ein mittlerer Sechziger wie mir schien, von militärischer Haltung, von schlanker, hoher Statur, schwarzbraunes Haar, lebhafter Gesichtsfarbe, braunen, großen Augen, die ohne ihren quälerischen „Stechblick" hätten schön heißen können. Sein Kinn war durch einen hellgrauen, widerlichen Bocksbart verunziert, die Bewegungen rasch, das Auftreten sicher, die Manieren würdig, die Sprache hastig und bestimmt, der Ton der Stimme angenehm, die Ausdrucksweise etwas vernachlässigt, war so der wunderliche Mann eine anregende und fast gewinnende Erscheinung für jedermann. Letzteres sage ich deshalb, weil bald nach mir im Herbst darauf, auch meine Tochter ihn konsultierte und vorher schon meine Schwägerin sich mit ihm besprochen hatte. Nur mein jüngerer Bruder war ihm nicht besonders geneigt, weil ihm Sohn vorausgesagt hatte: *„Sie werden frühzeitig eines gewaltsamen Todes sterben."* Sohn bekam Recht, denn 14 Jahre später erschoß mir nachts ein Grenzaufseher diesen Bruder.

Das Eintreffen dieser Katastrophe half einer zweiten Voraussage Sohns dann im Jahre 1869 zur Erfüllung, denn er sagte meiner Tochter dazumal: „Wenn Ihr Vater wieder nach Berlin kommt, wird er in Gesellschaft einer jungen Frau sein, die in Trauer geht." Und bald nachdem wir in Trauer gekommen, reiste meine *Frau* Tochter — wir beide dachten nach 10 Jahren längst nicht mehr an diesen Spruch — in Trauerkleidern von Karlsruhe aus mit mir nach Berlin. Bevor ich nun von meinem Gespräche mit Sohn berichte, muß ich auf einiges in dieser Beichte aufmerksam machen. Da ich selbst dreimal bei ihm vorsprach und meine Tochter einmal, so werde ich alle 4 Besuche, als wären sie ein einziger, im gleichen Bilde zusammenfassen. Sodann muß ich bemerken, daß ich gerade das, was sich auf mein drückenstes Anliegen bezog, dem Leser vorenthalte, für ihn hätte es schlechterdings kein Interesse.

Ich bat Sohn, er möge, zum Beweis seiner Einsicht, mir wenigstens aus meiner Vergangenheit einiges sagen, z. B. ob ich ledig, Witwer oder verheiratet sei.

Er fiel gleich ein: „Sie waren 14 Jahre verheiratet und verloren ihre Frau an einer Krankheit, die Sie längere Zeit als Anfang von etwas Erfreulichem hielten. Ihre Frau hatte schöne Augen, lebhafte Farbe, starke Hüften und Schultern und verlor mehrere Kinder. Sie selbst werden ein hohes Alter erreichen, so hoch wie ihre beiden Großväter es erreichten und kaum je bedeutend mehr erkranken, nie um das Augenlicht kommen und weder körperlichen Schaden durch Tiere erleiden, noch

Arm oder Bein brechen. Ihre bösen und gefährlichen Tage liegen nun schon hinter Ihnen, die Zukunft wird Ihnen ruhigere und freundlichere bringen. Sie werden in keiner politischen Bahn sich mehr bewegen, wohl aber in Ihrem Beruf und vor allem in ihrer gesellschaftlichen Stellung viel Ehre genießen. Früher waren Sie einmal im Fall, Beruf, Wohnort und Haus zu wechseln, haben es aber abgelehnt. Ihre Tochter wird nicht lange mehr ledig bleiben, denn noch in diesem Jahr wird ein Mann um ihre Hand werben, dessen Frau noch lebt, aber nächstens stirbt, den wird sie abweisen und später dann das Auslesen unter andern haben, die noch kommen; auch diese wird sie ablehnen und dann schließlich einen hübschen, lebhaften sich auswählen, der weder dem Kaufmannsstand noch den Gelehrten angehört, sondern der eigentlich ganz Geschäftsmann ist. Der wird sie auf Händen tragen, sie wird zwei Kinder bekommen, was sie über diese Zahl bekommt, das darf sie mir schicken, ich nehme sie auf meine Kosten. Sie wird, so mager sie jetzt ist, doch einmal sehr dick werden und in älteren Jahren in Folge eines Unfalles mit einer Chaise ersticken. Sie selbst werden nächstes Jahr mich so gewiß wieder besuchen als Sie voriges Jahr um diese Zeit kein Glied rühren konnten. Ihre Tochter wird später in eine große Stadt ziehen und wenn Sie selbst es einmal recht gut haben, werde ich schon gestorben sein; kommen Sie jetzt in Ihr Haus zurück, so wird man Ihnen gleich einen darin vorgefallenen Diebstahl melden, der übrigens nicht groß ist. Sie haben mich gefragt, ob Sie sich an dem einzigen Ihnen feindlich gesinnten Mann rächen können? Allein das wird gar nicht nötig sein, denn derselbe wird sich durch sein eigenes, unruhiges Treiben stürzen, übrigens werden Sie bei der Bescheidenheit Ihrer Wünsche und der großen Beharrlichkeit Ihres Willens so ziemlich immer erreichen, was Sie sich zum Ziel gesetzt haben."

Wie schon hervorgehoben wurde, kann ich das für mich am meisten Belangreiche aus meinem Zwiegespräch hier nicht mitteilen und will nun bloß erwähnen, was die späteren Ereignisse und was der damalige Sachverhalt an diesen Worten Sohns, die jedoch nur im Wechselgespräch und nicht in einem Vortrag fielen, richtiges ließen, da nun schon über zwanzig Jahre seit jenem Gespräch verflossen sind, ist ihnen die Probe der Zeit ausreichend zu Teil geworden. „Summa cum laude" würde man nach diesem Doktorexamen sagen dürfen.

Über zwei Punkte aus meiner Vergangenheit erhob ich sogleich, als unrichtig, Protest gegen die Worte des Wahrsagers. Der erste war der über meinen geplanten Berufs- und Ortswechsel. Ich wußte keine Silbe davon, daß mir je so etwas nahe gekommen wäre. Sohn nickte mir aber munter sein „doch" zu und sagte: „Besinnen Sie sich besser." Plötzlich fiel mir siedendheiß ein, daß der Mann ja recht habe, denn im Sommer 1849 hatte man mir die Redaktion einer Residenzzeitung angetragen und ich hatte abgelehnt. Einzig meine Frau wußte darum, ich selbst hatte in 7 Jahren den Fall total vergessen. Das andere war die Behauptung, ich hätte das Jahr vorher kein Glied rühren können, auch dem widersprach ich bestimmt und noch weit bestimmter, fast höhnisch, bestand Sohn auf seinem Besserwissen. Sofort fiel mir dann ein, daß ich ja wirklich voriges Jahr meinen heillosen Gelenkrheumatismus gehabt, in welchem ich bloß noch schlucken und atmen, aber mich weiter nicht mehr rühren konnte, selbst nicht, um eine Prise zu schnupfen. Zum Erstaunen aber erfüllte sich die Vorhersage über den ersten Freier meiner Tochter. Jenes ganze Jahr deutete auch nicht eine Spur auf das Eintreffen eines solchen Ereignisses, wie eine Bewerbung. Die Tochter und ich foppten uns täglich als angeschwindelt bis noch an den Sylvesterabend. Nachdem sie aus der Kirche gegangen, folgte sie noch der Einladung einer Bekannten in das Haus derselben, wo denn der Bruder derjenigen, dem keine Seele das angesehen hätte, um ihre Hand bat, er war ein halbes Jahr vorher erst Witwer geworden. Bald rückten die andern an, schließlich kam der Rechte, den nahm sie.

Mir ein hohes Alter zu versprechen war freilich keine Kunst; damit aber die Wahrheit zu treffen, das war eine. Denn in 21 Jahren hat ein Vierziger Zeit und Gelegenheit genug zu sterben, er braucht nicht einmal ganz so viel. Wer zudem noch täglich reitet und fährt, hat genügend Chance, Arm oder Bein zu brechen und auch das habe ich unbeschrieen noch nicht getan. Um es kurz zu machen: alles von mir aus Sohns Mund Angeführte ist genau eingetroffen, einiges aber, das ich nicht erwähnte, noch nicht. Anderes dagegen traf gleich pünktlich wie das Mitgeteilte ein. Etwaiger Neugierde zu Gefallen hefte ich noch die Notiz an das Ende, daß auch der Hausdiebstahl während meiner Abwesenheit sich pünktlich vollzog und mir gleich zum Willkomm angesagt wurde. Es war Wäsche und ein Frauenkleid, das vom Estrich weggestohlen wurde – und mich freute.

Der Wahrsager sprach stets bestimmt, klar und schnell und seinem Gesprächscharakter konnte man den früheren Handwerker (Maurer) noch etwas anmerken; daß er mir keine pompösen Dinge verkündigte, ist freilich wahr, aber diese hätten ihn Lügen gestraft, es ging eben ziemlich einfach, beinahe spießbürgerlich mit mir zu.

Was mir Sohn von den gesellschaftlichen Ehren, die mir später zuteil würden, verkündigte, hat sich gleichfalls noch als richtig gefunden, so wenig ich es damals glauben konnte. Infolge der politischen Umgestaltung Badens im Jahre 1866 hatte ich öfter die Ehre, verschiedene süddeutsche Minister zu freundschaftlichem Besuche in meinem Hause empfangen zu dürfen, was mir in den Tagen, als ich mit Sohn in seinem Schlupfloch zusammensaß, gar nicht zu Sinn gekommen und ohne die genannten Ereignisse ungeschehen geblieben wäre."

An einer anderen Stelle bemerkt Kaiser bezüglich seines auf so tragische Weise ums Leben gekommenen Bruders: „1869 durch den mörderischen Schuß eines seiner Untergebenen durch die Brust getroffen, sah er mit klarstem Heldenmut den Tod zu seinem Lager treten. Er war seit zehn Jahren auf ein solches Ende gefaßt, da der Wahrsager Fr. Sohn in Berlin ihm diesen Tod voraus verkündigt hatte. Diese Prophezeiung Sohn's ließ öfters einen Wolkenschatten über die fröhliche Szenerie seines Gemütes gleiten."

Der bekannte französische Gelehrte Camille *Flammarion,* Direktor der Pariser Sternwarte, der durch seine Untersuchung der seelischen Phänomene sich ein großes wissenschaftliches Verdienst erworben hat, erhielt von dem Arzt Dr. Liebault, der eine medizinische Zeitschrift herausgab, den folgenden Bericht zur Veröffentlichung:

„7. Januar 1886.

Heute um 4 Uhr nachmittag konsultierte mich Herr S. de Ch. wegen eines unbedenklichen nervösen Leidens. Am 26. Dezember 1879 sah Herr de Ch. bei einem Spaziergang auf einer Tür die Worte stehen: „Mme. Lenormand, necromancienne" (die berühmte Wahrsagerin, die

Besuche aus ganz Europa erhielt). Die Neugier veranlaßte ihn, einzutreten.

Mme. Lenormand betrachtete seine Handfläche und sagte ihm: „Sie werden von heute in einem Jahr Ihren Vater durch den Tod verlieren. Sie selbst werden bald Soldat werden (er war damals neunzehn Jahre alt) aber Sie werden nicht lange beim Militär bleiben.

Sie werden jung heiraten, zwei Kinder haben und mit 26 Jahren sterben." Diese Verblüffende Prophezeiung teilte Herr de Ch. seinen Freunden und Verwandten mit, die sie aber nicht ernst nahmen. Als aber am 27. Dezember 1880 sein Vater nach kurzer Krankheit gestorben war, wurden sie jedoch etwas nachdenklich. Dann wurde er kurz darauf zum Militär genommen, blieb aber nur 7 Monate aktiv und heiratete bald. Als ihm zwei Kinder geboren worden waren, dachte er, auch der letzte Punkt der Vorhersage werde eintreffen, und als sein 26. Jahr herannahte, wurde er von größter Angst ergriffen. So kam er zu mir, ob ich nicht irgendwie sein Schicksal aufhalten könne.

Ich bemühte mich nun durch einige Tage, Herrn de Ch. in tiefen Schlaf zu versenken (also zu hypnotisieren) und die schwarzen Gedanken aus seinem Geist zu verbannen: er bildete sich ein, am 4. Februar, seinem Geburtstag, zu sterben, obwohl ihm die Lenormand kein bestimmtes Datum genannt hatte. Er war so aufgeregt, daß ich ihn nur schwach einschläfern konnte. Da er aber dringend darauf bestand, ich solle ihm seine gefährliche Überzeugung nehmen (wie oft wurde schon der Tod durch Autosuggestion herbeigeführt), machte ich ihm den Vorschlag, einen meiner Somnambulen zu konsultieren, einen Greis, der der „Prophet" genannt wurde, weil er seine eigene Heilung und die seiner Tochter auf den Tag genau angegeben hatte. Herr de Ch. nahm meinen Antrag freudig an. Wir gingen zu dem Somnambulen und ich brachte ihn in Rapport mit dem Medium. Seine erste Frage war: „Wann werde ich sterben?" – Der Greis erriet die Angst des jungen Menschen und antwortete zögernd: „Sie werden in 41 Jahren sterben..." Die Wirkung war wundervoll. Der junge Mann wurde sofort heiter und war voll Hoffnung, und als der 4. Februar ohne Unfall verlief, glaubte er sich gerettet.

Wenn nun viele Leser annehmen, diese Geschichte sei nur eine posthypnotische Suggestion des Herrn de Ch., so irren sie sich. Anfang Oktober erhalte ich eine Karte, die mir den Tod meines unglücklichen Klienten vom 30. September 1886 meldet. Er starb in seinem 27. Lebensjahr, also 26 Jahre alt, wie die Lenormand verhergesagt hatte..."

Dieser Fall ist mit einer Exaktheit festgestellt, daß er ohne weiteres als wissenschaftliches Faktum zu werten ist. – Es erhebt sich die Frage: Mußte de Ch. sterben, weil ihm der Tod zu diesem Zeitpunkt vorausgesagt worden war? War also sein Ende vorherbestimmt? Hier handelt es sich nicht um das Problem der Willensfreiheit, weil ja das Ende des Menschen, abgesehen vom Selbstmord, nichts mit seinem freien Willen zu tun hat. Hier taucht vielmehr das Problem des „Schicksals" auf, zu dem sich, was das Lebensende betrifft, wenig sagen läßt. Nur soviel steht fest, daß die Höhe des Lebensalters und die Art und Weise unseres Todes nicht in unserer Hand liegt, also von unserem freien Willen absolut nicht abhängt.

Ein anderer sehr gut beglaubigter Fall einer Voraussage sei nachstehend wiedergegeben.

Prof. Haraldur *Nielsson,* ein Däne, berichtet in der „Zeitschrift für psychische Forschung", Juniheft 1928, unter anderem:

„In Reykjavik, der Hauptstadt unseres Landes (Island), lebte 1908 ein Kaufmann namens Thorlakur O. Johnson, ein schon betagter, gut gebildeter und begabter Mann. Ob seines hohen Alters und seiner nicht mehr besten Gesundheit hatte er jede Geschäftstätigkeit aufgegeben und lebte nun still und zurückgezogen, abseits von allem Weltgetriebe mit seiner Frau dahin. Eine gute hellseherische Veranlagung, die namentlich in seinem vorgerückten Alter sich deutlicher zeigte, war Johnson eigen.

In der Nacht vom 4. zum 5. Juni 1908 wurde ihm in einer Art Vision verkündet, *daß König Friedrich VIII. von Dänemark im Jahre 1912 durch einen Unfall ums Leben kommen würde.* Gleich am folgenden Tage stattete Johnson dem Ministerialsekretär Thorkell Thorlaksson einen Besuch ab, um ihm von der Vision zu berichten und zugleich zu bitten, seine Aussagen zu Protokoll zu nehmen, was auch geschah. Auch seinem Freunde, Herrn Geir T. Zoega, Direktor des Gymnasiums in Reykjavik, erzählte er von seiner Vision. Der Direktor fand diese so eigentümlich, daß er sich sofort folgendes darüber notierte:

„Am 30. Juni 1908 hatte ich den Besuch des ehemaligen Kaufmannes Thorlakur Johnson, der des öfteren Gast in meinem Hause ist, und der mir erzählte, daß er vor zwei oder drei Wochen ein Traumgesicht gehabt hätte, daß unser König im Jahre 1912 (neunzehnhundertzwölf) durch einen Unfall das Leben einbüßen würde. Zugleich sagte er mir, daß er dem Herrn Ministerialsekretär Thorkell Thorlaksson von seiner Vision berichtet und diesen gebeten hätte, die Vision niederzuschreiben. Sonst war das Traumgesicht undeutlich.

Reykjavik, den 30. Juni 1908. G. T. Zoega."

Den Zettel, auf dem Herr Z. die vorstehende Notiz niedergeschrieben hatte, verwahrte er in seinem Schreibtisch.

König Friedrich VIII. von Dänemark *starb bekanntlich im Frühjahr 1912*. Er befand sich auf der Rückreise von Nizza — wo er sich zur Erholung einen Monat aufgehalten hatte — nach Dänemark. In Hamburg hatte er kurzen Zwischenaufenthalt genommen. Da traf früh am Morgen des 15. Mai das Telegramm, das von dem plötzlichen Tode des Königs Kunde brachte, in Reykjavik ein:

„Der König war gestern noch bei voller Gesundheit. Gestern abend um 10 Uhr ging er in der Stadt aus. Er wurde auf seinem Spaziergang, auf der Straße, plötzlich krank, und die Polizei mußte zu Hilfe eilen. Der König wurde vom Herzschlag getroffen und starb sofort. Die Schutzleute erkannten ihn nicht und brachten ihn in ein Krankenhaus. Er wurde im Hotel (Hamburger Hof) vermißt und mit Hilfe der Polizei heute morgen tot im Krankenhaus aufgefunden."

Eines der größten Blätter („Isafold"), das damals in Reykjavik erschien, brachte einen eingehenden Bericht über das Hinscheiden des Königs und erwähnte zugleich die eigentümliche Vorschau des Herrn Johnson:

„Die nachstehende, am 5. Juni 1908 ausgefertigte Niederschrift: „Friedrich VIII. stirbt im Jahre 1912 durch einen Unfall" wurde der Redaktion unseres Blattes von Herrn Ministerialsekretär Thorkell Thorlaksson übergeben. Durch eine persönliche Mitteilung des Kaufmanns Thorlakur O. Johnson, daß er eine entsprechende Vision in der Nacht zum 5. Juni 1908 (im Schlafe oder Schlafzustande) gehabt habe, wurde Herr Thorlaksson zu dieser Aufzeichnung veranlaßt. In Anbetracht des jetzt in Erfüllung Gegangenen wird niemand die Merkwürdigkeit dieses Dokumentes bezweifeln."

Ich ließ mich nicht durch den Bericht der „Isafold" über die Vision zufriedenstellen, sondern suchte sofort Herrn Thorlakur Johnson selbst auf und zog bei ihm genauere Erkundigungen ein. Darauf besuchte ich die Herren Thorkell Thorlaksson und Geir T. Zoega, die mir ihre schriftlichen Aufzeichnungen, die sie weiter aufbewahrt hatten, zeigten. Herr Thorlaksson bemerkte weiter noch, er könne sich noch gut darauf besinnen, daß Herr Johnson ihm erzählt hätte, als er ihn am 5. Juni 1908 aufsuchte, daß er sowohl die Vision gehabt (den sterbenden König auf der Straße oder in irgendeiner Gasse auf dem Fußsteige) als auch gleichzeitig eine Stimme gehört hätte, die den tödlichen Unfall des Königs für das Jahr 1912 angab."

Prof. Nielson teilt dann noch mit, daß er am 3. Juli 1912 zusammen mit Herrn Zoega nochmals Johnson besucht habe, der ihnen beiden von einer weiteren Vision erzählte, die er kurz zuvor gehabt habe. Danach habe ihm wieder jene Stimme gesagt, daß *sehr bald ein großer Krieg in Europa entstehen, Deutschland in diesem Kriege vollständig besiegt und Teile seines Landes verlieren* würde. Auch diese Voraussage ist von vier Zeugen, darunter vier Akademikern bzw. Professoren beglaubigt.

Beide Vorhersagen und deren Erfüllung konnten also wohl nicht besser bestätigt sein, als es hier geschehen ist, sie sind deshalb von ganz besonderem wissenschaftlichen Wert!

Was nun den Tod des Königs von Dänemark angeht, so ist er also *vier Jahre vorher*, und zwar auf das Jahr genau, angekündigt gewesen. Auch hier könnte man fragen: War der Tod des Königs für das Jahr 1912 vorherbestimmt? *Mußte* er in diesem Jahre sterben oder konnte er dem Tode nicht entgehen und länger leben?

Dazu sei zunächst bemerkt, daß nach den mir s. Zt. zuteil gewordenen Informationen eines in Hamburg tätig gewesenen höheren Beamten, der „Unfall" des Königs eine sehr eigenartige Ursache gehabt haben soll, auf die hier wegen ihres heiklen Charakters nicht näher eingegangen werden kann. Auch seien mit der Übermittlung des Telegrammes mit der Todesnachricht nach Kopenhagen und mit der ursprünglich geplanten Überführung der Leiche auf einem Kriegsschiff höchst merkwürdige Umstände verknüpft gewesen, die sehr zum Nachdenken und zu Betrachtungen mancherlei Art gestimmt hätten...

Das offizielle Telegramm sprach nur vom plötzlichen Tode, während der Seher doch ausdrücklich den Tod durch Unfall angekündigt hatte. Weshalb hatte man diesen „Unfall" nicht näher charakterisiert? – Die Hamburger sollen jedenfalls Bescheid gewußt haben, was ja auch anzunehmen ist. – Der tote König wurde auch nicht erst ins Krankenhaus, sondern sofort in das allgemeine Leichenschauhaus gebracht, was auch selbstverständlich war, denn Leichen kommen nicht ins Krankenhaus. Auch diesen Umstand hatte die offizielle Berichterstattung verschwiegen.

Zur Frage der Vorherbestimmung: Der König starb nicht deshalb, weil es der Seher Johnson vorher angekündigt hatte, sein Tod also vorherbestimmt gewesen wäre, sondern der Tod des Königs war unvermeidlich, weil er sich diesen Tod durch seine *frei gewollten Handlungen* – und wäre es wirklich nur der abendliche „Spaziergang" gewesen – selbst zugezogen hatte. Denn wäre er im Hotel verblieben, dann wäre er, so wie die Dinge lagen bzw. gelegen haben sollen, höchstwahrscheinlich lebend nach Dänemark zurückgekehrt. Der König hat jedenfalls nach freier Entschließung entsprechend den Bedürfnissen des Augenblicks gehandelt und so den Tod gefunden, während der Seher auf übersinnliche Weise schon einige Jahre vorher gewahr werden konnte, welche von allen Möglichkeiten menschlichen Geschehens sich im Zusammenspiel der einzelnen Willensimpulse des Königs realisieren würde. Man kann, wenn man will, das „Schicksal" nennen, mit der „Vorherbestimmung" hat diese Vorausschau nichts gemein!

Die Erklärung für die Vorhersage aller derartigen Geschehnisse kann, auf eine kurze Formel gebracht, nur lauten: Vorausgeschaut – aber nicht vorausbestimmt!

Eine besondere Beweiskraft für die Existenz und Geistigkeit der Menschenseele stellen die sog. *Wahrträume* dar, die auch als eine Abart des Hellsehens gelten können. Denn hier wie dort, im wachen wie im Schlafzustand, werden Dinge wahrgenommen, die weder Gehirn noch das eigentliche „Ich" in natürlicher Weise erfassen können.

Ein geradezu klassischer Fall eines historischen, exakt bezeugten Wahrtraumes ist der folgende, den ich sofort nach seinem Bekanntwerden eingehend nachgeprüft habe.

Dr. Josef von *Lanyi*, Bischof von Großwardein, war Lehrer der ungarischen Sprache beim ermordeten *Erzherzog Franz Ferdinand* von Österreich und erfreute sich der besonderen Gunst des Fürsten. Am 28. Juni 1914 hatte nun der Bischof einen höchst merkwürdigen Traum. In einem eigenhändigen Schreiben erzählte der Bischof den Traum genau. Dieses Schreiben war an den

Bruder des Bischofs, P. E. Lanyi, S.J. in Fünfkirchen, gerichtet und lautete nach dem Bericht der Zeitschrift „Balkanstimmen" (Herausgeber P. A. Puntigam, S.J. Serajewo) wörtlich:

„Am 28. Juni 1914, halb 4 Uhr früh, erwachte ich aus einem schrecklichen Traum. Mir träumte, daß ich in den Morgenstunden an meinen Schreibtisch ging, um die eingelangte Post durchzusehen. Ganz oben lag ein Brief mit schwarzen Rändern, schwarzem Siegel und dem Wappen des Erzherzogs. Sofort erkannte ich die Schrift meines unvergeßlichen höchsten Herrn. – Ich öffnete den Brief und sah am Kopf des Briefpapiers in himmelblauem Ton ein Bild wie auf Ansichtskarten, welches eine Straße und eine enge Gasse darstellte. Die Hoheiten saßen in einem Automobil; ihnen gegenüber saß ein General, neben dem Chauffeur ein Offizier. Auf beiden Seiten der Straße eine Menschenmenge. Zwei junge Burschen springen hervor und schießen auf die Hoheiten. Der Text des Briefes ist *wörtlich derselbe,* wie ich ihn im Traume gesehen, er lautet:

Eure bischöflichen Gnaden! Lieber Doktor Lanyi! Teile Ihnen hiermit mit, *daß ich heute mit meiner Frau in Serajewo als Opfer eines politischen Meuchelmordes falle.* Wir empfehlen uns Ihren frommen Gebeten und heiligen Meßopfern und bitten Sie, unseren armen Kindern auch fernerhin in Liebe und Treue so ergeben zu bleiben wie bisher.

Herzlichst grüßt Sie Ihr

Erzh. Franz

Serajewo, 28. Juni 1914, halb 4 Uhr morgens.

Zitternd und in Tränen aufgelöst sprang ich aus dem Bett, sah auf die Uhr, die halb 4 zeigte. Ich eilte sofort zum Schreibtisch, schrieb nieder, was ich im Traum gelesen und gesehen. Beim Niederschreiben behielt ich sogar die Form einiger Buchstaben, wie sie vom Erzherzog niedergeschrieben waren, bei. – Mein Diener trat um dreiviertel sechs Uhr in mein Arbeitszimmer ein, sah mich blaß dasitzen und den Rosenkranz beten. Er fragte mich, ob ich krank sei. Ich sagte ihm: „Rufen Sie gleich meine Mutter und den Gast, ich will gleich die hl. Messe für die Hoheiten lesen; denn ich hatte einen schrecklichen Traum." Mutter und Gast kamen um einviertel 7 Uhr herbei. Ich erzählte ihr in Anwesenheit des Gastes und des neugierigen Dieners den Traum. Dann ging ich mit ihnen in die Hauskapelle für die Hoheiten die hl. Messe zelebrieren. Der ganze Tag verging in Angst und Bangen, bis mir *ein Telegramm aus Wien um halb 4 Uhr* die schreckliche Nachricht brachte, daß die Hoheiten in Serajewo ermordet wurden. R.I.P."

Wie schon kurz bemerkt, habe ich s. Zt. in dieser Sache sofort Nachforschungen angestellt, und zwar beim Bruder des Bischofs, Pater Lanyi, der mir den geschilderten Sachverhalt voll und ganz bestätigte. In meinem Buch „Neuere Mystik" bin ich darauf näher eingegangen. [33]) – Die „Wiener Reichspost" vom 2. Oktober 1931 brachte aus Anlaß des Todes des Bischofs Lanyi, der am 28. September desselben Jahres in Budapest starb, aus der Feder ihres dortigen Korrespondenten K. folgenden sehr wertvollen Nachtrag zu diesem Traum. Er schreibt:

„Als ich das letztemal Gelegenheit hatte, mit dem Verstorbenen zu sprechen, beschäftigte sich unser Gespräch auch mit der Ermordung des Thronfolgers. Ich fragte den Bischof über eine in jenen Tagen erschienene Blättermeldung, die von einem Traumgesicht erzählte, in dem er die Ermordung des Thronfolgers vorausgesehen habe. (Folgt die obige Darstellung und vollinhaltliche Bestätigung. Neu ist die nachstehende Ergänzung.) Des weiteren erzählte der Bischof, daß er nach Erwachen aus seinem Traum und dessen schriftlicher Niederlegung *auch eine Skizze über das Bild und über die Ermordung, wie er sie gesehen hat, entworfen* in dem Gefühl, es müsse mit dem Traumgesicht eine besondere Bewandtnis haben. Noch im Laufe des Vormittags des 28. Juni ließ er seine Aufzeichnungen durch zwei Zeugen unterfertigen und faßte hierauf einen Brief über diesen Traum an seinen Bruder, Jesuitenpater Eduard Lanyi ab, dem er ebenfalls eine Skizze der Gasse, des Autos, der Volksmenge und des Mörders im Augenblick, wie er auf das Auto sprang und die tödlichen Schüsse abfeuerte, beilegte. Die Dispositionen dieser Zeichnung stimmten mit den photographischen Aufnahmen, die von der Presse nach einigen Tagen gebracht wurden, vollkommen überein.˝

Die außergewöhnliche Bedeutung gerade dieses Wahrtraumes für die Existenz und Geistigkeit der Seele liegt so offenkundig zu Tage, daß sich jedes weitere Wort dazu erübrigt. –

Der Schriftsteller Jacque *Futrelle* aus Atlanta, USA, wurde einige Tage vor seiner Heimreise mit der „Titanic˝ von einer tiefen Mißstimmung befallen. Er äußerte zu seiner Umgebung, es sei ganz bestimmt, daß er auf der „Titanic˝ seinen Tod finden würde. Unter diesem Eindruck schrieb er seinem Schwager, John Peel, Atlanta, daß er ihn zu seinem Testamentsvollstrecker ernenne, fügte Anweisungen über Besitztitel, Geldanlagen usw. bei und gab schließlich ins einzelne gehende Bestimmungen inbezug auf die Erziehung seines Kindes. Futrelle ging dem Tod ruhig und gefaßt entgegen. Er befand sich an Bord der „Titanic", als diese unterging. Seine Frau wurde gerettet. [34]

Im Jahre 1910 verkündete B. *Tolstoi* als seine Vision des nächsten Krieges: „Der große Brand wird im Jahre 1912 im südöstlichen Europa seinen Anfang nehmen. *Im Jahre 1914 wird er sich zur Weltkatastrophe* entwickeln. Ganz Europa wird bis dahin in Flammen stehen. Ich höre die Klagen von ausgedehnten Schlachtfeldern."

In der „Zeitschrift für Parapsychologie" [35] veröffentlichte Frhr. v. *Schrenck-Notzing*, der bekannte Münchener Psychiater und Forscher auf dem Gebiete der Parapsychologie, den außerordentlich bemerkenswerten Bericht:

„Der nachfolgend geschilderte, mir durch Zufall bekanntgewordene Vorfall veranlaßte mich, mit dem ehemaligen bayrischen Diktator, Sr. Exz. *von Kahr*, gegenwärtig Präsident des Verwaltungsgerichtshofes, in persönliche Verbindung zu treten, um die Erlaubnis zur Publikation desselben zu erhalten. Diese wurde für unsere Fachzeitschrift nicht nur von dem Erzgießer und Akademiedirektor a. D. Sr. Exz. Freiherrn Ferdinand *von Miller* erteilt, sondern Herr v. Kahr übergab mir sogar die nachfolgende eigenhändige Niederschrift seines Erlebnisses, welche lautet wie folgt:

„Am 8. Juni 1914 wurde auf Schloß Neuburg am Inn, das für ein Künstlererholungsheim in neuer Schönheit erstanden war, Se. Majestät König Ludwig III. von Bayern, höchstdessen Gemahlin und Tochter als hoher Besuch erwartet. An dem vorausgegangenen Tage und der darauf folgenden Nacht ging ein ungeheueres Wetter mit wolkenbruchartigem Regen nieder. Für den Empfang der hohen Herrschaften hatten sich am 7. Juni auf

Schloß Neuburg außer mir, dem zuständigen Ministerialreferenten, dann dem Vorstand des Bayrischen Vereins für Heimatschutz als vorübergehende Schloßbesitzer, mehrere Gäste eingefunden. Darunter als Vertreter der bayerischen Künstlerschaft der Direktor der Akademie der bildenden Künste, Exzellenz Ferdinand von Miller, mit mehreren Professoren dieser Hochschule. Am Abend des 7. Juni waren sämtliche Burggäste in fröhlicher Gesellschaft versammelt und verbrachten bei Gesang und Lautenspiel einige frohe Stunden.

Als ich gegen 11 Uhr Exz. v. Miller durch die breiten Hallen des alten, von vielen Schicksalen heimgesuchten Schlosses in seine im Südflügel des Schlosses gelegenen Schlafzimmer führte, sagte ich zu ihm bei der Verabschiedung scherzend: „Exzellenz, in diesem Raume, der zum ältesten Teile des Schlosses gehört, hat einige Jahrhunderte lang kein Mensch geschlafen. Sie sind nun der erste, der diese Schlafräume wieder bezieht und Sie wissen als alter Volkskundler, daß in solchem Falle Träume eine große Bedeutung haben. Ich wünsche Ihnen wohl zu ruhen und schön zu träumen." Herr v. Miller gab lachend zur Antwort: „Der Zauber geht bei mir nicht an, denn ich besitze noch ein älteres Schloß als die Neuburg ist." Ich vermahnte gleichwohl, sich den Traum zu merken und verabschiedete mich.

Am andern Morgen gegen 7 Uhr begegnete ich Herrn v. Miller, wie er eben aus dem Südflügel des Schlosses heraustrat. Er sah sehr angegriffen aus, so daß ich mich sofort nach seinem Befinden und wie er geruht habe, erkundigte. Er gab zur Antwort: „Ich hatte einen furchtbar schweren Traum. Zuerst von der Geschichte der Burg, ihren Kriegen, Bränden, Zerstörungen. Als ich erwachte, kühlte ich mich mit Wasser ab und schaute einige Zeit zum Fenster hinaus. Als ich mich dann wieder zu Bett legte, träumte mir, *Deutschland wird mit Krieg überzogen von Frankreich, Rußland, England, Italien, Amerika; den Feinden schlossen sich weitere Völkerschaften des Erdenrundes an, die Deutschland nach hartem Widerstand zermalmten.* Er habe im Traume gespürt, daß es sich wie ein großes Unglück heranwälzte, das alles erdrücke. Herr v. Miller konnte sich von diesem Traum, der ihn sichtlich tief erschüttert hatte, den ganzen Tag nicht mehr frei machen, obwohl ich und die anderen, denen er den Traum erzählte, ihn damit trösteten, daß wir ja in tiefstem Frieden ständen."

An der Schilderung dieses Traumes erscheint Dr. v. Kahr besonders bemerkenswert der richtig vorausgesehene Eintritt von England, Italien und Amerika in den Krieg gegen Deutschland, sowie Deutschlands schließliche Niederlage, die am 8. Juni 1914 kaum durch willkürliche Kombination vorauszusehen war. Das Zeugnis der beiden genannten Männer erhöht den Wert des Berichtes über diesen prophetischen Traum.

Auf derselben Linie liegt auch der nachfolgende Bericht.

Sigismund von *Radecki,* der bekannte Schriftsteller, verbürgt sich für die echte Überlieferung einer geradezu prophetischen Hellsicht des Majors v. Gillhausen vom III. preußischen Garderegiment, die dieser in der Nacht des 2. August 1914 gehabt und sogleich niedergeschrieben hatte. (Zuerst veröffentlicht von Borngräber 1917, nachdem der Offizier bereits gefallen war, von mir ebenfalls in meinem Buche „Neuere Mystik, der Weltkrieg im Aberglauben und im Lichte der Prophetie" 1924, 2. Aufl., S. 245 ff.) Er sah den unglücklichen Verlauf des ersten Weltkrieges voraus: die Teilnahme fast aller Völker der Erde, Deutschlands Niederlage, die Absetzung der Hohenzollern, und endlich die genaue Jahreszahl des Endes: 1918.

Einzelheiten schildert er in bildlicher Form; so sah er Kaiser Wilhelm II. im Königsornat auf dem Thron sitzen, aber die Luft immer grauer werden, bis der Thron im Nebel zusammenstürzt und mit dem Kaiser verschwindet. Vorher sah er noch den Kaiser, wie er die Füße seines Thronsessels absägte ... Am erstaunlichsten aber die Bemerkung am Schluß: *„Auch nach 1918 wird eine unruhige, unglückliche Zeit für Deutschland. Sie wird an die dreißig Jahre dauern und erst ein Ende nehmen, wenn das Ringen um die Weltgeltung zwischen* Rußland und Amerika sich entschieden hat..."

Radecki folgert aus dem verblüffenden Schlußsatz, den damals – 1914! – auch nicht der gerissenste Diplomat zu denken gewagt hätte: „Er läßt an die Echtheit des übrigen glauben."

Erstaunlich ist auch der folgende Fall, den mir Rektor F. in G. berichtet. Er habe einen Neffen in Berlin. Mit diesem sei er einmal durch eine wegen Unsicherheit verrufene Gegend gegangen. Im Februar 1928, geraume Zeit nach jenem Besuche, habe er selbst, eine Nichte und eine Tante, alle getrennt von einander wohnend, *in einer Nacht denselben Traum gehabt*. Sie sahen Herbert, den Neffen, im Kampfe mit Banditen. Die Nichte schrieb sogleich an ihn: „Was ist denn mit dir los?" und teilte ihm den Traum mit. Als Antwort kam eine Darstellung seines Erlebnisses, genau so, wie es von allen drei Personen im Traume gesehen worden war. Er hatte um Hilfe gerufen und *auch den Hilferuf hatten die Drei im Traum gehört*.

Dieser dreifache Wahrtraum, in derselben Nacht und im selben Augenblick geträumt, und zwar von drei entfernt von einander wohnenden Personen, ist geradezu ein zwingender Beweis für die Existenz und Geistigkeit der Menschenseele! – Träume, die zu gleicher Zeit von verschiedenen Personen geträumt werden, sind zwar selten, aber als solche ganz einwandfrei, wie im vorstehenden Falle, festgestellt.

Sehr interessant ist auch der folgende Traum, den mir Pfarrer W. mitteilte:

„Es war im Jahre 1929. Ich war damals Kooperator an der Stadtpfarrei in Sch. Eines Nachts träumte mir folgendes:

Es klopfte um 1 Uhr früh an der Zimmertür. Ich hob (im Traum) den Kopf und rief: „Was gibts?" Draußen die Stimme der Köchin: „Hochwürden, stehen Sie gleich auf, Sie haben einen Versehgang!" Ich war Wochner und stand auf (alles im Traum), zog mich an und ging zur Kirche. Dort wartete der Mesner schon auf mich vor der Kirchentüre und ich fragte ihn: „Nun, Karl, wohin müssen wir gehen?" Er sagte: „Nicht weit, nur in die Stadt zu einem alten Fräulein?" Ich holte also das Allerheiligste, das Krankenöl usw. und wir gingen auf den Stadtplatz und hielten vor einem Hause, das ich vorher nie betreten hatte. Wir gingen dann durch ein dunkles Vorhaus und dann über eine Stiege in den 1. Stock. Vor einer weißgestrichenen Türe hielten wir. Vor der Türe stand ein Blumentisch mit Blattpflanzen und Kakteen. Durch diese Tür kamen wir in die Küche, dort wartete die Schwester des kranken Fräuleins auf uns. Ebenfalls schon eine alte Dame. Sie öffnete eine zweite Tür und wir waren im Schlafzimmer. Ich sah nun ein Bett, darüber einen bekannten Arzt gebeugt, von dem ich nur den Rücken sah. Er war mit einer braunen Lederjoppe bekleidet. Ich sah, wie er gerade die Injektionsspritze in die Kranke bohrte. Dann sagte der Arzt: „So jetzt gehts wieder eine Zeit, ich habe ihr Kampfer gegeben." Dann trat der Arzt zurück und das vorher bewußtlose Fräulein kam wieder zu sich, sah mich an und sagte: „Gott sei Dank, daß Sie gekommen sind, ich möchte gerne beichten." Ich nahm ihr die Beichte ab und... hörte klopfen und wurde wach. Draußen die Stimme der Köchin: „Hochwürden... etc."

Und nun spielte sich alles haargenau in Wirklichkeit so ab, wie ich es vorher im Traum erlebt hatte. Ich glaube, es war sogar die Beichte dieselbe. Ich war so benommen, daß ich zuerst nicht wußte: war das erste oder das zweite der Traum?"

Auf einige auf diesen Traum bezügliche Fragen antwortete mir Pfarrer W. u. a. noch:

„Ihre Frage, wie ich den Arzt gleich im Traume erkannte, obwohl ich nur seinen Rücken sah: der Arzt trug einen Lederrock, den nur er allein von allen bekannten Ärzten trug und an dem ich ihn sofort erkannte. Übrigens habe ich im Traume auch mit ihm gesprochen. Die Sache ließe sich viel genauer erklären, aber daran hindert mich das sigillum. Die betreffende Sterbende war in größter Todes- und Gewissensnot und hat wahrscheinlich einen impulsiven Willensakt um das Kommen des Priesters erweckt. Jedenfalls hat die Gnade Gottes hier auch irgendwie mitgewirkt.

Sie meinen, ich müßte vielleicht öfter Ahnungen oder Vorausfühlen gehabt haben. Selbstverständlich habe ich das. Es ist das ein Erbstück von meinem Vater, der fast alle Todesfälle in der Verwandtschaft voraussagte. Den Tod meiner Mutter spürte ich in derselben Minute. Meine Mutter starb am 13. August 1937 vormittag. Es war ein ungemein heißer Vormittag. Da Ferien waren, nahm ich ausnahmsweise vormittags in meinem kleinen Hofe ein Bad. Nach dem Baden rauchte ich eine Zigarette und fühlte mich in wohligster Stimmung. Plötzlich durchzuckte es mich wie ein Schlag und ich fiel in tiefstes Entsetzen und Traurigkeit mit dem Gefühl, es ist was passiert. Eine halbe Stunde später wurde ich zum Telefon gerufen, wo mir der behandelnde Arzt den vor einer halben Stunde eingetretenen Tod meiner Mutter mitteilte."

Es wäre natürlich grundfalsch, nun *allen* Träumen eine Bedeutung beizumessen. Es wäre auch wahrlich eine Last und keine Lust, wenn uns die Träume in die nahe oder ferne Zukunft schauen ließen. Es ist deshalb sehr weise eingerichtet, daß in der Regel Träume wirklich Schäume sind... Die Ausnahmen aber bestätigen diese Regel...

Die nachfolgenden Fälle gehören auch zu den Ausnahmen.

So teilt mir Frl. Lehrerin i. R. M. G. mit, daß sie wie ihre verstorbene Mutter schon viele Dutzend von Wahrträumen erlebt habe, die leider *ausnahmslos Unglücks- oder Todesfälle* betrafen. Sie berichtet:

„Diese Wahrträume unterscheiden sich durchaus von den gewöhnlichen Träumen durch die Klarheit des Traumerlebnisses und vor allem durch die starke seelische Erschütterung (ich bin dann ganz mitgenommen und schwach). Allerdings vermag ich nie mit Bestimmtheit zu sagen, welchen Menschen das im Traume gesehene Unglück betrifft, *aber die Erfüllung vollzieht sich in ein bis drei Tagen.* Aus der großen Anzahl möchte ich nur ein Beispiel erwähnen.

Ich verkehrte vor Jahren (der Bericht stammt aus dem Jahre 1939) sehr innig mit einer Arztfamilie, deren fünf Mitglieder stets kerngesund waren. Im Juli-August 1929 befand ich mich erholungshalber in Schlesien, die betreffende Familie hingegen in der Schweiz. Da träumt mir eines Nachts, wie die Dame und ihr jüngster, neunjähriger Sohn in Trauerkleidung tieftraurig an einem Grabe stehen. Der Denkstein war aus hellem Marmor, darauf stand in frischer Goldschrift der Familienname, während der Platz für den Vornamen leer, also unbeschrieben war. Ich möchte nochmals betonen, daß sich damals sowohl diese Familie als auch ich selbst in durchaus gesunder Verfassung und fröhlicher Gemütslage befanden, ich mit diesen Menschen auch noch nie einen Todesfall erlebt hatte, auch kein Friedhof in der Nähe war und mir in diesen frohen Ferientagen der Gedanke an den Tod ganz fern lag. Der Traum war so klar und erschütternd, daß ich den Gedanken daran überall hin mitnahm. Seltsamerweise fühlte ich ganz bestimmt, daß dieser Familie ein Todesfall durch ein Autounglück bevorstand und ängstigte mich sehr im Geheimen, daß Herr Dr. L. (jener Arzt) mit seinem Auto verunglücken würde. Am 1. Weihnachtsfeiertag desselben Jahres, also ein halbes Jahr nach meinem Traum, fand der 23jährige Sohn durch Zusammenstoß seines Motorrades mit einem Auto den Tod. Bis dahin hatte mich die Besorgnis um eine schreckliche Erfüllung meines Traumes noch nicht verlassen. *Das Denkmal des tödlich Verunglückten* ist genau so wie das, welches ich im Traume sah."

Dieser Traum ist in mehr als einer Hinsicht interessant. Vor allem dadurch, daß Frl. G. zwar den Todesfall als solchen voraussah, die Todesart aber vorausfühlte. Ferner dadurch, daß sie zwar den Familiennamen des dem baldigen Tode Verfallenen sah bzw. las, aber nicht dessen Vornamen. Wie merkwürdig daher, daß auf dem im Traum gesehenen Denkmal der Platz für den Vornamen leer war! Schließlich ist in diesem Falle auch besonders auffallend, daß der Traum erst nach einem halben Jahr in Erfüllung ging, während das sonst schon nach wenigen Tagen der Fall war. – Es unterliegt kaum einem Zweifel, daß die Berichterstatterin stark hellsichtig ist und daß sie diese Anlage von ihrer Mutter geerbt hat. Weitere Fälle okkulter Art, die sie mir berichtet, sprechen für diese Annahme.

Regierungsrat V. in K. teilt mir u.a. folgende Fälle mit:

„Meiner Tante Anna V., hierselbst wohnhaft, träumte 1919 bereits Monate vor dem Tode meiner Kusine Helene D., daß diese in der Stube neben dem Speisezimmer in der Wohnung meines Onkels Fritz D. in F. aufgebahrt liege. Meine Tante träumte genau die Anordnung am Sarg, sie träumte, daß sie auf meinen Onkel zuging, ihm in dieser Stube ihr Beileid aussprach und träumte, daß einige Schneeflocken bei der Beisetzung zur Erde fielen. Selbst Letzteres traf buchstäblich zu. Es war, was beachtlich ist, Mitte Mai, also ein immerhin nicht alltägliches Ereignis, als der leichte Schneefall eintrat, der etwa ein bis zwei Minuten dauerte.

Sodann träumte meine Tante zu Beginn des Krieges, als ein kleiner Handwagen bei uns gestohlen wurde, daß dieser von einer Frauensperson entwendet wurde, die mit dem Wagen die Richtung nach Waldenburg einschlug. Kurz darauf wurde der Wagen bei einer Frau von der Polizei in W. beschlagnahmt und uns wieder zugestellt.

Bei jedem Unglück ahnt meine Tante das kommende Ereignis.

Die Schwester meiner Tante Emilie W. träumte sich in N. i. Schl. in einem Zimmer einer Wohnung, in die sie ziehen wollte, im Sarge liegend. Sie zog daraufhin nicht in diese Wohnung. Viele Jahre später (sie hatte inzwischen mehrere Wohnungen gewechselt) zog sie doch hin und starb in dieser Wohnung tatsächlich 1906! Meine Tante wurde im gleichen Zimmer aufgebahrt, in dem sie sich vor Jahren im Sarge hatte liegen sehen.

Meine Tante Maria V. starb hierselbst im Alter von 82 Jahren. Am 10. November 30 feierte meine einzige Schwester ihre Hochzeit. Bei der Tafel erklärte meine Tante mit aller Bestimmtheit: „Jetzt muß ich noch einige Monate wandern." Mir hatte sie mit aller Bestimmtheit im Sommer 30 und 37 erklärt, daß sie 1938 unbedingt sterben würde. Dabei war ihr Gesundheitszustand keiner Veränderung unterworfen, so daß man nicht unbedingt auf ein Ableben schließen konnte, im Gegenteil! Im Frühjahr 1938 lag sie längere Zeit krank im Bett, wurde aber wieder gesund und sagte, woran damals jeder zweifelte, daß sie sich im Garten sonnen würde. Mit aller Bestimmtheit erklärte sie mir im Sommer 38, daß sie mich nicht mehr wiedersehen würde (ich war auf Urlaub hier). Dabei wäre es sehr leicht möglich gewesen, daß ich nochmals nach S. (wo ich mich bei meinen Eltern aufhielt) zur Hochzeit meiner Schwester gekommen wäre. Ich hätte meine Tante dann noch sehen können. Nur der „Zufall" verhinderte in letzter Stunde meine geplante Reise.

Meine Frau war vor der Bekanntschaft mit mir mit einem ausländischen Legationssekretär P. verlobt. Im Jahre 1933 träumte sie, sie lernte einen Herrn kennen von großer Gestalt (mit dem Aussehen dieses Ausländers) und würde mit ihm in der Nähe Dresdens (sie stammt aus Ratibor) an der Elbe spazieren gehen, worauf ein Gasthaus aufgesucht wurde, in dem beide im Freien saßen und sich unterhielten. Sie schilderte die Lage des Gasthofes, die Landschaft – Bäume usw. – obwohl sie nie in dieser Gegend gewesen und auch kein Bild von dieser ländlichen Gegend gesehen hatte. Später träumte sie nochmals von Herrn P. Sie ist seit 29. Januar 1935 mit mir verheiratet und träumte 1935, P. würde sie in Berlin in meiner Wohnung besuchen und sie würden beide unter Bäumen im Steglitzer Park spazieren gehen. – Auch dies traf buchstäblich ein, was um so eigenartiger war, als Herr P. nach der Verheiratung meiner Frau deren Anschrift nicht kannte. Er erfuhr sie erst dadurch, daß er von der litauischen Gesandtschaft in Rom kommend, in Berlin Aufenthalt nahm, bevor er nach Kowno fuhr. Sie gingen im Park spazieren, aber nicht, weil meine Frau dies dem Traum gemäß wünschte, sondern weil Herr P. aufs Geratewohl diesen Weg einschlug..."

Der Berichterstatter weist dann noch darauf hin, daß seine Frau auch sonst ein stark ausgeprägtes Ahnungsvermögen besitze und veranschaulichte dies an einigen bemerkenswerten Fällen. Auch er selbst besitze dieses Vermögen in starkem Maße, das er nach seinen Mitteilungen offenbar geerbt hat, wie überhaupt aus den zuletzt geschilderten Wahrträumen die Vererblichkeit der Hellsichtigkeit deutlich hervorgeht.

Die Existenz und Geistigkeit der Menschenseele wird auch ganz einwandfrei bewiesen durch die sogenannten *Anmeldungen von Sterbenden und die sog. Vorzeichen.* Bei ersteren ereignet sich bei Angehörigen oder seelisch Verbundenen eines entfernt darnieder liegenden Sterbenden ein mysteriöser Fall, indem z. B. ein Bild ohne ersichtliche Ursache von der Wand fällt, die Uhr stehen bleibt, ein Glas zerspringt, ans Fenster oder an die Tür geklopft wird, usw., und zwar im Augenblick des Todes jenes Verwandten oder Freundes. Solche Anmeldungen Sterbender, die ziemlich allgemein bekannt sind, ereigneten sich auch zahlreich im ersten Weltkrieg (sicherlich auch in dem letzten Krieg — es liegen darüber bereits Berichte vor —). In meiner Schrift „Das Übersinnliche im Weltkrieg" (Hildesheim — Verlag F. Borgmeyer 1921), habe ich entsprechendes Material veröffentlicht. Von diesen Anmeldungen unterscheiden sich die sog. Vorzeichen.

Kann man das Anmelden von Sterbenden zur Not so noch erklären, daß hier gedankliche Fernwirkung eine Rolle spielt, obwohl ein solcher Deutungsversuch in vielen Fällen nicht in Frage kommen kann, so scheidet eine solche Annahme bei den Vorzeichen ohne weiteres aus, schon aus dem einfachen Grunde, weil diejenigen, die ein tragisches Ereignis ankündigen, bereits eine geraume Zeit vorher wahrgenommen werden, und dann meist auch unter Umständen, die eine natürliche Erklärung ohne weiteres ausschließen. Da diese Vorzeichen in das Gebiet der Mystik fallen, sollen sie hier nicht näher behandelt werden.

Der bekannte englische Philosoph Herbert *Spencer* kommt zu dem Schluß:

„Die Idee von dem Fortleben der Seele nach dem Tode läßt sich mit samt den zahlreichen verwickelten Vorstellungen, die sich daraus ergeben, überall finden. Wir finden sie gleichermaßen in den arktischen wie in den tropischen Gebieten, in den Wäldern Nordamerikas wie in den Wüsten Asiens, in den Tälern des Himalaya wie auf den Inseln Polynesiens. Diese Idee wird von so verschiedenartigen Rassen mit voller Klarheit ausgedrückt, daß die Fachgelehrten meinen, ihre Ausbildung müsse bereits vor der heutigen Aufteilung der Erdteile und Gewässer erfolgt sein, also sowohl bei den Glatthaarigen wie bei den Kraushaarigen und den Strähnigen, bei den weißen Rassen wie bei den gelben, roten und schwarzen, bei den rückständigen und wildesten Völkern wie bei den halb zivilisierten Barbaren und den Völkerschaften an der Spitze der Zivilisation." Soziologie, (2. Bd., S. 689.)

In seinem Buch „Übersinnliche Erscheinungen bei Naturvölkern" (Bern, Verlag A. Francke 1948), das eine reichhaltige Zusammenstellung wissenschaftlich ausgewerteter und dokumentierter Berichte außernatürlicher Erscheinungen bei den heutigen primitiven Völkern darstellt, veröffentlicht der auf dem Gebiete der Parapsychologie allgemein als Autorität anerkannte Forscher Ernesto *Bozzano* u. a. folgende Fälle:

„Eine Mrs. Glen Hamilton aus Winnipeg (Kanada) berichtet, daß zu Beginn des Sommers 1903 der Bischof Newnham der Diözese von Moosonce seinen Sitz Moose Factory verließ, um einige weit entfernte Orte seiner sehr ausgedehnten Diözese aufzusuchen. Man hatte vereinbart, daß er sich Ende August an einem bestimmten Punkt einer entfernten Bucht einfinden würde, wo ihn eine Begleitmannschaft von Indianern erwarten würde. Zur vereinbarten Zeit waren die Indianer zur Stelle; sie warteten aber vergeblich auf seine Rückkehr. Als die Vorräte erschöpft waren, mußten sie nach Moose Factory zurückkehren.

Der August verging, der September, und der Bischof kehrte nicht zurück. Seine Angehörigen waren in großer Sorge, um so mehr, als mit dem Oktober der Winter einsetzen würde, so daß der Bischof auf Monate hinaus nicht mehr per Boot über die Bucht würde setzen können.

An einem Montagabend im Oktober war die Familie im Speisezimmer versammelt. Da stürmte eine Dienstmagd herein und rief: „Kommen Sie, kommen Sie, die Indianerin Charlotte ist in der Küche, sie ist moshainy (im hellseherischen Zustand)!" Alle liefen in die Küche, um sich den Bericht der Hellseherin anzuhören. Dort kauerte die Alte auf dem Boden, schwankte mit dem Körper hin und her und murmelte: „Ein Kanu, ein großes Kanu ist in diesem Augenblick von Rupert's House Bay abgefahren. Fünf Männer im Kanu. Ein Weißer unter ihnen, er hat den Hut in die Augen gedrückt, er ist in einen schweren Mantel gehüllt. Eine Fahne flattert am Bug. Es ist ein großer Häuptling; ein großer Häuptling."

Rupert's House Bay war 120 Meilen von Moose Factory entfernt. Um die Bucht im Kanu zu überqueren, waren drei Tage nötig, und es gab keinen anderen Weg als diesen... In diesem Augenblick war es sechs Uhr abends, und niemand mit gesundem Verstande hätte es gewagt, im Oktober um diese Zeit die Überfahrt zu beginnen. Die Familie bemerkte darum zu der Hellseherin, sie müsse sich irren. „Nein, nein", antwortete sie, „das Kanu fährt wirklich jetzt gerade ab. Der weiße Mann hat sich ganz in seine Gewänder eingemummt, den Hut hat er auf die Augen gedrückt. Ich kann nicht erkennen, was für Kleider er trägt. Vielleicht ist es unser Bischof, vielleicht ein anderer großer, weißer Häuptling. Ich bin aber ganz sicher, daß es ein großer, weißer Häuptling ist."

Man entschloß sich also, dem großen, weißen Häuptling ans Meer entgegenzugehen; man wartete aber vergeblich, und die enttäuschte und verzweifelte Familie wollte gerade wieder umkehren, als man den Ruf der Indianer vernahm: „Chiman! Chiman!" – Alles stürzte ins Freie, die Nacht war jedoch undurchdringlich. Aber durch die Stille der Natur kam von Ferne das Geräusch von Rudern im Wasser, das immer deutlicher wurde. Bald darauf erkannte man die Umrisse eines großen Kanus, das sich dem Land näherte. Am Bug flatterte eine Fahne, vier Indianer ruderten, und in der Mitte des Bootes saß, den Hut auf die Augen gedrückt, in einen weißen Mantel gehüllt, der Bischof. – *Es war genau das Bild, das Charlotte vor Augen gehabt hatte!*

Nach der ersten Wiedersehensfreude fragte seine Gattin den Bischof: „Wann bist du von Rupert's House abgefahren?" – Der Bischof entgegnete: „Montag abend, gegen sechs Uhr. Ich hatte den ganzen Tag heftige Kopfschmerzen, so daß ich die Fahrt nicht aufnehmen konnte; ich war aber entschlossen, unter allen Umständen zu euch zurückzukehren. Darum erklärte ich meinen Indianern, daß ich unverzüglich abfahren wollte." – Charlotte hatte also auch in diesem Punkte recht gehabt!

Eine eigenartige Abart des Hellsehens schildert ein Pater Trilles von der Santo-Spirito-Mission nach Bozzano wie folgt:

„Bei den Pygmäen gelten die Krankheiten, soweit sie nicht von den „Geistern" stammen, als das Werk der Feinde des Kranken, die das „Unheil" über ihn gebracht haben... Früher bestanden die „magischen Spiegel" des Pygmäenwahrsagers aus einem glattpolierten Kupferstück. Oft aber bediente er sich in Ermangelung des Kupfers einer Quelle im Wald, wo ein stilles Wasser einen Spiegel abgab... Heute sind der alte Kupferspiegel und das Quellwasser fast vergessen. Die Zivilisation ist auch dort eingedrungen, und der Pygmäenwahrsager bedient sich für seine Zwecke unserer kleinen runden Taschenspiegel, wie man sie auf den europäischen Märkten billig erstehen kann.

Indessen genügt es noch nicht, einen Spiegel zu besitzen; um Magier zu werden, muß man ihn „weihen".

Es folgt hier die Beschreibung der Weihe eines solchen Spiegels, den Pater Trilles dem Wahrsager geschenkt hatte.

Hierauf fährt der Erzähler folgendermaßen fort:

„Einige Tage nach der „Weihe" des magischen Spiegels traf es sich, daß ich mich bei dem Wahrsager wegen des Diebstahls einer Büchse Fleischkonserven zu beklagen hatte. Es war an sich ein ganz geringfügiger Diebstahl, der mir aber im Augenblick höchst unwillkommen war, da ich nur noch wenige Lebensmittelreserven hatte. Der Wahrsager holte seinen magischen Spiegel; nachdem er besondere Zauberriten ausgeführt hatte, erklärte er mir ausdrücklich: „Ich sehe den Dieb. Es ist der und der." — Und er nannte den Namen eines Pygmäen aus meiner Begleitung. Hierauf sagte er: „Du kannst ihn übrigens selbst in dem Spiegel sehen." — Ich schaute in den Spiegel und sah zu meiner ungeheuren Verblüffung in dem Spiegel ganz deutlich das Spiegelbild des mutmaßlichen Diebes!

Ich ging sofort zu ihm, und indem ich ihn ohne Schärfe ausfragte, brachte ich ihn zu einem Geständnis: er war wirklich der Schuldige! — Natürlich können wir Europäer den letzten Vorfall als Suggestion erklären, aber... es ist immer noch verblüffend.

Noch ein anderer Fall dieser Art.

Auf einer meiner Reisen mit Monseigneur Le Roi durch den Wald beschrieb mir der Wahrsager des Dorfes, in dem wir übernachteten, in unglaublich zutreffender Weise den gewundenen Weg, den wir im Wald zurückgelegt hatten, die Pausen, die wir eingeschaltet, die Art der Speisen, die wir genossen, und vor allem die Unterhaltung, die wir geführt hatten; eine dieser Unterhaltungen war ziemlich ungewöhnlich gewesen. Wir waren auf eine kleine Schildkröte gestoßen, und Monseigneur bemerkte: „Für das Abendessen wird das wohl genügen." – Wir hatten beide einen wilden Hunger; darum antwortete ich scherzend: „Falls es nicht genügt, nehmen wir den Kopf unseres Führers dazu." – Wir sprachen französisch, eine Sprache, die der Wahrsager nicht verstand. *Ohne auch nur das Dorf zu verlassen, hatte er uns in seinem magischen Spiegel gesehen und verfolgt, hatte unsere Gespräche in einer ihm unbekannten Sprache gehört und verstanden, einschließlich des von mir ausgesprochenen Satzes!*

Eine andere Art des „Wahrsagens" bei den Pygmäen ist das in ganz Afrika verbreitete „Knöchelchenauswerfen". Pater Trilles erzählt folgendes persönliches Erlebnis, bei dem sich das Hellsehen auf die Zukunft er streckt:

„Langsam wird der Wahrsager erregt; er singt, dreht sich in schwindelerregender Geschwindigkeit; dann macht er die Brücke, schlägt heftig mit dem Kopf auf den Boden; dann schnellt er auf und hüpft. Dadurch verfällt er in einen Zustand halber Trance. Nun kommen seine hellseherischen Fähigkeiten hoch, und man sieht ihn die Bewegung des Jägers, der das Wild in der bevorstehenden großen Elefantenjagd aufgespürt hat, nachahmen. Es folgt eine eindrucksvolle, realistische, einprägsame Mimik des Kampfes mit dem Dickhäuter, der eingesetzt hat: der Wahrsager hat sich in den Jäger und den Ort eingefühlt. Hierauf wirft er die „Knöchelchen des Schicksals" für den Jäger, bezeichnet ihn mit seinem Namen, hierauf wirft er sie für die daheimgebliebenen Frauen, wobei er einer jeden prophezeit, was ihr bevorsteht: Freude, Unannehmlichkeit oder Leid. Dann kommen die Söhne an die Reihe, denen er voraussagt, ob sie noch ihre Väter wiedersehen oder Waisen sein werden. Die realistische Ausdruckskraft, mit der der Wahrsager die kommenden Ereignisse der Jagd mimisch ausdrückt, ist so groß, daß man den Eindruck hat, die zukünftigen Ereignisse spielten sich wirklich vor seinen Augen ab. Wie der Augenblick kommt, da jeder seinen Assagai auf die Beute wirft, beschreibt der Wahrsager die Taten eines jeden und nennt die Namen der Fliehenden und der Angreifenden; hierauf nimmt er an dem grauenhaften Schauspiel eines Jägers teil, der von dem sterbenden Dickhäuter gepackt, zerquetscht und zerschmettert wird; man kann nichts für ihn tun. – Schließlich lobt er die Sieger und bezeichnet die Besiegten dieser stets gefährlichen Jagdpartie."

Nach dieser realistischen Schau noch nicht geschehener Erlebnisse bemerkt Pater Trilles:

„Und nun komme ich zu dem eindrucksvollsten Umstand: diese Darstellung *bewahrheitete sich bis in die kleinsten Einzelheiten,* sowohl hinsichtlich des Ortes, als auch hinsichtlich der Männer, die im Kampfe fallen sollten, hinsichtlich der Verwundeten, der Zahl der erlegten Elefanten, der Elefanten, die zu fliehen vermochten, der Zahl der erbeuteten Elfenbeinzähne. Alles richtig vorausgesagt! Alles genau eingetroffen!"

Auch über zahlreiche *Spukerscheinungen* berichtet Bozzano auf Grund sehr eindrucksvoller Tatsachen. So veröffentlicht er in einem langen Bericht des früheren

Regierungskommissars Frank Hives, der zuletzt auf Jamaika amtierte und der selbst zu den „Sensitiven" gehörte. Er schreibt:

„Während vieler Jahre, die ich in Australien verbrachte, hatte ich keinerlei übernormale Empfindungen und erlebte ich keinerlei Spukerscheinungen, wenn man von einigen Fällen von „Hellsehen im Gegenwärtigen" während des Schlafes absehen will. Der Grund war vermutlich, daß ich mich in zivilisierten Gegenden befand, denen deshalb die Dramen der Barbarei unbekannt waren, und in neuen Wohnstätten, die deshalb keinerlei Geschichte hatten. In Neuseeland erging es mir gleicherweise, abgesehen von einem einzigen Erlebnis dieser Art. Als ich aber nach Westafrika und nach Jamaika geschickt wurde, wo die einstürmende Barbarei so viele Verbrechen und Massaker beging, häuften sich in meinen Erlebnissen die Manifestationen aller Art. Zweifellos büßten die „verbannten Geister", die ich sah, ihre Sünden an dem Orte ab, an dem sie gelebt hatten, und wahrscheinlich zeigten sie sich mir in der Absicht, auf diese Weise ihre Erlösung zu beschleunigen, oder aber um mich ihren Zwecken dienstbar zu machen."

Hives berichtet weiter:

„Ich erhielt den Befehl, das Kommissariat des Warri District (Sklavenküste) zu übernehmen... Bei meiner Ankunft erfuhr ich, daß der Kommissar, den ich ablösen sollte, noch etwa zehn Tage dableiben würde, um sein Schiff abzuwarten. Wir beschlossen, diese Zeit zu einer Inspektionsreise durch die wichtigsten Dörfer des Bezirkes zu verwenden; auf diese Weise konnte ich die Häuptlinge der Dörfer gleich selbst kennenlernen... Ich hatte Lebensmittel und Hausgeräte mitgenommen, die ich vorläufig in einem verfügbaren „Bungalow" abgestellt hatte, bis ich nach dem Wegzug des bisherigen Kommissars die Regierungswohnung beziehen könnte. Und da wir am folgenden Tage zu unserer Inspektionsreise aufbrechen wollten, beschloß ich, erst nach meiner Rückkehr auszupacken.

Das „Bungalow" bestand aus zwei großen Zimmern mit Veranda; im rückwärtigen Teile waren die Küche, die Speisekammer, das Bad und die Dienerschaftszimmer untergebracht... Es war eine Wohnung, von der niemand gedacht hätte, daß es in ihr spukte.

Nach meiner geschäftlichen Unterredung mit dem Kommissar kehrte ich in mein „Bungalow" zurück, um zu sehen, ob meine Befehle ausgeführt worden waren; kaum betrat ich aber die Schwelle, als mich der gewohnte „Schauer vor dem Unbekannten" durchrieselte, ein sicheres Zeichen, daß an diesem Ort irgend etwas nicht Menschliches hauste: es wurde mir klar, daß es an diesem Ort spukte. Und dieser Schauer durchrieselte mich erneut im Schlafzimmer, im Speisezimmer, auf den Veranden, überall in diesem Hause...

Trotzdem bedrückte mich der Gedanke, daß ich in diesem Hause schlafen müßte, keineswegs, da ich seit langem an solche Vorkommnisse gewöhnt war und wußte, daß ich keinerlei Gefahr lief. Nach dem Essen beurlaubte ich die Eingeborenen meines Gefolges und behielt nur meinen Diener bei mir zurück. Als ich mich aber anschickte, zu Bett zu gehen, fiel es mir auf, daß dieser Diener, der seit vielen Jahren in meinen Diensten stand, mich mit einem Gesichtsausdruck ansah, der durchblicken ließ, daß er mir etwas zu sagen habe, es aber nicht wagte. Ich bemerkte zu ihm, wenn er mir etwas zu sagen habe, so solle er es nur tun.

Und er stammelte: „O Herr, lieber nicht schlafen in diesem Hause. Haben schlechte Ruf."

Hier verhielt er und erwartete, daß ich spreche. Ich bemerkte aber nichts und er fuhr fort: „Sie wissen, o Herr, wenn ich spreche zu Ihnen von Haus mit schlechtem Ruf, ich immer recht gehabt habe. Und auch jetzt ich Ihnen sage, dieses Haus nicht sein gut."

Ich fragte, wie er zu diesem Urteil komme; hierauf entgegnete er: „Ich fühle in meinem Inneren etwas, was es mir sagt."

Eine solche Antwort von ihm war für mich von einer unübertrefflichen Beredsamkeit, und ich hätte es kaum besser ausdrücken können. Auch ich fühlte etwas in meinem Inneren, das mich von der Gegenwart eines „Geistes im Leiden" in Kenntnis setzte. Sein Wissen war eher auf eine „Intuition" denn auf eine „Empfindung" zurückzuführen, aber ich verstand sofort, was er sagen wollte. Indessen wollte ich ihm nicht beipflichten, da ich befürchtete, er würde mit den anderen Eingeborenen des Gefolges davon sprechen, und sie würden sich weigern, in diesem Hause zu bleiben. Darum sagte ich ihm, er spinne unbegründete Phantasien aus . . ., aber er könne zu den anderen schlafen gehen, was er auch sofort tat.

Kaum war er weg, nahm ich die Lampe und untersuchte gründlich die Zimmer und alle Schlupfwinkel. Nichts Bemerkenswertes . . . Nun schloß ich die Türen und legte mich hin . . . Längere Zeit wartete ich vergeblich auf Schlaf . . . Der Ort bedrückte mich . . . Ich stand wieder auf, zündete die Lampe an, setzte mich an den Schreibtisch und begann die Dokumente des Kommissars durchzusehen. Plötzlich überfiel mich der „Schauer vor dem Unbekannten", und ich wußte, daß sich eine Manifestation ereignen würde. Ich sah mich um, aber es war nichts zu sehen... Aber vor mir begann ein eiskalter Hauch zu wehen, der einen wenig angenehmen Geruch verbreitete... Ich konnte mich nicht entschließen, den Blick von dem Dokument, das ich gerade las, zu erheben, als aber der Hauch stärker wurde, vernahm ich zugleich einen schweren Atemzug und einen tiefen Seufzer. Ich schaute auf und sah *das Gesicht und die Schultern eines Negers*, der durch das eiserne Mückengitter des offenen Fensters hineinsah. Er war von der nahestehenden Lampe hell erleuchtet. Zwei aufgerissene leblose Augen schienen in dem Zimmer etwas zu suchen, und unter den Augen waren zwei aufgeworfene, gespreizte, blutleere Lippen zu sehen. Die Augen sahen nicht mich an, sondern waren durch mich hindurch in das Leere gerichtet; sie waren glasig wie die eines Toten. Ich wußte, daß ich ein lebloses Wesen vor mir hatte, aber ich wußte auch, daß es mir nichts Böses antun könnte. Es war also nicht ein Angstgefühl, das ich empfand, sondern ein Gefühl des Abscheues und des Entsetzens. Mir entfuhr unwillkürlich der Ausruf: „Was geschieht denn da!" – Keine Antwort. Der leere Blick dieses Gesichtes ohne Leben starrte weiter durch mich hindurch in das Leere; dieses Wesen wußte nichts von meiner Gegenwart. Die Entfernung zwischen uns beiden war weniger als drei Fuß. Ich konnte den Blick von diesem Gespenst nicht abwenden: es war der Zauber der Schlange über das hilflose Vöglein...

Plötzlich begann die Lampe, die bisher hell gebrannt hatte, rasch niederzubrennen, als ob ihr das Öl entzogen würde. Ich wollte den Docht hochschrauben, aber ich war in meinen Bewegungen gelähmt; das geschieht mir unter ähnlichen Umständen häufig. Mit großer Willensanstrengung gelang es mir, den Arm zu bewegen und das Kreuzeszeichen vor dem Gespenst zu machen. Ich wüßte nicht zu sagen, warum ich es tat, aber das Gespenst verschwand... Ich erhob mich, durchleuchtete nochmals den ganzen Ort – alles war in Ordnung. Als ich aber meinen Platz wieder einnehmen wollte, bemerkte ich hinter mir das Geräusch eines flüchtigen Schrittes, wie wenn ein Mensch mit bloßen Füßen auf dem Fußboden ginge. Diesmal glaubte ich, ein Dieb sei eingedrungen, und drehte mich rasch um. Ich sah die Gestalt eines fast völlig nackten Eingeborenen, der sich von mir entfernte und auf das Schlafzimmer zuging. Ich zögerte einige Augenblicke, da ich unbewaffnet war, als ich ihn aber in mein Zimmer eintreten sah, ging ich ihm entschlossen nach.

Dort sah ich niemanden, während ich aus dem anderen Zimmer das Geräusch von klirrendem Geschirr hörte. Ich lief sofort hin und sah dort *das gleiche Gespenst,* das voller Schrecken in die Höhe zu starren schien. Ich fragte: „Was wollt ihr?" – Keine Antwort, kein Zeichen, daß jemand etwas gehört hätte. Plötzlich hob die Gestalt in einer verzweifelten Bewegung die Arme hoch und krümmte sich, als ob sie sich gegen etwas, was von oben auf sie herabstürzte, schützen wollte. Hierauf stürzte sie zu Boden, wo sie als eine leblose Masse liegen blieb. Ich trat mit der Lampe näher, um diese bewegungslose Gestalt näher zu betrachten; wie ich das tat, löste sich die Gestalt schnell auf, beginnend von den Extremitäten; als letztes verschwand der Kopf."

Abschließend führt Bozzano aus:

„Ich wollte aufzeigen, wie bei den heutigen primitiven und wilden Rassen alle Abstufungen übernormaler Erscheinungen auftreten, die jetzt bei den zivilisierten

Völkern in Versuchssitzungen hervorgerufen und wissenschaftlich untersucht werden können, angefangen mit den vorwiegend physikalischen Erscheinungen, wie der Bewegung von Gegenständen ohne Berührung, den Geräuschen, den Klopftönen, dem spukhaften Steinregen, den Apporten und der Entfernung von Gegenständen aus geschlossenen Räumen, den Zaubereien, dem Schwebendwerden menschlicher Personen, den Verwandlungen und den Materialisationen, bis zu der vorwiegend psychischen und intellektuellen Phänomenologie, wie der Gedankenübertragung (die bei den Wilden den Anschein eindrucksvoller absichtlich getätigter Zauberei annimmt), der eigentlichen Telepathie, dem Hellsehen in Vergangenheit, Gegenwart und Zukunft, der „fluidischen Abspaltung" in menschlicher und kegelförmiger Gestalt, den mediumistischen Erscheinungen unter Lebenden, den Erscheinungen Verstorbener am Totenbette und nach dem Tode, dem mediumistischen Verkehr mit den Verstorbenen in allen Ausdrucksweisen, die den zivilisierten Völkern bekannt sind, wie der „Tiptologie", dem „Hellsehen", dem „Hellhören", dem „Besitzergreifen", der „Besessenheit" und der „direkten Stimme"...

Daraus ergab sich, daß auf Grund der vergleichenden Analyse des Tatsachenmaterials der wissenschaftliche Beweis für das Bestehen einer auf der ganzen Welt zum Ausdruck kommenden übernormalen Phänomenologie als erbracht gelten muß. Diese Schlußfolgerung ist für die Theorie von höchster Wichtigkeit und muß endgültig als Bestandteil des wissenschaftlichen Gedankengutes gelten.

Das zweite Ziel, das ich mir mit dieser Klassifikation gesteckt hatte, bestand darin, die ungeheure Tragweite

für die Theorie deutlich werden zu lassen, die in der
großen oben angeführten Tatsache enthalten ist; das will
heißen: wenn die ganze eindrucksvolle Stufenleiter der
übernormalen Erscheinungen stets und bei jedem Volke,
sei es zivilisiert, barbarisch oder wild, zu finden ist, da
muß doch diese Tatsache an und für sich schon die Lösung der großen philosophischen und psychologischen
Probleme des Entstehens des Glaubens an die Existenz
und das Fortleben der Seele, der Entwicklung des Got-
tesgedankens und der daran anknüpfenden Ausbildung
der Religionen bewirken... Unter diesen Umständen
bleibt nur noch übrig, eine einzige Schlußbemerkung
vorzutragen: für jeden, der sich in der Parapsychologie
auskennt, kann es keinen Zweifel geben, daß die Lösung
des Problems – nach der der allgemeine Glaube an die
Existenz und das Fortleben der Seele aus der gleichfalls
allgemeinen Beobachtung der übernormalen Erscheinungen entspringe – der Wissenschaft endgültig einver-
leibt, so wie es keinen Zweifel geben kann, daß in diesem Punkte die Einmütigkeit in der Zustimmung der
Anthropologen, Ethnologen, Soziologen, Psychologen und
Philosophen der ganzen Welt nicht auf sich warten lassen wird." (A.a.O. S. 258 ff.)

Mit diesen außerordentlich bedeutsamen Beiträgen
und Ausführungen Bozzanos sei der Auszug aus seinem
Werk über die übersinnlichen Erscheinungen bei Naturvölkern abgeschlossen. – Aus den in diesem Kapitel
angeführten Fällen von unzweifelhaftem Hellsehen, von
Ahnungen, Wahrträumen und Vorgesichten – auf das
sogenannte *Zweite Gesicht* soll hier nicht näher eingegangen werden, ich verweise dieserhalb nur auf die
gleichnamige Schrift von Dr. F. Zurbonsen „Das Zweite

Gesicht" [36]), die von mir neu bearbeitet erschienen ist —
ergibt sich *der exakte Nachweis des Sehens ohne Augen,
des Hörens ohne Ohren und des Denkens ohne Gehirn.*
Der Philosoph Erich *Becher* hat nachgewiesen, daß das
Gedächtnis nicht in notwendiger Abhängigkeit vom Gehirn zu denken ist. *Es gibt rein seelische Gedächtnis-
spuren, die nicht als Gehirnfunktion zu deuten sind,*
sondern *selbständig* bestehen. Es besteht eben „Geist"
ganz unabhängig von der Materie. Tritt er mit ihr in
Verbindung, dann ist er ihr in nichts unterworfen, sondern im Gegenteil oft ihr Herr. So darf abschließend
festgestellt werden, daß eine einzige solcher Tatsachen,
wie sie hier wiedergegeben werden, bereits die ganze
materialistische Weltanschauung widerlegt und daß ferner eine einzige solche Tatsache die Existenz und Geistigkeit der Menschenseele beweist. *Eine geistige Seele
aber kann nur unsterblich sein.* Daß sie es wirklich ist,
wird noch bewiesen werden.

Unter dem Titel „Der Kaiser bot mir seine Krone an",
werden gegenwärtig die Aufzeichnungen von Wilhelm
Kronprinz des Deutschen Reiches und von Preußen durch
den Chef des Hauses Hohenzollern, Prinz Louis Ferdinand, herausgegeben. Darin finden wir folgende uns
interessierende Stelle:

„Es war in einer Ruhepause zwischen zwei Sturm-
angriffen auf das unbezwingbare Festungssystem (Verdun), als einer meiner Adjutanten eine französische
Wahrsagerin auf mein Hauptquartier brachte, um dem
gesamten Stab eine kleine Unterhaltung zu bieten. Die
Frau erkannte mich unter meinen Offizieren mit der
gleichen untrüglichen Sicherheit, mit der die Jungfrau
von Orleans einst König Karl unter seinem Hofstaat
herausfand.

Sie kam sofort auf mich zu und heftete ihre Augen ganz fest auf mich. Dann ergriff sie meine Hand und begann in den Linien der Innenfläche zu lesen:

Schließlich unkte sie: „Ich möchte Sie gern unter vier Augen sprechen!" Ich gab meinem Adjutanten ein Zeichen, uns allein zu lassen.

Als meine Mitarbeiter uns verlassen hatten, sagte die Frau: „Ich erkenne in den Linien Ihrer Hand den Sturz Ihrer Dynastie."

Ich war sprachlos.

Selbst wenn einige von uns auch gelegentlich trüben Gedanken nachhingen, so schien doch die Monarchie als solche fest im Herzen des Volkes verankert. Deutschland hatte sich unter dem Befehl des Kaisers wie ein Mann erhoben, um sich gegen eine waffenstarrende Welt zu verteidigen.

Offensichtlich sprach aus den Worten dieser Frau der Haß gegen den Feind ihres Landes.

Wie im Trancezustand las sie weiter in meiner Hand: „Einer ihrer Brüder wird eines tragischen Todes sterben."

„Wird er im Krieg fallen?"

Die Frau schüttelte den Kopf.

Tatsächlich starb mein jüngster Bruder Joachim bald nach dem Ende des Krieges.

„Und Sie", fuhr sie mit hohler Stimme fort, indem sie mich mit ihren glänzenden Augen noch immer fixierte, „werden als Verbannter fünf Jahre Ihres Lebens in Holland verbringen."

Was die Frau von sich gab, schien albern zu sein. Niemand erwog auch nur die Möglichkeit, daß ich selbst im Fall einer unglückseligen Niederlage, die damals unwahrscheinlich war, gezwungen sein würde, mein geliebtes Vaterland zu verlassen. Es war naheliegend, daß ich plötzlich an diese Episode vor Verdun denken mußte.

Ich bin kein Mystiker. Ich spiele nicht mit okkulten Gewalten. Ich leugne aber auch ihre Existenz nicht. Meine eigene Erfahrung hat mich gelehrt und hat mich in meiner Überzeugung gestärkt, daß uns mitunter das Schicksal vor kommendem Unglück warnt.

Als ich in den Krieg zog, schenkte mir meine Frau ein Medaillon. Auf diesem war die heilige Cäcilie Orgel spielend dargestellt. Ich trug diese kleine Münze wie einen geheiligten Talisman. Er begleitete mich von Schlacht zu Schlacht, von Feldzug zu Feldzug.

Am 7. November 1918 verschwand mein kleiner Glücksbringer. Umsonst durchsuchte ich meine Sachen. Ich konnte den für mich so wertvollen Talisman nicht mehr finden. Meine Ordonanzen durchkämmten das Hauptquartier wie mit Staubkämmen. Wir suchten das Medaillon an allen möglichen und unmöglichen Orten. Das Suchen steckte an. Meine Offiziere beteiligten sich gleichfalls daran. Wir stellten das ganze Hauptquartier auf den Kopf, aber das Medaillon blieb verschwunden. Ich habe es nie wieder gesehen. Es war ein für allemal verloren.

Zwei Tage später begann die Revolution! Natürlich ist keinerlei Verbindung zwischen diesen beiden Ereignissen zu suchen. Der Verlust war ein reiner Zufall. Und doch kennt jeder irgend ein Vorkommnis in seinem Leben, welchem er einen tieferen Sinn beimißt."

Okkultismus und Jenseitsfrage

Was ist Okkultismus?

Okkultismus bedeutet bekanntlich soviel wie Lehre vom Verborgenen und stellt einen Sammelnamen für die sog. okkulten oder Geheimwissenschaften dar, d. h. für die Wissenschaft von solchen Erscheinungen und Tatsachen, die sich nicht oder noch nicht auf bekannte Kräfte und Gesetze zurückführen lassen. (Neuerdings hat man für Okkultismus das Wort „Parapsychologie" geprägt und damit den Anspruch auf größere wissenschaftliche Beachtung betont.) Entgegen allen Versuchen, dem Okkultismus jede Bedeutung für die Weltanschauung abzusprechen, kann heute festgestellt werden, daß der Okkultismus eine *Wissenschaft* geworden ist, mit der sich bereits eine große Anzahl hervorragender Forscher des In- und Auslandes befassen, darunter, was besonders bemerkenswert ist, viele Naturwissenschaftler. Wir dürfen daher heute bereits mit vollem Recht vom wissenschaftlichen Okkultismus sprechen, der sich streng von dem vulgären, mit Aberglauben und Leichtgläubigkeit durchsetzten Okkultismus unterscheidet.

Wir wollen einige Gelehrte von Ruf über die Bedeutung des Okkultismus sprechen lassen, Forscher, die sich eingehend mit den okkultistischen bzw. parapsychologischen Phänomenen befaßt haben und die daher in der Lage und berufen sind, ein Urteil in dieser Beziehung abzugeben. Es sind also Sachverständige in des Wortes vollster Bedeutung im Gegensatz zu jenen, die nur ein rein theoretisches und meist noch sehr unvollkommenes Wissen über diese Dinge besitzen, ganz abgesehen von solchen „Kritikern", für die es auf Grund ihrer Voreingenommenheit (besser gesagt: Ignoranz!) solche Phänomene einfach nicht geben darf.

Der Okkultismus bzw. die Parapsychologie ist zwar noch keine offizielle Wissenschaft, zählt aber bereits eine ganze Anzahl von Vertretern der Schulwissenschaft zu ihren Verfechtern und gewinnt in den Kreisen der Gebildeten immer mehr an Beachtung. Welche Rolle der Okkultismus im Geistesleben der Völker spielt, beweist am besten die ungeheure einschlägige Literatur aller Sprachen. So soll es bereits über 30 000 wissenschaftliche Werke über das Fortleben nach dem Tode und verwandte Probleme geben. Und das ist wahrlich kein Wunder, denn so fest gewurzelt wie die religiöse Überzeugung ist auch die Überzeugung vom persönlichen Fortleben. Weil dem aber so ist, hat der Okkultismus für den Menschengeist eine Bedeutung erhalten, die niemals schwinden, die vielmehr immer größer wird. Nichts natürlicher als das, denn die Frage: Tod – und was dann? beschäftigt schließlich jeden Menschen mehr oder weniger, und der Okkultismus ist es eben, der sich mit dieser Frage sehr eingehend beschäftigt und sie auf Grund von Erfahrungen der mannigfachsten Art zu beantworten sucht, und es sind wahrlich keine kleinen Geister, die sich mit dieser Wissenschaft befassen, im Gegenteil, große Denker aller Richtungen, die nicht an der Oberfläche haften, sondern den Dingen auf den Grund zu gehen sich bemüht haben, Denker und Forscher aller Völker und Zeiten, darunter erfreulicherweise auch große Deutsche. Es ist eben nicht so, wie man es gern hinstellen möchte, als ob nur „Schulze" oder „Müller", also der gewöhnliche Durchschnittsmensch „Okkultist" wäre, also so quasi Phantast, nein – gerade umgekehrt: Es sind fast durchweg Menschen von geringer geistiger Bedeutung, die die Möglichkeit oder Wahrscheinlichkeit okkulter Phänomene leugnen und infolgedessen auch für den Okkultismus nicht viel übrig haben. Wahrhaft hervorragende Geister aber sind es, die sich für ihn einsetzen.

Schleich, der auch ein talentvoller Schriftsteller und feinsinniger Poet, Maler, Komponist und ein Denker besonderen Formats war, hat sich auch über das Okkulte geäußert und dazu u. a. gesagt:

„Der Widerstand gegen den wissenschaftlichen Okkultismus entspringt dem akademischen Hochmut aller derer, die glauben, daß es über ihrem Wissen kein Mehrahnen oder Mehrwissen gibt. Man kann statt des Zweifels, der Abwehr und des Auslachens einen viel würdigeren Gang gehen: nämlich zunächst die Wahrheit alles Erzählten, Behaupteten, Demonstrierten, Geheimnisvollen als zutreffend anerkennen und nun untersuchen, ob es denn gar keine Möglichkeit gibt, sie mit den Tatsachen der Wissenschaft zu vereinen, das heißt, einen Mechanismus suchen, durch den diese Dinge wohl begreifbar werden."

So ein Carl Ludwig Schleich über Unsterblichkeit und Okkultismus, dem die kleinen Geister der Verneiner und Ignoranten nicht das Wasser reichen können und denen angesichts einer solchen Erklärung – wenn sie ehrlich sein wollen – nichts anderes übrig bleibt, als beschämt bei Seite und damit abzutreten...

Aber schauen wir uns auch etwas weiter zurück im Kreise der deutschen Denker um. Hier sei zunächst auf den Dichterfürsten Goethe hingewiesen, der bekanntlich nebenbei auch Naturwissenschaftler war. Goethe ist ein überzeugter Okkultist gewesen, wie aus seinen Schriften zur Genüge hervorgeht. Mit okkultistischen Beweismitteln begründet er seinen Glauben an ein Fortleben nach dem Tode. In seinen lebensgeschichtlichen und wissenschaftlichen Werken, in seinen Briefen und Gesprächen hat er sich offen und unzweideutig zum Okkultismus seiner Zeit bekannt.

Goethe kannte, wie Prof. *Walter*, Graz, betont[37]), die okkultistische Literatur seiner Zeit genau und betrieb mit Eifer und kritischer Besonnenheit die Nachprüfung ihm berichteter Spukfälle. Er blieb beim bloßen Bücherstudium und der Nachforschung nicht stehen, sondern veranstaltete sogar selbst entsprechende Experimente. Er kannte nahezu alle Erscheinungen des Mediumismus, sowohl seelischer wie körperlicher Art, und er selbst scheint stark medial veranlagt gewesen zu sein. Weil er echte Phänomene von unechten zu unterscheiden wußte und ihre Auswirkungen kannte, wandte er sich auch gegen die mißbräuchliche Hervorrufung okkulter Phänomene, gegen Scharlatane und bewußte Täuscher sowie gegen wüsten Aberglauben. Seinen eigenen Standpunkt zu gewissen Phänomenen brachte er in dem Bekenntnis zum Ausdruck: „Ich zweifle nicht, daß diese wunderbaren Kräfte in der Natur des Menschen liegen, ja sie müssen darin liegen!"

In dem Leben des Großen von Weimar haben okkulte Vorgänge keine geringe Rolle gespielt. Erwähnt sei nur jene von Goethe ausführlich geschilderte Episode, wie er nach dem Abschied von Friederike Brion die Erscheinung seines Doppelgängers hatte. Es liegen ferner Berichte vor über einen Spuk in Goethes Gartenhaus.

Bekanntlich hat auch der gefeierte Philosoph der Aufklärung, Kant, dem Okkultismus seine Aufmerksamkeit zugewandt und in seinem Buch „Träume eines Geistersehers" sich dahin geäußert, daß er sich „nicht unterstehe, so gänzlich alle Wahrheit an den mancherlei Geistererzählungen abzuleugnen ..." *Schopenhauer* aber, der den Materialismus die „Weltanschauung des geringsten Verstandesaufwands" nennt, sagt von den Phänomenen des Zweiten Gesichts, der Wahrträume, des Geistersehens usw., sie seien eine faktische und vollkommen sichere Widerlegung nicht nur des Materialismus, sondern auch des Naturalismus. Sie seien auch, wenigstens vom philosophischen Standpunkte aus, unter allen Erfahrungstatsachen ohne allen Vergleich die wichtigsten, daher Pflicht eines jeden Gelehrten, sich mit ihnen gründlich bekanntzumachen. Daß es auch das gibt, was das Volk „Geistererscheinung" nennt, ist ihm gewiß, will er doch selbst Ähnliches erlebt haben.

Was die Gegenwart angeht, so sei an erster Stelle der Leipziger Forscher Hans *Driesch* genannt, der klipp und klar erklärt: „Oberste Grundlage (aller parapsychologischen Betrachtung) bleibt immer die Lehre, *daß Leib und Seele zweierlei Wesen sind.*" Er führt dann in seiner Schrift „Parapsychologie" [38]) weiter aus: „Das eigentlich Tatsächliche, das als gesichert anzusehen ist, spielt als solches in dieser Schrift eine Nebenrolle, obwohl es natürlich erwähnt wird: es ergibt sich stets aus der Behandlung der Frage nach der „Sicherung". Wenn in bezug auf irgendein Phänomen alle sehr streng aufgezählten und behandelten Sicherungen erfüllt waren und sich dieses Phänomen dann doch einstellte, dann ist es eben „gesichert" und kann als Tatsache gebucht werden. Würde ich nicht überzeugt sein, daß es Gewisses, wenn auch nicht eben zahlreiches, an solchem ganz gesicherten Gute gibt, so hätte ich diese Schrift nicht geschrieben, sondern die „Okkultisten" sich selbst und ihrem Schicksal überlassen. –

Die Stellung der „offiziellen Wissenschaft" den parapsychischen Dingen gegenüber ist noch immer, leider ganz besonders in Deutschland, so, daß sie einer künftigen Zeit als ganz unverantwortlich erscheinen wird.

Man glaubt stets sehr „aufgeklärt" zu sein, und ist gerade das Gegenteil, nämlich dogmatisch festgelegt. Man glaubt zu wissen, was es „geben und was es nicht geben" kann ... Umlernen, sein Weltbild ganz grundlegend umgestalten, das will man nicht. Und freilich, angesichts der Parapsychologie steht man vor einer möglichen Weltbildumgestaltung, die überhaupt nicht ihresgleichen hat oder je gehabt hat. Hier ist wirklich ein Schatz zu finden – und nicht nur Regenwürmer ... Mit den „mystischen", „irrationalen" Neigungen der Gegenwart hat die Parapsychologie gar nichts zu tun. Sie ist Wissenschaft, ganz ebenso wie Chemie und Geologie Wissenschaften sind." [39] – Wenn das ein Mann wie Driesch sagt, der selbst Universitätslehrer war, so wird man das allgemein wohl oder übel zur Kenntnis nehmen müssen.

Der Tübinger Philosoph Prof. Traugott Konstantin *Oesterreich* bekennt sich grundsätzlich zu den Phänomenen des Okkultismus und schreckt nicht davor zurück, unser ganzes heute herrschendes Weltbild für falsch zu erklären. Er scheut sich auch nicht im Hinblick auf die genannten Phänomene von der „allgemeinen wissenschaftlichen Oberflächlichkeit und Gewissenlosigkeit" zu sprechen, die er für das Charakteristikum mancher Autoren hält (die diese Dinge nicht wahr haben wollen). [40])

„Eine neue Epoche", sagt Oesterreich, „ist in der europäischen Weltanschauung und Wissenschaft angebrochen, und wir jetzt Lebenden haben den Vorzug, das Morgenlicht des neuen Tages zu sehen, an dem die Welt den Menschen wieder geistiger erscheinen wird. Drei Jahrhunderte lang schien sie ein Spiel toter Atome zu sein. Jetzt beginnen wir wieder zu sehen, daß überall Geist in ihr waltet und tätig ist." [41])

Ein anderer Forscher auf okkultem Gebiete, der Münchener Zoologe Prof. Dr. Karl *Gruber*, nimmt zu den Problemen des Übersinnlichen wie folgt Stellung:

„Oft und oft habe ich mir, der ich, von Medizin und experimenteller Biologie kommend, das Glück hatte, mit der parapsychologischen Erscheinungswelt in nähere Forscherbeziehungen zu treten, die Frage vorgelegt, wieso es kommt, daß die Wissenschaft als geschlossenes Ganzes die weittragende Bedeutung, die in dieser parapsychologischen Erscheinungswelt eingeschlossen ist, auch nicht im geringsten erkennt. Sie sieht gar nicht, was da eigentlich vorliegt, ja, sie will nicht sehen, und weiß daher auch nicht, daß in dem immer noch fast durchweg lächelnd abgelehnten Okkultismus eine Menge Antworten auf Fragen enthalten sind, die Medizin und Naturwissenschaft schon seit langem beantworten möchten, aber nicht beantworten können. Warum die Verhältnisse so eigenartig liegen, um das zu klären, müßte man eine Psychologie der Wissenschaft wie des Okkultismus schreiben ...

Solange die Naturwissenschaft rein mechanisch-materialistisch ausgerichtet war, mußte man es als fast selbstverständlich erachten, daß sie an den mit einer materialistischen Auffassung vom Leben unvereinbaren Erscheinungen des Okkultismus einfach vorbeiging. Heute liegt die Sache jedoch ganz anders, denn auf Schritt und Tritt sehen wir die schulwissenschaftlichen Disziplinen in Konflikt mit dem reinen Materialismus und Mechanismus geraten, wir beobachten überall ein Suchen nach neuen Wegen, da die bisher begangenen vielfach in Sackgassen geführt haben. Man spricht da und dort von einer Krisis, so beispielsweise in der Medizin...

So unlogisch sind viele in ihrer wissenschaftlichen Disziplin bedeutenden Männer eingestellt, so leicht machen es sich die Kritiker mit der Be- und Verurteilung der Mitteilungen der parapsychologischen Forscher. Was würden sie sagen, wenn man ihnen gegenüber, für ihre Forschungsarbeit – Chemie, Physik, Physiologie, Biologie etc. – die gleiche Art der Kritik anwenden würde, die sie gegen die Parapsychologie üben? Sie würden energisch und empört zunächst eine gewissenhafte Nachprüfung verlangen, eigene Arbeit, eigene praktische Erfahrung. Und sie selbst urteilen meist, ohne selbst irgendwie eigene Arbeit auf dem von ihnen so scharf kritisierten Gebiete aufweisen zu können, lediglich auf Grund mündlicher oder schriftlicher Berichte. Sie erkennen dabei nicht, daß dieses ihr Vorgehen absolut unwissenschaftlich ist, daß sie als die angeblichen Hüter der reinen wahren Wissenschaft die gröbsten Verstöße gegen die einfachsten wissenschaftlichen Forschungsregeln begehen.

Warum die Scheu, sich mit diesen Problemen zu befassen, warum lieber eine gewollte Ignoranz, als die Aussicht, wenn auch unter Mühen und mit mancherlei Enttäuschungen so manchem Rätsel der Natur, der Menschheit auf die Spur zu kommen? Unbedingt liegt mit ein Grund dafür in einer gewissen Überhebung der Wissenschaft, die sich an ihren eigenen Erfolgen berauscht und vielfach von oben herab auf den gebildeten Laien, noch mehr auf den primitiven Mann aus dem Volke herabsieht. Und unglücklicherweise stammen gerade aus Laienkreisen sehr viele Berichte über okkulte Erscheinungen! Statt daß man nun aber diese Berichte auf ihren realen Kern prüft, lehnt man sie lieber von vornherein als Phantasterei oder Betrug ab. Sehr bequem! Und dabei ist gerade für die Feststellung des Vorhandenseins bestimmter Vorgänge die primitiv unvoreingenommene Beobachtung von großem Wert. Man nehme doch die Mitteilungen, wie sie gegeben werden und lege dann die kritische Sonde an oder noch besser gehe in eigener Arbeit nachprüfend den behaupteten Erscheinungen nach. Aus eigener Erfahrung möchte ich feststellen, daß ich eine ganze Reihe von Erkenntnissen, die ich auf parapsychologischem Gebiet machen konnte, ursprünglich den Mitteilungen aus Laienkreisen verdanke, die ich dann mit wissenschaftlicher Methode untersuche oder nachprüfe...

Gedankenübertragung oder Telepathie sowie räumliches Hellsehen sind heute experimentell bewiesene Tatsachen und ihre weitere Bearbeitung wird einesteils aufklärend für so vieles Wirre im Okkultismus wirken, andererseits aber auch neues Licht auf so manche noch ungeklärte Erscheinungen unseres menschlichen Lebens werfen. Freilich versetzen diese Erkenntnisse gleichzeitig der rein materialistischen Weltanschauung des vergangenen Jahrhunderts den Todesstoß, worüber man sich ganz klar werden muß..." [42]

Gruber verneint auch nicht die Möglichkeit einer Vorschau in die Zukunft und befaßt sich auch sehr eingehend mit dem Problem der Materialisation, wobei zu bemerken wäre, daß er ein enger Mitarbeiter des Münchener Forschers *Schrenck-Notzing* gewesen ist und mit diesem an zahllosen Experimentalsitzungen teilgenommen hat. Er stellt weiter fest: „Als Naturforscher sind wir heute gezwungen, die Telekinese (mediumistische Fernbewegung) und die Materialisation als prinzipiell anerkannte Tatsachen in das Bild der biologischen Erscheinungswelt einzugliedern." [43)]

Auch Prof. Dr. Edgar *Dacqué*, der Münchener Paläontologe und Naturphilosoph, ein verdienter Forscher, stellt sich durchaus positiv zu den parapsychischen Phänomenen.

So erwähnt er z. B. „das Spuken an bestimmten Orten, wo der Mensch zuweilen nichts merkt, wo aber Pferde scheuen, überhaupt den Spuk in Häusern oder an Orten, wo sich unter besonderen Umständen Todesfälle zugetragen haben, mit denen besondere Übeltaten verknüpft sind... Wer ein Gefühl für abgeschiedene Wesen hat, hält sich fern von allen Experimenten jener Art (spiritistischer Art). Die religiösen Körperschaften sollten diesen Dingen mit tiefstem Ernst sich zuwenden und sollten, wo ein Spuk oder ein Medium mit seinen Auswirkungen erscheint, es nicht minder liebevoll in seine Pflege nehmen, wie ein verwahrlostes Kind, das man auf der Straße findet und das man zu seinem inneren und äußeren Wohl aufnimmt, schützt und weiterführt. Vielleicht kommen wir, wenn der innere Zusammenhang aller dieser Fragen wirklich erfaßt und erlebt sein wird, dazu, die ganze gesetzliche Kraft des Staates oder der Religionsgemeinschaften jenen verwahrlosten Toten zugewandt zu sehen... Vielleicht sind die hier erwachsenden wahrhaften Liebespflichten gleich wichtig und entscheidend für den Frieden und das innere Werden der Menschheit als andere soziale Bestrebungen. *Denn der Verkehr mit jenen abgeschiedenen und doch so elend an das Dasein verhafteten Wesenheiten* kann nicht mit äußerer Verstellung, mit Lüge und Politik geschehen, wie diese sich sonst in alles Wohltätigkeits- und soziales Organisierungswesen mit hineinmischen; sondern es erfordert opfernde Hingabe des Einzelnen an die stumme oder verzweifelte Bitte, die in jedem Spuk und jedem medialen Erscheinen immer und immer wieder, wenn auch bisher meistens unverstanden, liegt." [44])

Der Rostocker Privatdozent Dr. Emil *Mattiesen,* der sich um die parapsychologische Forschung ganz besonders große Verdienste erworben hat, hat in seinen beiden großen Werken „Der jenseitige Mensch" und „Das persönliche Überleben des Todes" [45]) den erfahrungswissenschaftlichen Nachweis des Fortlebens ganz einwandfrei erbracht, wenigstens für alle diejenigen, die sich Tatsachen nicht bewußt verschließen. Die von Mattiesen veröffentlichten Berichte sind natürlich nicht alle gleichwertig, aber nicht wenige sind derart fundiert, daß auch strengste Kritik an ihnen nichts Wesentliches auszusetzen vermag. An und für sich genügt ja schon *ein einziger* gut bezeugter Fall der Erscheinung eines Verstorbenen, um den Nachweis des Fortlebens zu führen; Mattiesen führt solche Fälle dutzendfach an. — Übrigens finden sich solche absolut beweiskräftige Fälle auch sonst im einschlägigen Schrifttum zur Genüge.

Mattiesen bemerkt nach der grundsätzlichen Seite: „Die Frage nach dem Überleben ist seit unvordenklichen Zeiten von der gesamten Menschheit bejaht worden, und zwar nicht auf Grund von „Überlegungen" irgendwelcher Art, vielmehr im Sinne des unmittelbaren Ausdrucks von Beobachtungen... Die Beweise für das persönliche Überleben sind so überwältigend, daß die Frage sich aufdrängt, warum sie so geringen Einfluß auf das Denken unserer Gebildeten haben. Unwissenheit erklärt gewiß den größten Teil davon; denn der Gebildete hing bisher in seinem Denken über Welt und Leben von der akademischen Wissenschaft ab, und diese hat viel dazu getan, daß die Erörterung unseres Problems unter Ausschluß der „breiteren Öffentlichkeit" vor sich gehe... Ich muß es dabei bewenden lassen, zunächst die grobe Tatsache an sich bewiesen zu haben, daß *persönliches Seelenleben unabhängig vom Leibe und auch nach seinem Untergange statthat.*" [46])

Johannes *Illig*, einst Herausgeber der Tageszeitung „Hohenstaufen" in Göppingen, gehört mit in die Reihe der verdienstvollen Forscher auf dem Gebiete des Okkultismus, zumal da er über einen reichen Erfahrungsschatz verfügt. War doch schon sein Elternhaus ein sog. Spukhaus, und auch später, als Student, wohnte er in einem solchen Hause. Dazu kommt, daß ihm in seiner Eigenschaft als Zeitungsverleger, der in seinem Blatte häufig über okkultistische Phänomene berichtete, wertvolles Tatsachenmaterial übermittelt wurde. Als wirklicher Forscher begnügte er sich aber nicht mit den ihm erstatteten Berichten, sondern er untersuchte sie an Ort und Stelle mit äußerster Gewissenhaftigkeit und Exaktheit. In seinem Buche „Ewiges Schweigen?" [47]) führt er u. a. aus:

„Für den Menschenverstand wird das Unsterblichkeitsproblem wohl überhaupt niemals lösbar sein, weil es weit über den Bereich seiner Zuständigkeit hinausgreift. Anders steht es mit der Frage nach einer individuellen Fortdauer nach dem Tod. Diese Frage kann man nicht ohne weiteres als unlösbar bezeichnen. Wenn sie aber einer Lösung entgegengeführt werden soll, so kann das nur durch eine Forschungsmethode geschehen, die sich auf die Erfahrung stützt. Die Philosophen behaupten, der Unsterblichkeitsglaube – sie meinen damit wohl in der Regel den Glauben an eine Fortdauer nach dem Tod – sei aus dem „Triebe des Menschengeistes nach Selbstbehauptung gegenüber der äußeren Naturgewalt" entsprungen. Das mag für den Philosophen zutreffen. Das gewöhnliche Volk stützte seinen Glauben an eine Fortdauer nach dem Tod von jeher auf die häufige Beobachtung gewisser Tatsachen, die den Eindruck machen, als ob ein Verstorbener auch nach dem Tode noch in irgend einer Form weiterlebe, namentlich aber auf die sog. Geistererscheinungen, über deren Herkunft sich der einfache Mann keine Rechenschaft abzulegen pflegt. Der Glaube an Geister und Gespenster ist uralt. Wir finden ihn bei den alten Indern, den Ägyptern, Griechen und Römern. In den biblischen Büchern ist von Gespenstern, Geistern, scheußlichen Larven und Auferstandenen die Rede wie von einer selbstverständlichen Sache. *Aristoteles* behauptete, mit dem Geist seiner verstorbenen Frau in Verkehr zu stehen. *Plutarch* erzählt, daß Pausanias von dem Geist eines Mädchens belästigt wurde, das er getötet hatte, und daß Pausanias selbst nach seinem Tode in dem Tempel der Minerva, in dem er den Tod gefunden hatte, als Geist Furcht und Schrekken verbreitete. Der Philosoph *Athenodor* schildert die Erscheinung eines in Ketten klirrenden Gespenstes, das er anredete und dessen mit Ketten gefesseltes Skelett er beim Nachgraben an der Stelle fand, an welcher die Erscheinung in den Boden verschwunden war. Der Römer *Apulejus* schreibt: „Die Seele eines Menschen wird, wenn sie sich von den Banden des Körpers loslöst und von seinen Funktionen befreit ist, eine Art Dämon oder Genius, welche man auch als Lemuren bezeichnet. Diese Lemuren sind entweder gutartig und halten sich in ihren früheren Wohnungen auf, oder sie schweifen ruhelos umher und ängstigen die Leute." *Clemens von Alexandrien* sagte zu den Heiden des vierten Jahrhunderts, die solche Lemuren göttlich verehrten: „Wie könnt ihr diese schrecklichen unsauberen Dämonen als Götter verehren, die doch jeder als unreine Wesen kennt, welche von ihrer eigenen Last in den Stoff hinabversenkt wurden und unaufhörlich um ihre Gräber herumirren. Dort erscheinen sie als Gespenster in der Finsternis, als leere Bildnisse und schreckliche Gestalten." –

Eine Erscheinungsreihe, die sich uns mit solch ausdauernder Hartnäckigkeit und Gleichförmigkeit Jahrtausende hindurch, trotz aller grundsätzlichen Ableugnung, trotz aller Bekämpfung und alles Spotts, immer und immer wieder aufdrängt, ist eine ernste Mahnung und Aufgabe des Weltgeschehens an den Menschengeist: Hier geht etwas vor, sieh, ob Du seinen Ursachenzusammenhang oder vielleicht gar seinen Sinn zu ergründen vermagst! Für den Nachweis einer individuellen Fortdauer nach dem Tod gibt es keinen anderen Weg als den recht beschwerlichen, der über dieses düstere Tatsachengebiet führt, auf dem der trügerische Schein so häufig und die phantastische Verzerrung der Wirklichkeit fast die Regel ist. Mit bloßer Liebe zur Sache kommt man da aber nicht weit. Diese Liebe hat schon viele in die Irre geführt. Aber Liebe im Verein mit Erfahrung und hinreichend kritischer Einstellung kann doch manches Dunkel lichten und zu ziemlich sicheren Schlüssen führen. Denn das Tatsachenmaterial hat ein ganz charakteristisches Gepräge, was schon *Schopenhauer* in seiner Schrift „Versuch über das Geistersehen" mit den Worten festgestellt hat: „Der *Charakter und Typus der Geistererscheinung ist ein so fest bestimmter und eigentümlicher,* daß der Geübte beim Lesen einer solchen Geschichte beurteilen kann, ob sie eine erfundene oder auf optischer Täuschung beruhende oder aber eine wirkliche Vision gewesen ist." [48])

Unter dem „Geübten" ist hier natürlich in erster Linie derjenige zu verstehen, der auf diesem Gebiete genügend Erfahrungen gemacht hat, und selbstverständlich auch der Forscher.

Illig, der, wie wir noch sehen werden, sehr gut bezeugte Fälle von Erscheinungen Verstorbener wiedergibt, fährt dann weiter fort:

„Wenn ein vollkommen zureichender Identitätsbeweis überhaupt jemals möglich sein wird, und wenn man einen solchen Beweis führen will, dann kann der Weg zu ihm nur über das gründliche Studium jener Erscheinungen führen, die man als örtlich gebundenen *Spuk* zu bezeichnen pflegt, weil diese Erscheinungen, wenn sie Jahrzehnte oder gar Jahrhunderte hindurch andauern, nicht mehr als *mediale* Kundgebungen gedeutet werden können, sondern als *autonome* Vorgänge aufgefaßt werden müssen. Sie sind, wenn man sich die Mühe gibt, ihnen nachzuspüren, von solcher Häufigkeit, daß man sich nur wundern muß über die Geringschätzung, die ihnen die Wissenschaft bisher zuteil werden ließ und immer noch zuteil werden läßt... Mag es Nacht für Nacht in der Welt spuken und mögen Hunderte und Tausende von gutbezeugten Spukberichten veröffentlicht werden: Die offizielle Wissenschaft hält es mit Berthelot und erklärt, daß es traurig sei, wenn solche physisch unmöglichen Phänomene von dreihundert Personen bezeugt und öffentlich protokolliert werden. Durch ein solches Verhalten wird aber die Einsicht in die Welt- und Lebenszusammenhänge nicht gefördert. Der berufene Forscher darf einem Problem nicht deshalb aus dem Wege gehen, weil es ihn in den Verdacht bringen könnte, er neige zum Aberglauben. Er muß seiner Zeit voranschreiten und darf nicht, wie es heute auf den psychologischen Grenzgebieten geht, zagen und zögern, bis sie ihn mit sich fortreißt." [49]

Der bereits genannte Münchener Kulturhistoriker Dr. Max *Kemmerich*, der Verfasser des Buches „Das Kausalgesetz der Weltgeschichte", führt in seinem anderen Werke „Die Brücke zum Jenseits" [50] u. a. aus:

„Wer heute ernst genommen werden will, kann den Okkultismus nicht mehr ablehnen, sondern hat nur die Möglichkeit der Wahl zwischen Animismus (Objektivierung aus dem Unterbewußtsein, d. V.) und Spiritismus (durch die Annahme der Einwirkung von Verstorbenen, d. V.) ... Die Naturwissenschaften sind heute in ihren Fundamenten erschüttert. *Der Materialismus liegt im Sterben.* Man erkannte gerade in der dünnen Oberschicht der führenden Physiker und Chemiker, daß er absolut unzureichend als Basis einer Weltanschauung ist. Der Zweifel an den bisher für unangreifbar gehaltenen Fundamenten der Wissenschaft macht naturgemäß toleranter Anschauungen gegenüber, die früher strikte abgelehnt wurden. Ja, seit neuestem ist nicht zu verkennen, daß die Antiokkultisten sogar den Okkultisten gegenüber in die Defensive gedrängt wurden ...

Der Fanatismus, mit dem der Materialismus verteidigt, Spiritualismus und Spiritismus bekämpft werden, hat neben dem Grauen vor einem Jenseits und dessen ethischer Vergeltung auch einen wirtschaftlichen und politischen Hintergrund. Wozu Millionen zusammenraffen, wenn das irdische Leben nicht der Güter höchstes ist? Materialistischer Geist lehnt sich gegen Menschen auf, die nicht Gold als höchstes Lebensziel werten und darum auch nicht käuflich sind. Hat es der Führer der Massen nicht viel leichter sie mitzureißen, wenn er ihnen klar macht, daß das Paradies nur auf dieser Erde stehen kann? So ist der Materialismus zum Parteiprogramm des Sozialismus und Kommunismus geworden...

Ein Gebiet nur war noch vor kurzem, trotz uralten Volksaberglaubens und unzähliger kursierender Gerüchte, besonders dunkel. Es ist dies die Frage der *Gespenster und des Spuks* und in deren Konsequenz die des *Fortlebens nach dem Tode*. Dies alles von vornherein für unmöglich zu halten, wird kaum mehr ein Leser den Mut aufbringen, nachdem er von Schritt zu Schritt beobachten konnte, wie sich auf anderen Gebieten der Volksaberglaube als im wesentlichen wahr herausstellte ..." [51)]

In seinem Schlußwort sagt Kemmerich, „Wenn wir uns ein Verdienst beimessen dürfen, so ist es eben dem die *Tatsache des Fortlebens* ein für allemal bewiesen zu haben, auch das andere: *zu warnen vor einem Leben,* das zum Spuke, zum planlosen Umherirren, zum Gebundensein an einem bestimmten Ort führt, d. h. vor einem Leben, das sich in irdischen Begierden nach Macht, Reichtum, Ehrgeiz usw. erschöpft, das „haftet", statt seiner eigentlichen Aufgabe sich bewußt zu werden: der *Reifung der Seele!"* [52)]

Rudolf *Lambert* nimmt in seinen beiden Büchern „Geheimnisvolle Tatsachen" [53)] und Spuk, Gespenster und Apportphänomene" [54)] ebenfalls zu den okkulten Phänomenen Stellung. In der letztgenannten Schrift sagt er:

„Ich kann meine Leser versichern, daß ich vor wenigen Jahren noch wie alle sogenannten Aufgeklärten für diese Erscheinungen (Gespenster, Spuk) nur ein überlegenes Lächeln übrig hatte. Nachdem ich aber die dafür sprechenden Dokumente geprüft habe, besteht für mich nicht mehr der geringste Zweifel an der Tatsächlichkeit auch dieser Erscheinungen, denn die Falschheit all der vielen Zeugnisse scheint mir viel unwahrscheinlicher als das Vorkommen der Phänomene selbst und ich glaube, daß alle sorgfältigen Leser des vorliegenden Buches zu einem ähnlichen Ergebnis kommen werden." [55])

Lambert betont in seinem Schlußergebnis: „Trotzdem wird die deutsche offizielle Wissenschaft, nachdem sie bis vor kurzem alle Anhänger des Okkultismus als geistig minderwertig betrachtete, nun, da sie selbst im Begriff steht, sich zur Anerkennung okkulter Tatsachen durchzuringen, wenigstens die Vertreter der spiritistischen Hypothese noch eine Zeitlang als bemitleidenswerte Wirrköpfe ansehen. Aber die deutsche Wissenschaft wird auch hier umlernen müssen, wie es hervorragende ausländische Gelehrte schon lange getan haben, denn nur die spiritistische Hypothese genügt zur Erklärung der vorliegenden Beobachtungen. *Das Weiterleben nach dem Tode ist eine erwiesene Tatsache,* die nur infolge alt eingesessener Vorurteile noch nicht allgemein zugegeben wird. Aber die Zeit für die Anerkennung der spiritistischen Hypothese muß kommen, wie sie heute gekommen ist für die Anerkennung der okkulten Phänomene als solcher... Wenn wir auch nichts über das Leben im Jenseits selbst aus diesen rätselhaften Ausläufern desselben in unsere Welt erfahren (das ist nicht richtig, im Gegenteil: Wir wissen verhältnismäßig ziemlich viel vom Jenseits, wie wir das noch ersehen werden! D. V.), so ist es doch ein ungeheurer Gewinn für unser Wissen, daß die Tatsächlichkeit des Weiterlebens heute zweifelsfrei feststeht, nachdem es so lange Zeit von der Religion gelehrt und von der Wissenschaft geleugnet wurde und wird." [56])

Der bekannte Philosoph Hermann *Keyserling*, den man gewiß nicht als leichtgläubig und unkritisch bezeichnen darf, spricht sich über die Phänomene des Okkultismus also aus:

„Die Wirklichkeit gar vieler seltsamer Phänomene, die vor kurzem noch für unmöglich galten, *ist heute erwiesen* an der Telästhesie, Telekinese, am Vorkommen von Materialisationen – was immer diese bedeuten mögen – nur Unwissende können daran zweifeln. Ich war ihres Vorkommens gewiß, als noch nichts erwiesen war; ich wußte, daß sie möglich waren im Prinzip, hielt es ferner für ausgeschlossen, daß so viele phantasiearme Menschen so durchaus übereinstimmende merkwürdige Erfahrungen machen könnten, ohne daß diesen irgendein wirkliches Objekt entspräche... Vor allem sind es *erkenntniskritische* Erwägungen, die mir die Behauptungen der Okkultisten wahrscheinlich machen... Jedenfalls täten alle Philosophen, Psychologen und Biologen gut, sich endlich einmal ernstlich mit dieser Literatur zu befassen... sicher ist die Natur viel reicher, als sie von unserer beschränkenden Bewußtseinslage her erscheint, und ein ehrlicher Mann, der astrale Wesenheiten wahrzunehmen behauptet, ist unter allen Umständen beachtenswerter als sämtliche Kritiker zusammengenommen es sind, die aus empirischen oder rationalistischen Erwägungen heraus die Möglichkeit solchen Erfahrens ableugnen." [57])

Zu den anerkannten deutschen Forschern auf dem Gebiete des Okkultismus gehört ferner der Innsbrucker
Philosoph Prof. A. *Gatterer* S.J., der durch eine sehr
lehrreiche Schrift „Der wissenschaftliche Okkultismus
und sein Verhältnis zur Philosophie" 53) weiteren Kreisen
bekannt geworden ist. Auch er verfügt über eigene Erfahrungen vor allem auch auf dem Teilgebiete des Spiritismus. Er tritt nicht nur für die Realität okkulter Phänomene ein, sondern redet auch hinsichtlich mancher Erscheinungen einer spiritistischen Erklärung das Wort.
Das heißt, er vertritt die Überzeugung, daß in manchen
Fällen die Ursache der Phänomene nur in dem Einwir-
ken einer *jenseitigen* Intelligenz (wie z. B. beim Spuk)
gesucht werden könne.

Gatterer betont, daß das innerste Motiv für seine
Arbeit leicht aufgedeckt sei: „Es liegt jedem ehrlichen
Streben zugrunde: die Achtung vor den Tatsachen, die
Liebe zur Wahrheit." Bezüglich der Spukphänomene sagt
er: „Vermag vielleicht das Studium der okkulten Erscheinungen sicheren Aufschluß *über das Schicksal der
Seele nach dem Tode* zu gewähren? Für die Beantwortung dieser nicht nur wissenschaftlich interessierten,
sondern auch für die Praxis des Lebens außerordentlich
wichtigen Frage, sind nun allerdings viele spontane okkulte Kundgebungen, die zur Kategorie des gutartigen
Spukes gehören, wie Armenseelenerscheinungen u. dgl.
von außerordentlicher Bedeutung. Nur ungesunde Hy-
perkritik kann alle derartigen Vorkommnisse, freilich
mit der nötigen Umsicht und Kritik gesammelt, leugnen,
da sie für jeden, der guten Willens ist, eine leichtfaßli-
che und eindringliche Bestätigung jener gediegenen philosophischen Argumente darstellen, die schon von jeher
für die Geistigkeit und Unsterblichkeit der Menschen-

seele vorliegen. Wir halten also fest: *Nicht wenige Spontanerscheinungen Verstorbener sind die Grundlage eines gediegenen wissenschaftlichen Beweises für das Fortleben der Seele nach dem Tode."* [59])

Diese Stellungnahme des Innsbrucker Philosophen und Parapsychologen, der sich auf Grund langjähriger Forschungen und eigener praktischer Erfahrungen zu dieser Erkenntnis durchgerungen hat, bedeutet einen Markstein in der Geschichte der okkultistischen Forschung unserer Tage, vorab in der Geschichte der katholischen Forschung. Das verdient hier mit allem Nachdruck herausgestellt zu werden! Zwar kann hier nicht von einer katholischen Forschung schlechthin gesprochen werden, aber doch in dem Sinne, als in den letzten Jahrzehnten eine Reihe hervorragender katholischer Gelehrter sich dem Studium der okkulten Phänomene gewidmet haben. Zu diesen katholischen Forschern gehört auch Hochschulprofessor A. *Ludwig* in Freising, der in seiner „Geschichte der okkultistischen Forschung von der Antike bis zur Gegenwart" [60]) u. a. ausführt:

„Bei dem äußerst regen Interesse, das nun endlich von seiten der Gebildeten der metaphysischen (okkultistischen) Forschung und ihren Resultaten entgegengebracht wird, macht sich der Mangel einer geschichtlichen Darstellung dieser Forschung stark fühlbar... Ich hielt es daher für angezeigt, an die erstmalige Darstellung einer Geschichte der okkultistischen Forschung heranzutreten... Dabei glaubte ich, zuweilen über diesen Rahmen noch etwas hinausgehen zu dürfen durch Erwähnung von geistig bedeutenden Männern, die jene später so hartnäckig geleugneten Tatsachen vollauf anerkannten, um zu zeigen, daß nicht etwa nur „das dumme Volk" an die Realität solcher Dinge fest glaubte, sondern Männer, die

Urteil und Geistesfreiheit genug besaßen, um nach genauer Prüfung ohne feige Menschenfurcht ihrer Überzeugung lauten Ausdruck zu geben. Dies wiegt für viele schwerer als alle Forschungsversuche." – Ludwig kommt dann zu folgenden Schlußergebnissen: „Bei unserem Gang durch die Geschichte der okkultistischen Forschung haben wir uns überzeugen können, daß *Antike, Mittelalter und Renaissance die okkultistischen Tatsachen, wie seelisches Erfühlen, räumliches und zeitliches Hellsehen, Wahrträume, Spuk, Geistererscheinungen als durch die allgemeine Erfahrung bestätigt, als selbstverständlich und kaum eines Beweises bedürftig hinnahmen.* Seit der Aufklärungsperiode dagegen sucht man die Tatsachen gegen die Negation festzustellen, dann aber auch aus ihnen das Dasein einer Geisterwelt und das Fortleben nach dem Tode zu erweisen. Früh schon geht aber eine doppelte Art der Deutung nebeneinander her: die supranaturalistische und pneumatologische (Eingreifen einer Geisterwelt) und die naturalistische oder animistische: Die Erklärung aus geheimnisvollen Kräften, die der menschlichen Seele angeboren sind ... Was aber die sichere Feststellung der okkulten Tatsachen angeht, so sollte der in der Mitte des 19. Jahrhunderts Amerika und Europa im Sturmlauf überziehende *Spiritismus* nach anfänglicher Ablehnung schließlich doch ernste Forscher und anerkannte Vertreter der Wissenschaft zwingen, der Frage näherzutreten, ob und wieviel nach Abzug aller Täuschung und allen Betruges an Tatsächlichem übrig bleibt." [61]

H. *Malfatti*, Professor der medizinischen Chemie an der Universität in Innsbruck, der im Wintersemester 1923/24 eine Reihe von Vorträgen über Okkultismus hielt, nimmt in seinem Buche „Menschenseele und Okkultismus", eine biologische Studie, zu den einzelnen Phänomenen Stellung. Vom *Spuk* bemerkt er: „Für uns Menschen aber dürfen wir, glaube ich, alle Arten von Spuk als einen Gnadenerweis Gottes auffassen, als eine Prüfung auf der einen, als eine Gelegenheit, Gutes zu tun, auf der anderen Seite. In allen Fällen aber als einen geradezu handgreiflichen Beweis von der Wirklichkeit und Realität der beiden jenseitigen Reiche, des Himmels und der Hölle."

Malfatti kommt zu der Feststellung: es gehöre zum Wesen des Spukes gerade der Umstand, „daß die einzelnen Vorgänge eine mehr oder weniger hohe intelligente Leitung verraten ... Man braucht kein Prophet zu sein, um behaupten zu können, daß es niemals gelingen wird, die okkulten Erscheinungen ihrer wesentlichen geistigen Ursache und Grundlage zu berauben. Und es ist gut, daß es so ist. Denn das Gegenteil würde dem großen Zwecke widersprechen, den die okkulten Erscheinungen im Haushalte des menschlichen Geisteslebens zu erfüllen haben. Wie das Wunder den Zweck hat, dem Menschen die Erkenntnis Gottes nicht zu ermöglichen, sondern zu erleichtern und zu festigen, so haben auch die okkulten Erscheinungen vor allem den Zweck, die Erkenntnis unserer eigenen geistigen Seele nicht zu ermöglichen, sondern zu erleichtern und zu festigen. Wie das Wunder, so haben auch die okkulten Erscheinungen nicht einen zwingenden, sondern mehr einen einladenden Charakter. (Aber nur im Ganzen gesehen! D. V.) Wer sie nicht als solche und nach ihrem eigentlichen Sinne und Zwecke anerkennen will, der ist dazu nicht gezwungen; er wird auch immer Mittel und Wege finden, ihrem Eindruck auszuweichen. Wie beim Wunder ist aber auch dieses Ausweichen vor den okkulten Erscheinungen nicht gerade ein Zeichen guten Willens, und es ist vor allem auch eine Undankbarkeit gegenüber einem *Gnadengeschenke Gottes.* Denn als solches haben wir alle okkulten Erscheinungen, trotz des Mißbrauchs, den manche Menschen damit treiben, zu betrachten." [62])

Der Paderborner Professor der Philosophie J. *Feldmann,* ein Theologe, befaßt sich in seinem Buche „Okkulte Philosophie" [63]) auch mit dem Problem der Spuk- und Geistererscheinungen. Er schreibt:

„Ich selbst habe besonders in den Jahren 1921 und 1922, als ich diesen Dingen nachforschte und seminaristische Übungen darüber hielt, zahlreiche Fälle von Spukerscheinungen aus unmittelbaren Quellen gesammelt. Die Personen, die sie erlebten, gehören noch jetzt zumeist zu den Lebenden, so daß uns diese Beispiele die Psyche der unmittelbaren Gegenwart zeigen." – Der sehr kritische, um nicht zu sagen überkritische Forscher sagt, nachdem er eine Anzahl von Spuk- und ähnlichen Berichten angeführt: „Ob es jemals gelingen wird, die okkulten Erscheinungen restlos mit den Mitteln natürlicher Gesetze zu erklären und die „Geister" auch aus der Metapsychologie zu bannen, wie sie die Naturwissenschaft aus der Erklärung der Naturphänomene ausgeschaltet haben, kann heute mit Sicherheit niemand behaupten. Die animistischen Deutungen der okkulten Phänomene sind in vielen Fällen recht gewunden und lassen noch unbefriedigt. Ein gewisses Dunkel liegt über ihnen, und ein undurchdringliches Geheimnis, das ja freilich vor dem Innersten der Natur steht, wehrt uns auch hier die Einsicht, die Phänomene des Okkultismus in jedem Falle den Kausalketten der uns geläufigen Naturvorgänge mit Sicherheit einzureihen..." [64])

Die Zurückhaltung dieses Forschers hat ihren Grund darin, daß er nicht über eigene, persönliche Erfahrungen verfügt.

Bemerkenswert und entsprechend einzuschätzen ist die Tatsache, daß die *biologische* Wissenschaft eine auffällig große Zahl an parapsychologischen Forschern, Schöpfern und Denkern stellt, worauf der Biologe Dr. Herbert *Fritsche* hinweist. [65]) Danach sei außer dem bereits an anderer Stelle erwähnten bedeutenden Paläontologen Edgar *Dacqué* als zweiter Biologe von internationaler und überzeitlicher Bedeutung Jakob von *Uxküll* zu nennen, der in seinen Büchern den Metaphysikern so viel Material in die Hand gebe, „wie wir es nach dem achtzehnten und neunzehnten Jahrhundert in solcher Vollendung nicht zu hoffen wagten". So lauteten einige seiner Aussprüche: „Ich behaupte, daß die Mechanisten über den Tod deshalb nichts aussagen können, weil sie das Leben gar nicht kennen... Abgesehen davon, daß die Grenze zwischen Physik und Metaphysik nicht so sicher gezogen werden kann, wie es den Anschein hat, ist doch zu bedenken, daß das Leben selbst ein metaphysischer Vorgang sein könnte. Und wenn das der Fall ist, dürfen die Biologen, deren Aufgabe in der Erforschung des Lebens besteht, gar nicht vor der Metaphysik haltmachen, sie setzen sich sonst dem Verdacht aus, sich wie kleine Kinder zu fürchten, einen dunklen Raum zu betreten."

Erwähnt wird ferner der ebenfalls schon wiederholt genannte Leipziger Universitätsprofessor Hans *Driesch*, „dessen klassische Versuche mit Seeigeleiern Ausgangspunkt einer neuen „Philosophie des Organischen" wurden (um gleich den Titel seines Hauptwerkes zu nennen)." Es folgt dann der Name des Entomologen Prof. Christoph *Schröder*, des Leiters des Instituts für meta-psychische Forschung in Berlin (des Herausgebers der „Zeitschrift für metapsychische Forschung"), ferner Prof. Paul *Degener* in Berlin, den „schärfsten und gefährlichsten Gegner des mechanistischen Ungeistes", ferner wird genannt Prof. Karl Camillo *Schneider*, Wien, „dessen tierpsychologische Arbeiten die Ergebnisse der Parapsychologie mutig und ehrlich mit einbeziehen". Auch der Direktor des Zoologischen Museums in Berlin, Prof. Carl *Zimmer*, wird als bekannter Fachmann auf parapsychologischem Gebiete erwähnt, ferner Prof. *Staudenmeier*, der Verfasser des Buches „Magie als experimentelle Naturwissenschaft", und schließlich August *Strindberg*, der von Hause aus Anatom und Chemiker, in seinen unerschöpflichen „Blaubüchern" bei metaphysischen Feststellungen oft von ihm sehr genau bekannten biologischen Daten ausgehe.

Fritsche kommt zu der Feststellung: „Wie soll man das Leben begreifen, wenn man es nicht von allen Seiten her sieht? Auf diese Weise kamen viele führende Biologen zur Metaphysik und zur Parapsychologie – teils, wie Driesch, experimentell, teils, wie Dacqué, intuitiv. War die Biologie eine Zeitlang Sprungbrett, um zur Parapsychologie zu gelangen, ist sie heute zu deren Fundament geworden."

August *Messer*, Professor der Philosophie, bringt in seiner Schrift „Wissenschaftlicher Okkultismus" [66]) seinen persönlichen und den allgemeinen Standpunkt in Deutschland zu den okkulten Phänomenen zum Ausdruck, indem er schreibt: „Auf Grund des Studiums der okkultistischen Literatur wie durch eigene Beobachtungen bin ich zu der Ansicht gekommen, daß okkulte Erscheinungen, wenigstens in gewissem Umfang, so gut bezeugt sind, daß ihre Wirklichkeit und Echtheit mit guten Gründen behauptet werden kann. Mindestens sollten sie von den Vertretern unserer Wissenschaft in weit höherem Grade als bisher es geschieht, ernst genommen und zum Gegenstand wissenschaftlicher Untersuchung gemacht werden. Durch schroffe Ablehnung und vornehmes Ignorieren kommen wir nicht weiter. Wir müssen auch in Deutschland über den Zustand hinauskommen, daß ein Gelehrter in Gefahr ist, sein wissenschaftliches Ansehen zu erschüttern oder einzubüßen, wenn er unvoreingenommen okkulte Vorgänge untersucht und wohl gar zu dem Ergebnis kommt, sie seien echt." [67])

Schon ältere Forscher sprachen ähnliche Klagen aus. Einer von ihnen, Georg *Daumer,* s. Zt. Gymnasialprofessor in Nürnberg, hatte wegen seines entschiedenen Eintretens für die Realität der okkulten Phänomene einen erbitterten Kampf mit seinen Gegnern zu führen. Dabei war er ein in jeder Beziehung nüchterner und kritischer Forscher, was bei ihm als Historiker eine Selbstverständlichkeit war. – Im Hinblick auf den Geister- und Gespensterglauben aller Zeiten, insbesondere auch des der realistischen Römer, betonte er sehr zutreffend: „Man ist hier gezwungen, *entweder einen allgemeinen Wahnsinn des Menschengeistes* mit stereotypen Vorstellungen und Einbildungen, die bei allem Unterschiede der Meinung darüber und der Einordnung der Wahrnehmungen in die verschiedenartigen religiösen Systeme und Kulte, die nämlichen bleiben, *oder aber etwas objektiv Reales* anzunehmen, das sich als oder wie eine Art von Naturphänomenen immer und überall auf dieselbe Weise zu erkennen gibt, was doch schließlich das am wenigsten Unwahrscheinliche und Unvernünftige sein dürfte." [68])

Auch Kurt *Aram*, ein nicht unbekannter Autor, spricht sich ähnlich aus:

„Gegen die Skepsis der Ignoranz ist freilich kein Kraut gewachsen, aber wer sich mit diesen Problemen (Spiritismus, Spuk) erst eine Weile so ernsthaft beschäftigt, wie es etwa ein Philologe mit einem viel umstrittenen Text tut, erkennt gar bald aus der Fülle des Materials *die Gleichartigkeit der Symptome durch alle Zeiten, an den verschiedensten Orten, bei den verschiedenartigsten Beobachtungen und gerade in dieser Gleichartigkeit durch die Jahrtausende einen starken Beleg für die Echtheit.* Sie konnten gerade so wenig voneinander abgeschrieben werden, wie die zahlreichen Mythen von der großen Flut etwa aus dem Bericht des Utnapischti oder des Alten Testamentes abgeschrieben worden sind." [69]

Der bekannte amerikanische Chirurg Alexis *Carrel* gibt in seinem viel gelesenen Buch „Der Mensch, das unbekannte Wesen" [70] die Tatsache des Hellsehens und der Telepathie ohne weiteres zu, und zwar auf Grund eigener Studien. Er sagt darüber u. a.: „Der Verfasser hat private Beobachtungen und Versuche angestellt und im vorliegenden Kapitel die dabei erworbenen Kenntnisse verwendet, nicht etwa fremde Auffassungen. Das Studium der Metaphysik ist im Grunde nicht verschieden von dem der Psychologie, und die Wissenschaftler sollten sich nicht dadurch ins Bockshorn jagen lassen, daß jenes Wissensgebiet keinen ganz akademischen Anstrich hat... Wer die Gabe (des Hellsehens) hat, der benutzt sie ohne Mühe und ganz von selber; für ihn ist Hellsehen das Selbstverständlichste von der Welt, und es vermittelt ihm ein sichereres Wissen als die Sinnesorgane. Ein Hellsichtiger liest die Gedanken anderer Menschen so bequem, wie er in ihren Mienen liest...

Das Gedankenlesen scheint gleichzeitig ein Akt wissenschaftlicher, mathematischer und religiöser Inspiration zu sein, außerdem aber auch eine Art telepathischer Vorgang. Telepathischer Austausch ist ja nichts Seltenes; sehr häufig tritt im Tode oder in großer Gefahr ein Individuum mit einem anderen in eine gewisse verwandtschaftliche Beziehung: der Sterbende, der von einem Unfall Betroffene, auch wenn der Unfall nicht tödlich ausgeht, erscheint einem Freund in seiner gewöhnlichen Gestalt. In der Regel bleibt die Erscheinung stumm. Manchmal spricht sie auch und kündigt ihren Tod an... Jedenfalls steht fest, daß Kenntnis von der äußeren Welt dem Menschen auch durch andere Kanäle als die Sinnesorgane zufließen kann." [71]

Die okkulten bzw. parapsychischen Phänomene der Gegenwart sind, wie Dr. med. *Kronfeld* zutreffend betont, *in weit höherem Maße gesicherte Tatbestände als sämtliche historischen Tatbestände*... Nicht anders als die juristischen und historischen Tatbestände sind die parapsychischen Vorgänge gebunden an einzelne Personen, quasi die Täter — eben jene, die wir als *Medien* bezeichnen. Damit wird der parapsychische Tatbestand zum psychologischen Tatbestand, und schon dieser Umstand entzieht ihn eigentlich der völligen Gleichordnung mit den naturwissenschaftlichen Tatbeständen..." [72]

Abschließend darf festgestellt werden:

Der Okkultismus ist ein besonderer Forschungszweig, eine neue Spezialwissenschaft geworden, *die zur exakten Erfahrungswissenschaft herangereift ist.* Dementsprechend sind auch alle Tatbestände nur als Sachverhalte dieses Wissensgebietes zu bewerten, soweit es sich um sinnfällige Kundgebungen handelt, die zu ganz bestimmten philosophischen Einsichten führen...

Nachdem wir die Frage nach der Existenz und Geistigkeit der Seele im positiven Sinne beantwortet und zwingende Beweise dafür erbracht haben, soll nun ebenso *erfahrungswissenschaftlich* dargetan werden, daß es ein Fortleben und damit ein Jenseits wirklich gibt. Es gilt jetzt also nicht mehr mit theoretischen Erörterungen sondern mit Tatsachen aufzuwarten. Dem Charakter des vorliegenden Buches entsprechend, kann es sich hier nur um die Beibringung von einwandfrei bezeugten, also exakt feststehenden *Kundgebungen bzw. Erscheinungen Verstorbener* handeln. Als besonderes Merkmal für die Tatsächlichkeit bzw. Objektivität solcher Erscheinungen sei hier das folgende angeführt: Wenn zwei oder mehrere Personen unabhängig von einander dasselbe Geschehnis bekunden und wenn in manchen Fällen auch Tiere (Hunde, Katzen, Pferde) durch ihr Verhalten beweisen, daß sie durch eine Erscheinung, die von Menschen wahrgenommen wurde, in Schrecken versetzt worden sind, dann darf nach den Regeln der gesunden Vernunft wohl mit gutem Recht angenommen werden, daß ein *objektives* Ereignis vorliegt, besonders auch dann, wenn Tiere zuerst einen okkulten Vorgang wahrnehmen, bevor er anwesenden Menschen auffällt und wenn er dann erst von diesen infolge des auffallenden Verhaltens der Tiere ebenfalls beobachtet wird.

Die Wahrnehmung von Erscheinungen bzw. Kundgebungen Verstorbener – es braucht also nicht immer etwas *gesehen* zu werden – durch Tiere ist so sicher bezeugt, daß daran nicht der geringste Zweifel zulässig ist. Umso wertvoller ist natürlich eine solche Feststellung in derartigen Fällen. Es kommt hinzu, daß das schreckhafte Verhalten der Tiere zuweilen ein derartig ungewöhnliches ist, daß selbst an und für sich furchtlose Menschen in solchen Fällen davon nicht wenig beeindruckt werden, z. B. wenn große, sonst sehr scharfe, bissige Hunde beim Spüren des „Nicht-geheuren" sich plötzlich „wie wahnsinnig" gebärden, zu winseln oder kläglich zu heulen beginnen und sich entweder mit eingeklemmtem Schwanz in eine dunkle Ecke oder sonst wo verkriechen oder gar im rasenden Lauf ins Freie zu gelangen suchen und dann nur schwer zum Wiederkommen zu bewegen sind. Angesichts eines derartigen Verhaltens eines Hundes – und derartige Fälle sind sehr zahlreich – wird wohl im Ernst niemand behaupten wollen, der Hund sei irgend einer Täuschung oder einer „Halluzination" erlegen, zumal wenn auch Menschen zugleich etwas Übersinnliches wahrnehmen oder auf andere Weise verspüren! – Nur in ganz seltenen Fällen wie dem nachfolgenden gebärden sich die Tiere nicht schreckhaft, sondern im Gegenteil, sie tragen ein freudiges Wesen zur Schau.

Der Arzt Dr. *Wötzel* hat s. Zt. eine Schrift unter dem Titel veröffentlicht „Meiner Gattin wirkliche Erscheinung nach ihrem Tode". [73]) Wie er berichtet, saß er etwa sechs Wochen nach ihrem Tode mittags um 1 Uhr, nachdem er vom Tische aufgestanden, auf dem Sofa, und neben ihm sein Hund. Da hörte er jemand leise über den Vorsaal kommen. Er dachte, es sei die Aufwärterin, welche abräumen wolle. Der Hund pflegte sonst, wenn jemand kam, stets anzuschlagen, auch wenn es die Aufwärterin war; diesmal aber spitzte er bloß die Ohren. Da öffnete sich die nur angelehnte Tür und die *Verstorbene erschien*. Sie stand kaum einige Schritte weit von Wötzel in ihrer ehemaligen Gestalt und sagte hörbar, wie schon während einer vorausgegangenen Erscheinung: daß sie fortlebe und daß er sie wiedersehen werde; mehr zu offenbaren sei sie verhindert. Als Wötzel sie fassen wollte, verschwand sie plötzlich... Der Hund nun bellte weder vor noch während der Erscheinung. Er sprang freudig vom Sofa herab zu ihr hin und um sie herum und winselte, wie er sonst getan, wenn die Verstorbene ausgegangen war, ohne ihn mitzunehmen, und dann zurückkam, als wenn er sagen wollte: Ei, wie lange bist du weggeblieben und hast mich nicht mitgenommen! – Auch nach dem Verschwinden der Gestalt bellte er nicht, sondern lief mit W. zur Tür hinaus, blieb an der Kammer, wo seine Herrin gestorben war, stehen, winselte und wollte hinein. W. öffnete sie, der Hund sprang auf das Bett der Verstorbenen und klagte, als er sie auch hier nicht fand. Er schien sie überall zu suchen und wollte mehrere Tage nicht fressen, obwohl er vorher guten Appetit gezeigt und nicht krank gewesen. – W. war, wie er versichert, bei diesen Vorfällen ganz bei Sinnen und höchst mißtrauisch; er wollte Gewißheit haben, sich auf alle mögliche Weise von der Wirklichkeit der Sache überzeugen...

Zwar handelt es sich hier nur um einen einzigen menschlichen Zeugen, der aber, da er Arzt war und seine Frau zu wiederholten Malen sah, als durchaus kritisch und glaubwürdig angesprochen werden kann.

Die englische Gesellschaft für psychische Forschung veröffentlichte den nachfolgenden von ihr sorgfältig untersuchten Fall.

Ein Hr. Daniel *Amosow* berichtet, unter Gegenzeichnung seiner Mutter und eines Hr. Kusma Petrow, daß an einem Maiabend 1880 gegen 6 Uhr, während er mit seiner Mutter und seinen jüngeren Geschwistern im Saal ihres Petersburger Hauses saß und ein Besucher sich mit seiner Mutter unterhielt, die allgemeine Aufmerksamkeit plötzlich auf den Hund gelenkt wurde, der unter lautem Gebell auf den Ofen zu stürzte. „Unwillkürlich blickten wir alle in derselben Richtung und sahen auf dem Gesims des großen Fayence-Kachelofens einen kleinen Knaben, etwa 5 Jahre alt, im Hemde. In diesem Knaben erkannten wir den Sohn unserer Milchhändlerin, Andrey, der häufig mit seiner Mutter zu uns zum Spielen kam; sie wohnten ganz in unserer Nähe. Die Erscheinung löste sich vom Ofen ab, bewegte sich über uns' alle hin und verschwand im offenen Fenster. Während dieser ganzen Zeit — etwa 15 Sekunden — hörte der Hund nicht auf, aus voller Kraft zu bellen, und lief und bellte, indem er der Bewegung der Erscheinung folgte. Bald danach kam die Mutter Andreys und berichtete, daß dieser, der seit einigen Tagen krank lag, wahrscheinlich um die Zeit, da wir seine Erscheinung sahen, gestorben war." [74])

General J. *Peter*, ein bekannter Forscher auf dem Gebiete des Übersinnlichen, teilt einen ähnlichen Fall mit, den ihm Rittergutsbesitzer Baron X. berichtet hat.

Dieser pflegte während der Herbstjagd ein altes Schloß zu bewohnen, das als spukig galt. Als er eines Abends vom Waidwerk heimkehrte und bei der Lampe am Schreibtisch saß, hörte er das Beten von Mönchen deren Wechselgesänge unten aus dem ersten Stockwerk zu kommen schienen, wo eine Hauskapelle eingebaut war. Baron X. rief dem neben ihm liegenden Jagdhunde, einem starken und scharfen Tier, um gemeinsam mit ihm dem Gehörten nachzugehen. Aber der Hund war unter das Sofa gekrochen und nicht zu bewegen, hervorzukommen. Sein Herr zog ihn mit Gewalt hervor, allein das zitternde Tier sträubte sich und kroch, freigelassen, sogleich wieder in sein Versteck zurück. Baron

X. begab sich zur Kapelle, hörte auf dem Korridor deutlich die Wechselgesänge, glaubte auch durch das Schlüsselloch der Tür einen Lichtschein zu sehen, fand aber alles dunkel und still, als er öffnete. Auch der Kastellan und seine Frau hatten das Beten gehört, aber nicht zum erstenmal, wie der Baron. Als dieser in sein Zimmer zurückkehrte, lag der Hund noch immer in seinem Versteck. Wären es menschliche Stimmen gewesen, hätte der Hund unfehlbar Laut gegeben. [75]) — Dieser Fall hebt sich von anderen ähnlichen dadurch ab, daß hier der Hund das „nicht Geheuere" nicht in seiner unmittelbaren Nähe, sondern aus einer gewissen Entfernung empfand und gleich seinem Herrn die aus dem unteren Stockwerk heraufdringenden Laute der vor langer Zeit abgeschiedenen Mönche hörte.

Die englische Gesellschaft für psychische Forschung veröffentlicht auch die nachstehenden Fälle. — Mrs. *Treloar* in River, Dover und ihre Schwester, Mrs. *Gardiner*, wurden beide im April 1888 im väterlichen Pfarrhaus in Weeford, Staffordshire, geweckt durch einen klagenden Ton, dessen Ursprung durch Nachforschungen nicht festzustellen war. „Aber wir fanden eine Bulldogge, ein sehr mutiges Tier, vor Schrecken zitternd, die Nase in einige Feuerholzknüppel vergraben, die unter der Treppe gespeichert waren." — In einem anderen Falle wurden alle Insassen einer einsam gelegenen Rektorei, außer dem Hausherrn, erweckt durch einen schrecklichen Laut des Kreischens oder Jammerns, unähnlich irgendetwas je von uns Gehörtem. Es schien vom Flurgang vor der Tür des Zimmers unseres Vaters herzukommen. Alles fand sich schreckerfüllt zusammen, die Nacht war still, keinerlei Ursache für den Ton zu entdecken, der innerhalb des Hauses zu sein schien. Die

Bulldogge rannte unter das Bett... Wir hatten drei Hunde, die in meiner Schwester und in meinem Schlafzimmer schliefen, und sie alle duckten sich in Furcht, mit gesträubten Rückenhaaren. Die Bulldogge war unter dem Bett und weigerte sich herauszukommen, und als man sie hervorzog, zitterte sie am ganzen Leibe. – In beiden Fällen ging der Klangspuk dem Tode einer Person voraus. [76]) Der berichtete klagende Ton war eine sog. Voranmeldung.

Aber nicht nur Hunde, sondern, wie schon bemerkt, auch Katzen, Pferde und sogar Hühner nehmen okkulte Phänomene in irgend einer Weise wahr und verhalten sich darauf entsprechend. Damit ist der *exakte Beweis der Objektivität* von Kundgebungen Verstorbener geliefert. – Ähnlich zu bewerten ist das auf dieser Linie liegende *Zeugnis von Kindern*. Denn es ist einleuchtend, daß Kinder, die vorher noch nie etwas von solchen Erscheinungen gehört haben oder die infolge ihres Alters noch gar nicht begreifen können wen oder was sie vor sich haben, nur auf tatsächliche, okkulte Phänomene reagieren. Das nachfolgende Beispiel soll dies beleuchten.

Pfarrer G. in N. (Süddeutschland) teilt mir auf Anfrage folgendes mit:

„Im Dezember 1911 kam ich als Pfarrverweser nach L... und war dort bis 17. Juni 1914. Beim Einzug in das Pfarrhaus machte der Vater meines Vorgängers meiner Schwester gegenüber geheimnisvolle Andeutungen des Inhalts, daß wir in dem Haus manches erleben könnten, drückte sich aber nicht näher aus. Ich selbst habe längere Zeit nichts Auffallendes bemerkt; meine Schwester dagegen klagte öfters über unerklärlichen Spektakel im Haus, wenn sie allein war. Manchmal traf ich sie verängstigt in der Küche, aus der sie sich nicht hinausgetraute, bis ich daheim war. Einmal (vielleicht auch öfter) behauptete sie, daß ihr nachts das Oberbett weggezogen wurde, während sie im wachen Zustand war. Zu beachten ist dabei, daß meine Schwester früher nie solche Dinge behauptet hatte.

Mir selbst sind besonders folgende zwei Erlebnisse aufgefallen. An einem Abend hörte ich, beim Fenster sitzend, ein Geräusch, wie wenn hinter mir ein Fenster zugeschlagen würde. Ich überzeugte mich, ob der Wind gehe, es war aber nicht der geringste Lufthauch zu merken. Einige Tage später (meines Erinnerns im Advent) saß ich abends etwa gegen zehn Uhr mit meiner Schwester in meinem Wohnzimmer; ich hörte sehr deutlich, wie jemand von der Haustüre aus auf den langen Gang der Türe zuschritt. Die Schritte waren klar vernehmbar; ich war etwas aufgeregt, in der Meinung, meine Schwester habe die Haustür nicht geschlossen und es sei jemand, ohne zu schellen, ins Haus gekommen. Ich machte daher meiner Schwester gegenüber beim Hören der Schritte dementsprechenden Vorhalt, nur kurz, weil es deutlich an meine Tür einige Male (ich glaube dreimal) klopfte. Ich sagte „Herein", die Tür blieb aber zu. Ich leuchtete gleich im Gang herum, es war niemand zu sehen und zu hören. Die Haustür war verschlossen gewesen.

Am gleichen Abend im Bett horchte ich einige Zeit noch aufmerksam, ob nichts Besonderes mehr zu hören wäre. Nach kurzem Warten dröhnte es durch das Haus, wie wenn in dem unteren langen Gang eine Kegelkugel rollte. Ich selbst schlief dann ein. Meine Schwester hatte dieses Dröhnen auch gehört und erzählte mir am nächsten Tag, daß sie durch großen Lärm im Schlafzimmer wieder aufgeweckt worden sei.

So gut als möglich suchte ich meiner Schwester die Angst auszureden; der Erfolg war allerdings nicht groß, besonders dann, als folgendes bekannt wurde: Im Pfarrhaus wurde eine größere Reparatur vorgenommen; ich wohnte in der Zeit in einem Privathaus. Eines Tages kam meine Schwester ganz bestürzt zu mir mit der Bemerkung, sie wisse jetzt, was in dem Haus los sei. Die Arbeiter waren nämlich an dem Tag daran, den Fußboden in meinem Schlafzimmer aufzureißen. Beim Wegnehmen der Bretter erschienen einige verkohlte Balken. Die Arbeiter riefen meine Schwester in mein Schlafzimmer mit der Bemerkung, sie könne da die Balken vom „sellen Pfarrer" sehen. Meine Schwester und ich wußten bis dahin nichts von diesem Pfarrer. Die Leute erzählten dann, im 19. Jahrhundert (meines Erinnerns in den vierziger Jahren) sei in L... ein Pfarrer gewesen, der seines Amtes enthoben wurde, aber noch im Pfarrhaus wohnen blieb, und der, während in der Kirche Wandlung war, sich eine Kugel durch den Mund geschossen habe, so daß ein Teil des Gehirns an die Decke flog. Vor dem Selbstmord habe der Pfarrer das Haus angezündet. Leute in der Nähe hätten den Rauch gesehen und den Schuß gehört, seien in das Haus eingedrungen und hätten den Brand gelöscht und den wohl geistig nicht normalen Selbstmörder tot aufgefunden.

Die verkohlten Balken waren in meiner Zeit also noch zu sehen. Im Totenbuch fand ich auch einen Eintrag vom Tod dieses Geistlichen, der nicht kirchlich beerdigt wurde. — Meine Schwester, die diese Dinge miterlebte, ist einige Zeit nach dem Wiederbezug des Pfarrhauses krank geworden und dann gestorben. Schon während des Aufenthaltes dieser Schwester im Krankenhaus kam meine andere Schwester, Witwe und Mutter mehrerer Kinder, ins Haus. Gleich in der ersten Zeit, an einem Adventsonntag morgens, hörte sie die Haustüre aufmachen, jemand eilends durch das Haus laufen und eine Tür zuschlagen. Sie meinte, ich sei es gewesen; tatsächlich war ich es nicht und auch sonst war niemand ins Haus gekommen; die Haustür war geschlossen.

Mit dieser meiner zweiten Schwester war unter anderem auch ein Sohn im achten Schuljahr der Volksschule (also im 14. Lebensjahr) ins Haus gekommen, dem natürlich nichts von Spukerscheinungen gesagt wurde. Nach der zweiten Nacht war der Knabe sehr verängstigt; auf meine wiederholten Fragen nach dem Grund erzählte er mir: Vor dem Einschlafen habe er im Zimmer einen Mann gesehen mit schwarzen Händen und langem, weißem Kleid, wie die Geistlichen es bei der Messe tragen (das Wort „Albe" kannte er nicht). Er habe zuerst gemeint, sein Onkel (also ich) sei es, und er habe sich Gedanken gemacht, warum ich ins Zimmer gekommen sei. Als aber die Gestalt über dem Boden schwebend auf ihn zugekommen sei, habe er sich gefürchtet und den Kopf unter die Kissen versteckt. – Später wurde der Exorzismus vorgenommen und es wurde dann nichts mehr wahrgenommen."

Aus diesem Bericht geht also ganz eindeutig hervor, daß der Knabe eine Gestalt gesehen hat, die nach seinen Angaben (Schweben der Gestalt) nur jener Pfarrer gewesen sein kann, der durch Selbstmord geendet hat, die „schwarzen" Hände der Gestalt sollten wohl symbolisch darauf hinweisen, daß jener unglückliche Geistliche das Haus in Brand gesteckt bzw. Feuer in diesem angelegt habe. Auch dieser Umstand spricht für die Identität dieses Pfarrers.

Es würde zu weit führen, hier noch weitere Fälle anzuführen, wo Kinder oder Haustiere okkulte Erscheinungen wahrgenommen und dadurch den Beweis der Objektivität geliefert haben. Wir müssen uns mit diesen wenigen, die um ein Vielfaches vermehrt werden könnten, begnügen und im übrigen auf das einschlägige Schrifttum verweisen, das solche Fälle in großer Zahl verzeichnet. Dafür sind im nachfolgenden Kapitel zahlreiche Beispiele von unzweifelhaften Erscheinungen Verstorbener wiedergegeben, die den zwingenden Beweis liefern, daß es ein Jenseits und damit ein Fortleben wirklich gibt. Im Zusammenhang mit diesen Erscheinungen wird dann die Frage beantwortet, was wir vom Jenseits wissen. Eine Frage, deren Beantwortung sich aus diesen Berichten schon von selbst ergibt.

Das eine aber wissen wir bereits jetzt, daß der Spuk nichts anderes ist, als der Versuch einer abgeschiedenen Menschenseele, die Aufmerksamkeit auf sich selbst oder besser gesagt, auf ihren *Zustand* zu lenken, damit ihr geholfen werde. Insofern erhält jeder Spuk, jedes „Geistern" oder wie man es sonst nennen will, jede jenseitige Manifestation ihren tiefen, aufrüttelnden, erschütternden *Sinn*. Wie es andererseits völlig unrichtig und abwegig ist, von einer Sinnlosigkeit eines Spukes zu sprechen. Wobei beachtet werden muß, daß wie im Diesseits so auch im Jenseits jede Seinsäußerung streng individuell ist, also mehr oder weniger geistreich, und vor allem ganz dem jeweiligen Zustand angepaßt bzw. diesem entsprechend. Es steht auch absolut fest, und zwar auf Grund der bei Spukphänomenen gemachten Erfahrungen, daß diese geistigen und auch die manchmal wahrgenommenen physikalischen Äußerungen abgeschiedener Menschenseelen gewissen Gesetzen unterworfen sind. Dem aufmerksamen Leser solcher Berichte kann diese Tatsache nicht entgehen. [77]

Was wissen wir vom Jenseits?

Wenn wir uns nun die Frage stellen: Was wissen wir vom Jenseits?, dann kommt hier für unsere Betrachtung in der Hauptsache nicht das in Betracht, was uns die Hl. Schrift vom Jenseits sagt, denn die vorliegende Arbeit will kein Religionsbuch sein, es ist vielmehr unsere Aufgabe, an Hand von Erfahrungstatsachen aufzuzeigen, wie das Jenseits sich hier und da darstellt, wobei wir nicht die geringste Veranlassung haben, irgend etwas abzuschwächen!

Wenn wir hier von Erfahrungstatsachen sprechen, so meinen wir damit absolut feststehende Fälle von Erscheinungen Verstorbener, denn nur aus solchen können wir uns ein einigermaßen zutreffendes Bild, wenn auch nicht vom Jenseits schlechthin, so doch *von gewissen Zuständen des Jenseits* machen. Und wo nicht schon aus solchen Erscheinungen an und für sich ein bestimmtes charakteristisches Merkmal des Jenseits uns entgegentritt, dort müssen aus gewissen Umständen, unter denen solche Erscheinungen auftreten, entsprechende Schlüsse gezogen werden. Vor allem wird natürlich allen Angaben, die Verstorbene von sich aus oder auf Fragen machen, und die sich auf den jenseitigen Zustand beziehen, besondere Bedeutung beizumessen sein. Wir sind uns aber von vornherein darüber klar, daß alle diese „Einblicke" in das Jenseits, so verhältnismäßig zahlreich sie auch sein mögen, doch *nur einen ganz geringen Teilausschnitt* aus der moralischen Sphäre des Jenseits (eine andere kommt hier nicht in Betracht) darstellen. Dieser Teilausschnitt ist aber immerhin groß genug, um uns einen ziemlich orientierenden Einblick in das jenseitige Leben und seine Verhältnisse bzw. in seine moralische Ordnung zu gestatten, wobei zu beachten ist, daß Erscheinungen, wie sie hier angeführt werden, zweifellos weit zahlreicher sind als man allgemein annimmt und daß sich insofern der Gesichtskreis der jenseitigen Sphäre für uns Sterbliche sicherlich ganz erheblich erweitern würde, wenn wir von allen diesen Erscheinungen Kenntnis hätten. Es ist aber leider nur ein Bruchteil dessen, was in dieser Hinsicht bekannt wird. Halten wir uns also daran, was wir wissen, was uns bis heute auf diese Weise bekannt geworden, so viel und so wenig es auch ist.

Wenn wir die Frage, was wir vom Jenseits wissen, beantworten wollen so stützen wir uns dabei auf Erscheinungen und Phänomene, wie sie zum Teil in ähnlicher Weise auch der *Spiritismus* kennt, die aber durch die Art und Umstände ihres Auftretens sich sehr wesentlich von letzteren unterscheiden. Denn es sind *freigewollte Spontan*erscheinungen im Gegensatz zu den *gewünschten, bewußt* gewollten seitens der Teilnehmer der spiritistischen Zirkel. Und das ist ein ganz erheblicher grundlegender Unterschied. Denn im Spuk erscheinen und manifestieren sich Verstorbene von selbst, zu jeder Tages- und Nachtzeit und an allen erdenklichen Orten, in Gebäuden sowohl wie auch im Freien, während die Spiritisten ihre Geister in bedeckten Räumen auftreten lassen bzw. *zitieren.* Natürlich ist daher auch das Jenseits, wie es uns aus den Spontanerscheinungen der Verstorbenen entgegentritt, ein ganz anderes als das Jenseits der Spiritisten, das sich vom Diesseits nicht wesentlich abhebt. Auf den Spiritismus als solchen kann hier nicht näher eingegangen werden, nur soviel sei betont, daß das Auftreten von Verstorbenen in diesen Sitzungen bis jetzt nicht exakt bewiesen werden konnte, gegenteilige Behauptungen sind lediglich Theorien und Hypothesen. Andererseits ist Betrug oft genug dabei festgestellt worden, was nicht verwunderlich erscheint, weil es eben ohne „Vermittler", die Medien, nicht abgeht die nicht selten sich betrügerischer Manipulationen bei ihren „Trance"-Zuständen bedienen. Ich verweise hier auf meine Schrift „Moderne Totenbeschwörung" oder „Was ist vom Spiritismus zu halten?", die ich vorbereite, und zwar auch auf Grund eigener Erfahrungen in solchen Sitzungen. –

Von den Berichten, die hier für unseren Zweck in Frage kommen, kann wiederum nur ein Bruchteil, und zwar ein ganz winziger, dessen wiedergegeben werden, was darüber bekannt bzw. was mir zugeleitet worden ist, sonst müßten es eine ganze Anzahl Bücher und nicht ein einziges werden. Zum großen Teil gebe ich hier Berichte wieder, die mir von Lesern meiner früheren Bücher, die sich mit ähnlichen Fragen befaßten, zugegangen sind. Hier veröffentliche ich aber hauptsächlich solche, aus denen etwas über den *Zustand* im Jenseits hervorgeht, also nicht Berichte über Erscheinungen Verstorbener schlechthin. Noch einmal sei nachdrücklich betont, daß nur wirklich einwandfreie, also ausgesprochene Tatsachenberichte zur Wiedergabe gelangen. Denn gerade bei Beantwortung der in diesem Buche gestellten Frage gilt ganz besonders der oberste Grundsatz, der die Norm für jede ehrliche, verantwortungsbewußte Forschung darstellt, das heilige, jeden sittlich empfindenden Menschen verpflichtende Gesetz der absoluten

Wahrhaftigkeit. Anders gesagt: Der Verfasser dieses Buches, das den Anspruch erhebt, Tatsachen zu berichten und durchaus ernst genommen zu werden, will und darf sich und anderen nichts vormachen!

Wer nun etwa fragen wollte, wie denn die Wahrheit eines Berichtes bzw. dessen exakter Tatsachenbestand festgestellt werden könne, dem sei folgendes erwidert: Wie jeder Forscher auf seinem Sondergebiete auf Grund der gemachten Erfahrungen zu beurteilen weiß, was wirklich und unwirklich, was echt und unecht, was Schein oder Täuschung und was daher möglich oder unmöglich ist, so weiß auch der Forscher auf okkultem Gebiete, was er von Berichten über Erscheinungen Verstorbener zu halten hat, auch wenn er selbst etwa noch nie persönliche Erfahrungen auf diesem Gebiete gemacht haben sollte. Wir wollen diese Behauptung an einem Beispiel veranschaulichen:

Es erzählt jemand, der noch nie vorher okkultistische Literatur kennen gelernt und auch noch nie zuvor von anderen etwas über solche Dinge gehört hat, er habe etwas erlebt, was ihm als „nicht geheuer" erschienen sei, denn er habe im Zimmer ein Knistern und Rascheln wie von Papier, an den Fensterscheiben ein Werfen wie mit Sand, im Ofen das Lodern von Feuerflammen gehört, obwohl in diesem gar kein Feuer brannte und auch sonst niemand im Zimmer anwesend war: wenn also Berichte derartige Züge aufweisen, so weiß der Kundige sofort, daß hier weder Irrtum noch Halluzination, am allerwenigsten aber Schwindel vorliegt, sondern, daß sie vielmehr echt und glaubwürdig sind. Denn die okkultistische Forschung hat längst festgestellt, daß die geschilderten Symptome (Knistern von Papier usw.) neben einigen anderen *typische Spukmerkmale sind!* Diese und ähnliche Spukmerkmale sind in unzähligen Fällen in allen Ländern der Welt völlig übereinstimmend, ganz eindeutig als solche von der Forschung erkannt worden so daß es heute in dieser Hinsicht so gut wie gar keinen Zweifel mehr gibt. Fast könnte man sagen, daß gerade auf Grund des umfangreichen Wissens um die *Umstände,* unter denen solche Erscheinungen vor sich gehen, ein Schwindel beinahe ausgeschlossen erscheint, weil man einen solchen sonst ohne weiteres oder doch sehr leicht entlarven würde. (Im Gegensatz zu den Phänomenen im Spiritismus, wo schon die unglaublichsten Betrügereien festgestellt worden sind – weil sie eben hier verhältnismäßig leicht fallen.) Wer jedenfalls die einschlägige Literatur nicht kennt und auch sonst nicht über okkulte Erscheinungen unterrichtet ist, ist gar nicht imstande, einem Kenner dieser Dinge Märchen aufzutischen, ohne sich selbst zu entlarven. – Weil dem nun so ist, kommt natürlich derartigen Berichten von Personen, die auf diesem Gebiete Neulinge bzw. ganz unerfahren sind, ganz besondere Bedeutung zu. *Denn sie könnten nicht erfinden, was sie nicht vorher wußten und können daher nur das berichten, was sie tatsächlich erlebt bzw. wahrgenommen haben oder doch wahrgenommen zu haben glauben.* Es ist somit klar, daß, wenn die von solcher Seite berichteten Wahrnehmungen sich mit anderen Berichten dieser Art mehrhundertfach decken, damit ein völlig glaubwürdiges Zeugnis gewonnen ist. Und das ist das Entscheidende bei diesen Berichten. Eine andere Frage ist allerdings die nach dem subjektiven oder objektiven Charakter bzw. nach der Realität des geschauten Vorganges bzw. des Erlebnisses. Denn auch da muß unterschieden werden. Aber die Forschung ist in der Lage, Maßstäbe an die Berichte anzulegen, durch die die Subjektivität oder Objektivität der berichteten Vorgänge festgestellt oder doch als nahezu wahrscheinlich angenommen werden kann.

Selbstverständlich besteht die Möglichkeit, daß manchen Berichten Ungenauigkeiten oder sogar Unrichtigkeiten anhaften, was auf mancherlei Fehlerquellen, wie z. B. Erregung, Furcht, Selbsttäuschung usw. zurückgeführt werden könnte. Diese Ungenauigkeiten oder Unrichtigkeiten beziehen sich dann aber nur auf Nebensächlichkeiten und nicht auf die Hauptsache und das Wesentliche, nämlich auf die Tatsachen an sich. Es ist ja auch von ganz untergeordneter Bedeutung, ob z. B. die gesehene Erscheinung eines Verstorbenen groß oder mittelgroß gewesen, oder ob sie fünf oder zehn Minuten sichtbar war. Nach dieser Richtung kann sehr wohl ein Irrtum bei dem oder den Augenzeugen auftreten, und es ist insofern auch ganz belanglos, ob sich die Zeugen in solchen Punkten widersprechen oder nicht. Andererseits ist freilich der Umstand, daß mehrere Zeugen auch hinsichtlich geringfügiger Nebenumstände in ihren Aussagen übereinstimmen, von großer Bedeutung für die Beurteilung des Ganzen. Worauf es uns hier aber im Wesentlichen ankommt, ist die einwandfrei festzustellende Tatsache, daß *überhaupt solche Erscheinungen wahrgenommen* worden sind. Bei der Untersuchung solcher Berichte muß man sich von vornherein darüber klar sein, daß dort, wo mehrere Zeugen in Frage kommen, nur in den allerseltensten Fällen vollkommene Übereinstimmung in ihren Angaben zu verzeichnen sein wird, weil eben die Fähigkeit zu beobachten und richtig wiederzugeben, bei den einzelnen Menschen sehr verschieden ausgeprägt ist. Das zeigt sich ja oft genug bei den gerichtlichen Zeugenvernehmungen. Ausschlaggebend bei allen solchen wie überhaupt bei Zeugenvernehmungen ist stets die Klarstellung der Frage: Konnte und wollte der Zeuge die Wahrheit sagen? — Man kann also nicht gut einen berichteten Vorgang nur deshalb ablehnen, weil vielleicht Herr Schulze einige Einzelheiten des Vorganges anders schildert als Herr Meier, der ihm auch beigewohnt hat.

Schließlich würde ja *eine einzige,* in jedem Punkte gut beglaubigte Erscheinung eines Verstorbenen bereits völlig genügen, um die Unsterblichkeit bzw. das Fortleben nach dem Tode zu beweisen! An solchen gut beglaubigten Tatsachen aber, die jeder Kritik standhalten, ist wahrlich kein Mangel. Wer freilich von vornherein das Fortleben leugnet, weil es im Widerspruch zu seiner bequemen materialistisch-atheistischen Weltanschauung steht, wer ein Jenseits leugnet, weil er vielleicht alle Veranlassung hat, eine strafende Gerechtigkeit zu fürchten, *für den darf es natürlich kein persönliches Überleben geben* — und den würden wohl auch hundert tatsächliche Erscheinungen von Verstorbenen kaum überzeugen... Wer ein persönliches Überleben des Todes leugnet, weil er es fürchtet, der läßt sich auch durch den Umstand, daß große Geister, die er vielleicht sonst anerkennt und schätzt, von diesem Fortleben überzeugt waren und dafür eingetreten sind, nicht eines Besseren belehren.

Wir anderen aber, wir Gläubigen, wollen uns bei den nachfolgenden Tatsachenberichten dessen bewußt sein, daß es Menschen mit gesundem Verstand waren, die diese Berichte nicht nur verfaßt, sondern auch in sehr vielen Fällen eingehend untersucht haben, ja, daß es oft anerkannte und bekannte Wissenschaftler aller Richtungen und beider christlichen Konfessionen waren, die sich an der Untersuchung so mancher der hier berichteten Vorgänge beteiligt und die sich nachher für deren unbedingte Glaubwürdigkeit ausgesprochen haben. Es sind also keine „Geschichten" im gewöhnlichen Sinne des Wortes, die hier „erzählt" werden, sondern es ist *vielmehr Geschichte im Sinne der Natur- und Geschichtswissenschaft, die hier geboten wird, nämlich Geschichte okkulter Tatsachen, Geschichte vom Erscheinen Verstorbener, Geschichte vom persönlichen Fortleben*...

Was wissen wir vom Jenseits?

Mit der Beantwortung dieser Frage begeben wir uns auf ein Gebiet, das auf außernatürlicher Ebene liegt. Es kann sich daher hier nur um eine Beweisführung handeln, die in die Welt des Außer- und Übernatürlichen hineinführt.

Wenn wir nun auch theoretisch von der Existenz eines Jenseits überzeugt sind, so soll doch und muß hier gewissermaßen auch handgreiflich dieses Jenseits bewiesen bzw. aufgezeigt werden. Das persönliche Fortleben ist keine bloße Überzeugung mehr! Wer das behauptet, beweist nur, daß er entweder die Materie sehr wenig kennt oder von vornherein nicht gesonnen ist, sich überzeugen zu lassen. Mit Ignoranten ist nicht zu rechten. Statt dessen wollen wir die Berichte einiger Geistesmänner sprechen lassen, die sich mit dem Problem des Überlebens eingehend befaßt und die dieses kategorisch bejaht haben.

Was wissen wir vom Jenseits? Hier unsere Antwort: *Wir wissen davon so viel, als uns in den glaubwürdigen Berichten von Augen- und Ohrenzeugen über Erscheinungen Verstorbener mitgeteilt wird. –*

Wir beginnen mit dem Auszug von Berichten, die den Arzt und Dichter Justinus *Kerner* zum Verfasser haben. Diese Berichte liegen zwar über ein Jahrhundert zurück, sie sind aber so gut bezeugt, untersucht und exakt abgefaßt, daß sie für alle Zeugen Geltung behalten werden. Sie könnten auch heute nicht besser beglaubigt sein! Mit Recht bemerkt *Mattiesen,* der diese Berichte ebenfalls heranzieht: „Nur das törichte Vorurteil gegen alles, was älteren Ursprunges ist, hat diese *Sammelurkunde ersten Ranges* (die Berichte Kerners) dem Gesichtskreis der Forschung entsinken lassen können; – als ob es gesunde Sinne und nüchternen Verstand, Erinnerung für eben Vorgefallenes und wahrheitsliebende Sorgfalt in der Aussage vor unseren Tagen gar nicht gegeben hätte." An dem Wahrheitsgehalt der Berichte Kerners ist auch schon deshalb kein Zweifel gestattet, weil in neuester Zeit zahllose ähnliche Berichte von Menschen unserer Tage vorliegen.

Kerner ließ 1836 die Schrift erscheinen „Eine Erscheinung aus dem Nachtgebiet der Natur, durch eine Reihe von Zeugen gerichtlich bestätigt und den Naturforschern zum Bedenken mitgeteilt." Kerner war Oberamtsrat und gab in der Folge auch auf Grund des an ihn ergangenen Ersuchens ein *amtliches Gutachten* über diese Vorgänge ab. Mattiesen spricht inbezug auf diese Schrift von den „ehemals berühmten, heute anscheinend fast vergessenen Vorgängen im *Weinsberger Oberamtsgefängnis,* in der Zelle der inhaftierten Elisabeth *Eslinger* von Baurenlautern." Dieser Bericht dürfte auch vom Standpunkt heutiger Zeugnisanforderungen als mustergültig bezeichnet werden. Mattiesen fährt fort: „Für jede einzelne Tatsache dieses sehr verwickelten Spukverlaufes hat Kerner laufend die ausführlichen Zeugnisse der unmittelbaren Beobachter gesammelt und veröffentlicht, darunter nicht weniger Männer von ausgezeichneter Bildung." Der Einfachheit halber benütze ich hier den von Mattiesen wiedergegebenen Auszug aus der Kerner'schen Schrift mit geringen Abweichungen.

„Der fragliche Spuk, der bald als lichte Nebelsäule, bald als genau beschreibbare Erscheinung fast allnächtlich nach 11 Uhr in der Zelle der Eslinger auftrat und wenn sie sich nicht sofort erhob, sie auf der rechten Seite und am Halse drückte, ,wie ein kaltes, schweres Stück Holz', ließ ihr gar keine Ruhe, ,denn sie sei (sagte er) bestimmt, ihn zu erlösen'. Er gab an, im Jahre 1414 als katholischer Priester namens Anton in Wimmenthal (das noch heute katholisch ist, während die Eslinger lutherisch war) gelebt und unter anderen Verbrechen eine Vermögensveruntreuung begangen zu haben, sie solle, bat er immer wieder, ,mit hohler Stimme', nach Wimmenthal gehen und dort mit ihm an einer Stelle beten, an die er gebannt sei, nämlich in den Keller einer Frau namens Singhasin. Auch während ihrer Haft offenbarte er einen wahren ,Gebetshunger': sie mußte ihm sozusagen ,in den Mund beten', während er ,den Kopf ganz zu ihr niederlegte' . . .

Selten ist ein Spuk in solch erstaunlichem Umfang ,kollektiv' beobachtet worden. Nicht nur die Mitgefangenen der Eslinger, deren Aussagen mit größter Sorgfalt aufgezeichnet sind, sahen zum mindesten den ,4 – 5 Schuh hohen und 1 – 1½ Schuh breiten weißen Schatten' oder ,Schein', wenn die röchelnde Eslinger über seinen ,Druck' klagte oder sich mit ihm unterredete; sondern auch die Herren des Gerichtes und andere Gebildete, die gelegentlich in der Zelle auf die Erscheinung warteten: der Oberamtsrichter Heyd, ,ein ganz wahrheitslie-

bender, besonnener Geschäftsmann', der Referendar
Bürger, der Dr. Seyffer, der Mathematik- und Physik-
professor H. Chr. Kapff, beide aus Heilbronn, der Kup-
ferstecher Duttenhofer, der prot. Pfarrer Stockmayer u.
a. m. Diejenigen, die nicht geradezu Entsprechendes
schauten, hörten wenigstens die überaus typischen Spuk-
geräusche, die mit dem Auftreten der Erscheinung stets
verknüpft waren: „Schritte, Rascheln, Tropfenfallen
Entladungen, Sandwerfen, Flügelschlagen, Rütteln und
Klirren, dazu mehrfach ein Rasseln der Fenster, ein
Schütteln des ganzen Hauses gleichsam, ein Getöse, daß
die Balken der Kerkerdecke ‚auf uns herabzufallen
schienen', was nach persönlichen Beobachtungen in der
Zelle u. a. die Herren Baron von Hügel (von Eschenau),
der (prot.) Pfarrer Meguin (von Willspach), Dr. Sicherer
(von Heilbronn) und Rechtsanwalt Fraaß (von Weinsberg) bezeugen.

Manche Mitgefangene hörten auch den Geist ‚mit
einer hohlen ungewöhnlichen und sonderbaren Stimme'
zur Eslinger sprechen, selbst ganze Sätze, wie z. B.: ‚Du
hast mich in der vorigen Nacht versäumt', was u. a. A.
Neidhardt aus Neuhütten, ‚ein sehr heroisches Weibs-
bild und nichts weniger als furchtsam', gehört haben
will. Man mag einwerfen, daß es sich hier wenigstens
um Zeugen geringeren Gewichts handle. Aber auch die
‚Frau Oberamtsgerichtsdienerin Maier, eine sehr recht-
schaffene, wahrheitsliebende Frau, die nicht die minde-
ste vorgefaßte Meinung in dieser Sache hatte', beschreibt
ein ‚ganz deutlich gehörtes Sprechen', und zwar in Tönen, ‚die mit nichts zu vergleichen sind, die gar keine
menschlichen waren, die gar kein Mensch so hervorzu-
bringen imstande ist, selbst während die Frau betete
und während sie mit uns sprach, und ich versicherte

mich aufs bestimmteste, daß sie nicht von der Frau selbst kamen.'

Einmal, nachdem diese Frau Maier mit einer Verwandten die Nacht in der Haftzelle der Eslinger verbracht hatte, bezeugte sie u. a. folgendes:

,Ich erhielt mich geflissentlich wach. Um 10 Uhr hörte ich, wie vom Gange her einen Ton, den ich gar mit nichts vergleichen kann. Dann sah ich bald eine Helle zum Fenster herein kommen und hörte ein paar Kracher, wie wenn man Holz zerbricht. Der helle Schatten schwebte an dem Kopfe der Eslinger an der Wand hin, und dann sah ich, wie der Teppich (Bettdecke) weggezogen wurde; sie zog aber den Teppich wieder an sich und wies mit ihm gegen mich hin, worauf die Helle auf einmal zu mir herkam und dann an meinem Teppich mit Gewalt gezogen wurde. Nun schwebte die Helle wieder zur Eslingerin hin und blieb wie auf ihrem Bette sitzen. Wir beide, ich und meine Verwandtin, bemerkten den Schatten ganz genau und sahen ihn im Gefängnis, in dem es sonst ganz dunkel war und in das kein Licht von außen fallen konnte, hin und her schweben. Einmal schlurfte es ganz sanft zu mir her und blieb vor meinem Bette stehen, wobei ich aber (gleich fast allen anderen Beobachtern dieses Spukes) einen sehr widrigen, moderhaften Geruch bemerkte. Später stellte es sich in die Ecke am Ofen, wo es dann ganz hell wurde und ich hörte von daher einen Seufzer, worauf ich sagte: ,Nicht wahr, ich soll dir beten?', dann hörte ich von daher vernehmlich sagen: ,Dank dir's Gott!' – Einmal sah ich, wie die Gestalt den Kopf bewegte, aber die näheren Umrisse des Gesichts usw. konnte ich nicht bemerken. In dieser Nacht schwebte es mehrmals fort und kam dann wieder. Gegen 5 Uhr schwebte es wieder zum

Fenster hinaus und sagte vorher ganz deutlich: Behüt euch Gott!'

Die Meinung, daß es sich hier um „suggerierte" Halluzinationen und Illusionen gehandelt habe, wird u. a. auch dadurch erschüttert, daß einige gut berufene, nur wegen ‚leichter Polizeivergehen' eingesperrte männliche Zeugen von ihren benachbarten Zellen her Beobachtungen, besonders gehörsmäßige, machten, die sich völlig natürlich in das Bild des Spukes einfügen, obgleich diese Zeugen ‚bestimmt nicht eine Silbe von den Vorfällen bei der Eslinger vorher wußten, und erst durch die Erscheinung und die ihnen unerklärlichen Töne, nachdem sie mehrere Morgen wiederkehrten, nach einer Ursache zu fragen veranlaßt wurden'.

Beachtenswert ist übrigens wieder, daß auch Tiere in der uns schon bekannten Weise auf die Erscheinung reagierten; wie denn z. B. ‚eine Katze, die der Oberamtsgerichtsdiener (Maier) in das Gefängnis der Frau sperrte, im Moment des Kommens der Erscheinung an den Wänden hinaufsprang und durchaus entfliehen wollte, und als sie dies nicht konnte, sich zitternd unter einer Decke verkroch. Dies fand auch bei einer zweiten Probe mit dem Tiere statt, das aber von dort an die Nahrung versagte, abmagerte und bald krepierte.'

Soweit Mattiesen.

Die von ihm gemachten Angaben seien noch etwas ergänzt. Danach kam die Erscheinung später „in völliger Gestalt eines Mannes, in einem Faltenrock mit Gürtel, auf dem Kopf eine Kappe, an der sie (die Eslingerin) oben vier Ecken bemerkte (also offenbar ein Birett, wie es die kath. Priester tragen). Seine Stirn stand weit hervor, die Augen waren ganz tief liegend und feurig, das Kinn hervorstehend und mit einem langen Barte. Die

Backenknochen, die nur wie mit Pergament überzogen gewesen, waren auch sehr hervorstehend.

Sein Winseln und Stöhnen war oft ganz das eines in höchste Verzweiflung versunkenen Menschen und wurde auch von anderen gehört. Die Töne klangen wie hohl und hauchend... Sie sehe nie, daß er beim Sprechen den Mund bewege. Wenn er den Namen Jesu nenne habe er den Mund immer offen, sonst zu, sie sehe aber doch nicht, wenn er den Mund aufmache. Sein Verlangen sei immer Gebet. Er komme ihr vor, wie einer, der totkrank sei und eine Freude am Vorbeten anderer habe. Es waren unbeschreibliche Töne, übermenschliche Seufzer um Erlösung und Gebet... In mancher Nacht sprach die Erscheinung ihr ins Ohr: sie solle sich zum Besseren wenden, es sei ihr die letzte Frist gegeben; sie solle bedenken, daß ihr das kein gewöhnlicher Mensch sage, sondern einer, der geschmeckt habe, wie es nach dem Tode sei...

In der Nacht zum 4. November 1835 war der Geist wie von einem Feuer umgeben und besonders seine Augen waren groß und feurig. – Auch Mitgefangene der Eslinger hörten oft, wie der Geist sagte: ‚Betet!' Eine dieser Mitgefangenen sagte aus: sie habe Modergeruch und Gestank wahrgenommen und es sei ihr gewesen, als rieche sie einen Toten, und sie habe deswegen Übelsein bekommen und beständig ausspucken müssen. Einmal habe die Stimme des Geistes gehaucht: „Im Namen Jesu sehe mich an!" Dann: „Siehst du mich nun?" Sie blickte hin und sah „einen mannshohen weißen Schatten, der sich wie aufrichtete und sich in die Höhe dehnte, sich uns recht zu zeigen, aber wirkliche Gesichtsbildung sah ich nicht..." Die Eslingerin schlief nie, sondern betete immer (eine solche Wirkung hatten die Erscheinungen dieses Verstorbenen bei ihr ausgelöst), und je inbrünstiger sie betete, desto mehr näherte sich ihr dieser Schatten.

Bei der Erlösung des Geistes am 11. Februar 1836 morgens 3 Uhr bei Wimmenthal (an der vom Geiste angegebenen Stelle) habe dieser von der Eslingerin zum Abschied die Hand gefordert, die sie vorher mit einem Tuch umwickelt und diese dann ihm so gereicht. Da sei von dem Tuch ein Flämmchen aufgefahren, und wie etwa die Berührung mit den Fingern der Erscheinung geschehen sein mag, fand man in das Tuch, jedoch ganz geruchlose Stellen gebrannt.

Dieses Einbrennen von Fingern und Händen durch Verstorbene wird öfter berichtet. Wir werden auf einzelne Fälle noch zurückkommen. Zunächst sei hier auf Kerners Geschichte des *„Mädchens von Orlach"*, näher eingegangen, in der ein weiterer, ebenfalls gut beglaubigter Fall des Erscheinens Verstorbener geschildert wird.

Es handelt sich hier um ein 20jähriges, protestantisches Mädchen namens Magdalena Grombach in Orlach, Oberamt Hall in Württemberg, Tochter eines Bauern, dem im Februar 1832 eine weibliche Gestalt erschien und zu ihr sagte: „Ich bin wie du vom weiblichen Geschlecht und mit dir in einem Datum geboren. Wie lange, lange Jahre schwebte ich hier! Noch bin ich mit einem Bösen verbunden, der nicht Gott, sondern dem Teufel dient. Du kannst zu meiner Erlösung mithelfen..." Beim nächsten Erscheinen sagte der Geist: „Grüß dich Gott, liebe Schwester! Ich bin auch von Orlach gebürtig und mein Name hieß Anna Maria. *Ich bin geboren den 12. September 1412.* Im zwölften Jahre meines Alters bin ich mit Hader und Zank ins Kloster gekommen, ich habe niemals ins Kloster gewollt."

Später erschien dann dem Mädchen ein „schwarzer Mann", der wie in eine Mönchskutte gehüllt aussah und der durch seine Reden das Mädchen sehr ängstigte. (Auf Einzelheiten kann hier nicht eingegangen werden, es sei vielmehr auf die oben erwähnte bekannte Schrift verwiesen.) Dieser Schwarze, der meist auf die weibliche Erscheinung, die „Geistin" schimpfte, erklärte eines Tages, daß er im Leben Mönch gewesen sei.

Am 12. Juli erschien ihr wieder die weiße Frauengestalt. Sie fing zu beten an: „O Jesu, wann soll ich erlöst doch werden!" Dann sagte sie: „Du vermehrst meine Unruhe! Halte dich standhaft gegen die Anfechtungen des Bösen... Er wird dich immer ängstigen, aber antworte ihm nie, spreche gegen ihn nie ein Wort!" Sie sagte ihr hierauf auch, sie wolle ihr die Stelle zeigen, wo vormals das Nonnenkloster gestanden. (Orlach ist seit der Reformation ganz protestantisch.) Sie führte sie dann eine Strecke durch das Dorf und gab ihr die Stelle an.

Am 4. März 1836 erschien die weiße Geistin in einem strahlenden Glanze und sprach zum Mädchen: „Ein Mensch kann keinen Geist durch Erlösung in den Himmel bringen, dazu ist der Erlöser in die Welt gekommen und hat für alle gelitten, aber genommen kann mir durch dich das Irdische werden, das mich noch so da unten hielt, dadurch, daß ich die Untaten, die auf mir lasteten, durch deinen Mund der Welt sagen kann. O möchte doch niemand bis nach dem Ende warten, sondern seine Schuld immer noch vor seinem Hinscheiden der Welt bekennen! – In meinem 22. Jahr wurde ich als Koch verkleidet von jenem Mönch, dem Schwarzen,

vom Nonnenkloster ins Mönchskloster gebracht. Zwei
Kinder erhielt ich von ihm, die er jedesmal gleich nach
der Geburt ermordete. Vier Jahre lang dauerte unser
unseliger Bund, während dessen er auch drei Mönche
ermordete. Ich verriet seine Verbrechen, doch nicht vollständig – da ermordete er auch mich. O möchte doch
niemand (wiederholte sie) bis nach dem Ende warten,
sondern seine Schuld immer noch vor seinem Hinscheiden der Welt bekennen!" – Sie streckte nun ihre weiße
Hand gegen das Mädchen hin. Das Mädchen hatte nicht
den Mut, diese Hand mit bloßer Hand zu berühren,
sondern wagte dies nur vermittelst des Schnupftuches,
das sie in die Hand nahm. Da fühlte sie ein Ziehen
an dem Tuche und sah es glimmen. Nun dankte die
Geistin dem Mädchen, daß sie alles befolgt habe und
versicherte ihr, daß sie selbst nun von allem Irdischen
frei sei. Hierauf betete die Geistin: „Jesus nimmt die
Sünder an" usw. Das Mädchen hörte sie noch beten,
als sie die Erscheinung nicht mehr sah. *In das Taschentuch des Mädchens war ein großes Loch gebrannt,* wie
das Innere einer Hand und über diesem Loch noch fünf
kleinere Löcher wie von fünf Fingern. Es gaben die
Brandstellen gar keinen Geruch. – Von Schrecken fast
gelähmt, wurde das Mädchen von den Ihrigen in der
Kammer angetroffen.

(Diesen Handabdruck hat damals u. a. auch Prof.
Georg *Daumer* in Nürnberg untersuchen lassen und ihn
dann eingehend beschrieben.)

Der schwarze Geist erschien dem Mädchen kurz danach und bekannte ebenfalls seine Schuld, indem er
u. a. sagte: „Mein Vater war ein Edler von Geislingen,
eine Stunde von Orlach. Da hatte er ein Raubschloß
auf dem Löwenbuk bei Geislingen zwischen dem Ko-

cher und der Bühler; man muß seine Mauern noch finden. Ich hatte noch zwei Brüder. Der älteste, der nicht weiter kam, als wo ich auch bin, bekam das Schloß, der andere kam im Krieg um. Ich wurde zum geistlichen Stand bestimmt. Ich kam ins Kloster nach Orlach, wo ich bald der Obere wurde. Der Mord von mehreren meiner Klosterbrüder, von Nonnen und Kindern, die ich mit ihnen erzeugte, lastet auf mir. Die Nonnen brachte ich in männlicher Kleidung in das Kloster und fand ich an ihnen keinen Gefallen mehr, ermordete ich sie. Ebenso ermordete ich die Kinder, die sie geboren, sogleich nach ihrer Geburt. Als ich die ersten drei meiner Klosterbrüder ermordet hatte, verriet mich die, die du die Weiße nennst. Aber in der Untersuchung wußte ich mir dadurch zu helfen, daß ich meine Richter bestach. Ich ließ die Bauern während der Heuernte zusammen kommen und erklärte ihnen, keine Messe mehr zu lesen, würden sie mir nicht ihre „schriftlichen Dokumente" ausliefern, dann würde es zur Heuernte immer regnen, ich würde Fluch über ihre Felder beten. Sie gaben ihre Dokumente, die die Gerechtsame von Orlach enthielten und die lieferte ich meinem Inquisitor aus. Wieder ins Kloster zurückgelassen, ermordete ich meine Verräterin, darauf noch drei meiner Klosterbrüder und nach vier Wochen, im Jahre 1438, mich selbst. Als Oberer wußte ich meine Opfer ins Verborgene zu locken und erstach sie da. Die Leichen warf ich in ein gemauertes Loch. Mein Glaube war: mit dem Menschen ist es nach dem Tode wie mit dem Vieh, wenn es geschlachtet ist; wie der Baum fällt, bleibt er liegen. *Aber — aber, es ist ganz anders, es ist eine Vergeltung nach dem Tode!"*

Dieser „Schwarze" erschien auch in der Gestalt eines schwarzen Hundes und in der eines Bären. Nach der

Überzeugung Kerners und anderer Zeitgenossen war es ein Dämon. Dieser schwarze Geist äußerte sich auch gegen andere über die ehemaligen Klöster zu Krailsheim ganz richtig. – Einmal sagte er: „Heute abend muß ich zum zweitenmal ins Gericht, und zwar mit jener (der weißen „Geistin")!" Kurz vorher äußerte er, mit Freude gebetet zu haben. Er könne nun (nachdem von Seiten des Mädchens von Orlach – auf Anraten anderer – bereits eine Zeitlang entsprechend auf ihn eingewirkt worden war) die Namen: Jesus, Bibel, Himmel, Kirche aussprechen. Wenn er sich doch nur schon eher gewendet hätte, wäre es besser gewesen. (Daraus könnte gefolgert werden, daß dieser Geist kein Dämon gewesen war, absolut sicher ist das allerdings nicht.)

Augenzeuge der Vorgänge, soweit sie das Mädchen betrafen, das gewissermaßen von diesem „bösen" Geist besessen war, war u. a. der protestantische Pfarrer *Gerber,* der später darüber in einer besonderen Schrift berichtet hat. Der Vater des Mädchens zeigte ihm auch das *verbrannte Taschentuch,* in das der weiße Geist die Spuren der Hand hineingebrannt hatte. Gerber sagt: „Es war ganz deutlich zu sehen, daß die Löcher, welche darin waren, durch Feuer entstanden waren." – Man fand auch an der von dem Geist bezeichneten Stelle Überreste von menschlichen Knochen, auch die von Kindern.

Pfarrer Gerber führt in seiner Schrift „Das Nachtgebiet der Natur" (Mergentheim 1840) hinsichtlich des eingebrannten Handabdrucks noch aus: „So unbegreiflich das Anbrennen des Tuches in der Hand des Mädchens bei der Berührung des weißen Geistes uns vorkommt, so hat dieser Fall in den Geistererscheinungen *zu viele analoge Fälle,* um sie wegstreiten zu können, und ich kenne die Familie genau, in welcher die Bibel aufbewahrt wird, die der Großvater *aus den Händen eines Geistes erhielt und in welcher die eingebrannten Spuren einer feurigen Hand noch zu sehen sind* ... Auch läßt sich nicht voraussetzen, daß das Mädchen, dem es so sehr an Geistesanlagen fehlte, daß es in der Schule nicht einmal das recht lernen konnte, was in den Dorfschulen gelehrt wird, die Geschichte der zwei Geister ersonnen habe, denn es herrscht eine Konsequenz in der Charakterschilderung, in den Äußerungen dieser Personen, es kommen Anspielungen auf das Klosterleben der Mönche aus den Zeiten des Mittelalters darin vor, die das protestantische, unwissende Bauernmädchen unmöglich aus der eigenen Phantasie geschöpft haben kann ... Sollten wir das Ganze als eine Ausgeburt der Phantasie halten, so ist es ebensowenig erklärbar, wie sie zuletzt noch gar die Rolle dieses ruchlosen Mönches, eines Charakters, der ihren natürlichen Gesinnungen und ihrem ganzen Ideenkreis so fremd ist, in Ton und Sprache so richtig spielen könnte, wie es nur ein Dichter und geübter Schauspieler vermag."

Daß es sich um reale Erscheinungen und um keine Phantasiegebilde des Mädchens handelte, geht schon aus der Tatsache der auf dem Taschentuch eingebrannten Hand und aus der Auffindung der Menschenknochen an der von dem Geist bezeichneten Stelle zur Genüge hervor! –

Diese Erscheinungen dauerten über ein Jahr lang an und das Mädchen war allmählich in einen Zustand geraten, den man als mehr oder weniger besessen ansah, da später der schwarze Geist mit einer männlichen Stimme aus ihr sprach. (Das Gegenstück dazu haben wir ja in gewissen Medien der spiritistischen Zirkel, aus denen zuweilen ebenfalls irgendwelche Geister sprechen bzw.

sprechen sollen!) Diese Vorgänge hatten ständig viel Zuschauer herangelockt, so daß die Ortspolizei Maßnahmen dagegen treffen mußte. Erst als diese Vorgänge nach den Angaben der Geister bzw. des Mädchens ihr natürliches Ende fanden (u. a. spielte dabei der von dem einen Geist geforderte Abbruch eines Hauses eine Rolle, wobei dann die erwähnten Menschenknochen gefunden wurden), hörten die Erscheinungen auf und das Mädchen befand sich wieder in normalem, gesundem Zustand, ohne später wieder jemals solche Erscheinungen zu haben.

Erwähnt sei noch folgendes: Einmal sagte das Mädchen zu dem weiblichen Geist: „Es war ein Geistlicher bei mir, der gab mir auf, dich zu fragen, ob du nicht auch anderen erscheinen könntest; man würde dann eher glauben, daß du nicht bloß ein Trug meines Gehirns seiest." Darauf der Geist: „Kommt wieder ein Geistlicher, so sage ihm, er werde wohl das, was in den vier Evangelien stehe, auch nicht glauben, weil er es nicht mit Augen gesehen. – Es sagte auch ein anderer Geistlicher zu dir (es war wirklich so), du sollest sagen, wie ich beschaffen sei. Spricht wieder einer so, so sage ihm: *er solle einen Tag lang in die Sonne sehen und dann sagen, wie die Sonne beschaffen sei!"* – *Das* Mädchen erwiderte: „Aber die Leute würden es doch eher glauben, würdest du auch anderen erscheinen." Worauf der Geist seufzend sprach: „O Gott, wann werd' ich erlöset doch werden!", wurde sehr traurig und verschwand.

In seiner Schrift „Die Seherin von Prevorst" veröffentlicht Kerner auch eine Anzahl von Berichten dieser Seherin, Friederike *Hauffe,* über Erscheinungen von Verstorbenen, die ihr zuteil wurden. So antwortete ihr einmal ein Geist: „Ich bin nicht im Zwischenraum, ich bin schon in einer Seligkeit, und zwar in derjenigen, wo die Heiden und überhaupt alle die Seelen sind, die ohne ihr eigenes Verschulden unseren Herrn und Heiland nicht kennen lernten. Da werden wir von Engeln unterrichtet, bis wir reif sind zu einer höheren Seligkeit." –

Ein anderer Geist fordert von ihr „Erleichterung der Bande, in denen ich bin." Er habe einen Mord an seinem Bruder begangen und stamme aus der Familie der „Weiler von Lichtenberg". (Das Haus, in dem der Geist bei Frau Hauffe erschien, war ein ehemaliges katholisches Stift.) – Eine schwarze, mit einer dunklen Kutte bekleidete Gestalt mit einem alten, runzeligen Gesicht erschien der Seherin ein Jahr lang und verlangte Gebete. Frau Hauffe hörte eine andere Gestalt langsam und deutlich sagen: „Wer so im Dunkeln sitzt wie ich, der hat große Qual!" Auch diese Erscheinung verlangte Gebete. – Ein andermal erschienen ihr ein männlicher und ein weiblicher Geist, und dieser sagte zu ihr: „Wir haben ein Kind ermordet und es im Stalle vergraben, wodurch ich nachher gestorben bin; jener hat die Schuld!" Dabei deutete sie auf ihren Begleiter (Bauern). Der Geist seufzte dabei tief und laut. Das Aussehen beider war äußerst traurig. Später antwortete der weibliche Geist: „Ich nahm ein Gift ein, um das Kind in mir zu töten, kam im Stalle nieder, dort begrub dieser das Kind, mich aber fand man nah in einer anderen Scheune tot... Sieh uns arme Verlassene an, schaffe uns Linderung in unserem Schmerz!" Der Bauerngeist sprach einmal zur Seherin: *„Ich, Nikolaus Pfeffer, bin der Verführer dieser und der Mörder des Kindes, so knie nun hin und bete mit uns!"* – Später erschien ein „alter, ganz schwarzer Mann, der den beiden Gestalten den Mund zuhielt. Es war der, der dem Bauern das Mittel zur Tötung des Kindes, also zur Abtreibung, angegeben hatte. – Die beiden Geister verlangten meist auch Gebete. Als sie das letzte Mal kamen, sagten sie wie aus einem Munde: „Wir kommen das letztemal und nehmen Abschied von dir (Frau Hauffe)." Auf die Frage, wo sie jetzt hinkämen, antworteten sie: „An einen besseren Ort."

Was den Namen „Pfeffer" angeht, so befinden sich, wie Kerner angibt, „wenige Stunden von hier entfernt (bei Oberstenfeld oder Weinsberg) Bauernfamilien, die diesen Namen führen."

Bemerkenswert ist, daß Justinus Kerner sich veranlaßt sah, in seinem Buch über die Erscheinungen im Weinsberger Gefängnis, die fast ein halbes Jahr andauerten, folgendes zu bemerken:

„Man hat in neuerer Zeit die sonderbare Behauptung dem gebildeten Publikum vorgetragen, als wären solche Geschichten *nur modern protestantische, nur Produkte der lutherischen* Konfession, als wären sie nur in den Köpfen des lutherischen Deutschlands und dann noch in denen des antikatholischen Schwedens, aber nicht in der Natur, denn sie seien in Italien und in sonst katholischen Ländern nicht zu finden. Durch eine Menge Beispiele aus der *katholischen* Welt wäre diese Behauptung zu widerlegen.

Die *Lehre vom Fegefeuer* (Mittelreiche), die Lehre vom Gebet für Verstorbene, die Lehre vom Exorzismus in der katholischen Religion ist allein aus solchen Erfahrungen hervorgegangen, ist rein aus der Natur hervorgegangen. Wäre es aber wirklich so, was dem nicht ist, nämlich daß solche Beobachtungen weniger in der

katholischen als in der lutherischen Welt gemacht würden, so könnte dies gerade deswegen geschehen, weil
die Katholiken Seelenmessen, Gebet für Verstorbene anerkennen und unaufgefordert ausüben, jene Seelen also
nicht nötig haben, sich ihnen noch mit dieser Bitte zu
nähern, sie dazu aufzufordern, darum zu quälen, was
sie aber bei Lutheranern tun müssen, weil diese unaufgefordert für keine verstorbenen Seelen beten. Alle
Völker und Zeiten sprechen von den gleichen Erfahrungen, weil sie keine religiösen Träume, sondern weil sie
wirklich in der Natur gegründet sind."

So der protestantische Oberamtsarzt Dr. Justinus *Ker-*
ner, der damit eine sehr scharfsinnige und logische
Begründung des Erscheinens Verstorbener geliefert hat,
die um so wertvoller ist, weil er eben Protestant ist. Im
übrigen ist ja interessant, daß man damals solche Erscheinungen – wenigstens in manchen überwiegend
protestantischen Gegenden Deutschlands – für ausgesprochen protestantische Produkte hielt, während man
doch sonst heute in protestantischen Kreisen sehr
schnell mit dem Einwurf bei der Hand ist, derlei Berichte seien eben der „katholischen" Phantasie der Berichterstatter entsprungen.

Die Seherin von Prevorst, Frau Hauffe, hatte bekanntlich nach den Aufzeichnungen Kerners auch sonst noch
Erscheinungen Verstorbener. Aus deren Aussagen
schöpfte sie u. a. folgende Erkenntnis:

„Viele Menschen, auch die nicht sogleich nach dem
Tode verdammt, aber auch nicht sogleich selig werden
können, kommen in verschiedene, oft hohe Stufen in
dieses Reich, je nach der Reinheit ihres Geistes." Sie
redet wiederholt von der notwendigen Besserung (also
Läuterung) im Jenseits. – An einer anderen Stelle be-

merkt sie: „Diejenigen, welche meinen, sogleich nach dem Tode in einen Sternenhimmel voll Seligkeit aufgenommen zu werden, diejenigen, welche uns vorwerfen, daß wir vor Sternenschuppen die Sterne nicht sehen, möchten sich wohl gerade so täuschen, wie der nächtliche Wanderer sich täuscht, der ein lichterglänzendes Schloß auf der Höhe erblickt und sich der baldigen Aufnahme in dieses erfreut, dem aber das tiefe, finstere Tal noch bedeckt ist, das er erst zu durchgehen hat, bis er jenen Glanz erreicht."

Einmal sagte ein Geist zu Frau Hauffe, daß er *im Jahre 1529* gestorben sei. Sie beschrieb seine Gestalt und Kleidung genau. Sie fragte ihn: „Kannst du keine andere Gestalt annehmen als diese, die du als Mensch hattest?" Er antwortete: „Hätte ich wie ein Tier gelebt, so würde ich dir wie ein Tier erscheinen. Wir können nicht Gestalten nach Belieben annehmen; *wie unsere Gesinnungen sind — so siehst du uns!"* Diese Antwort ist sehr aufschlußreich, denn wir haben bereits erfahren, daß Verstorbene auch in Tiergestalt erschienen (der „Schwarze" dem Mädchen von Orlach) und wir werden noch andere solche Fälle kennenlernen. —

Bei den Berichten Kerners ist zu berücksichtigen, daß er sowohl wie auch Friederike Hauffe, protestantisch waren, daß also vielleicht manche Darstellung bzw. Angabe ganz unbewußt einen mehr oder weniger protestantischen Charakter erhalten hat. Die Angabe des „Schwarzen", er müsse „zum zweitenmal ins Gericht", darf ebenfalls aus den angeführten Gründen nicht als absolute Tatsache gewertet werden, zumal dieser Geist doch von Kerner und anderen als Dämon angesprochen worden ist, daher auch im zutreffenden Falle von diesem keine vollkommen wahrheitsgetreuen Angaben zu erwarten waren.

Mattiesen teilt folgenden, von der „Brit. College of Psych. Sciences" (Engl. Gesellschaft für psychische Forschung) untersuchten Fall mit:

„Im Hause der Familie C. in einer Londoner Vorstadt öffneten sich Türen, an den Wänden ertönte heftiges Klopfen, ein Leuchter wurde herabgeschleudert und zerbrochen, im Keller wurde gewaltiger Lärm verübt, der die Wände erschütterte; dazu Kratzlaute, Stöhnen usw. Eine wachende Person wurde vom Bett herabgestoßen und ein Hemd vom Stuhl aufgehoben und ihr gewaltsam um den Hals geschlungen. Hunde weigerten sich, in die Nähe der Wände zu gehen, aus denen die Klopf- und andere Töne erschollen. Eine Mehrheit von Wesen schien für diese Poltergeistphänomene verantwortlich zu sein; für die schlimmsten ein angeblicher Mörder, der durch das Alphabet kundgab, daß er *vor 90 Jahren* im Hause ein Verbrechen verübt habe und den man, nachdem für ihn gebetet worden, ausrufen hörte: nun würden seine Ketten gelöst und er könnte das Licht sehen, wofür er seinen Dank aussprach. – Geringere Phänomene wurden durch das gleiche Mittel auf einen verstorbenen Freund der Familie zurückgeführt. [100])

Auch den nachstehenden Fall gibt *Mattiesen* wieder.

„Im Jahre 1926 veröffentlichte die „Revue Spirite" einen Bericht, wörtlich entnommen der Gerichtsspalte einer tschechischen Zeitung (Chradimski Kraj) vom 25. August 1891, der folgendes besagt: „Eine gewisse Anna Mracek, Frau eines Eisenbahnbeamten in Vojtechnow, war erschossen im Freien aufgefunden worden, es gelang aber nicht, einen Schuldigen zu überführen. Mehr als fünf Monate später erschien der Landmann Josef

Kreil beim Staatsanwalt und berichtete, die Verstorbene sei ihm viermal nachts erschienen und habe ihm jedesmal gesagt, daß sie von einem gewissen Josef Zravel mit einer Flinte erschossen und dann von dem Michail Vesely in des ersteren Stall geschleppt worden sei. Er, Kreil, sei in Vojtechow gänzlich fremd und habe sich in keiner Weise für die Mordangelegenheit interessiert. Als er von der Erscheinenden einen Beweis gefordert, damit man ihm glaube, habe sie ihm wenigstens ein „Zeichen" zugestanden und zu dem Zweck, den Arm erhebend, ihre rechte Hand auf seine linke Schulter gelegt, worauf sie sich ‚auflöste und verschwand'. Vor dem Beamten öffnete Kreil sein Hemd: auf der linken Schulter befand sich das schwärzliche ‚Zeichen' einer Hand mit gespreizten Fingern. *Alle fünf Finger, und besonders der Daumen, waren sichtbar.* Beide Beschuldigten gestanden daraufhin. Zravel hatte die Mracek im Dunkeln für einen Wilddieb auf seinem Jagdgebiet gehalten und die Fliehende erschossen; Vesely hatte die Leiche zunächst in den Stall des Zravel geschleppt und am nächsten Morgen früh an die Stelle, wo sie gefunden wurde." [101])

An einer anderen Stelle teilt Mattiesen weiter mit:

„Ich will den Fall anführen, der den Vorzug hat, von einem namhaften Naturforscher verbürgt, wenn auch nicht beobachtet zu sein: dem Botaniker Charles *Naudin*, Mitglied des Institut de France, der die Wahrhaftigkeit der unmittelbaren Zeugen als „unbezweifelbar" bezeichnet.

Anfang Mai 1896 starb in Denain die Priorin eines Frauenklosters am Magenkrebs. Vor ihrem Ende hatte sie einer Nonne, die aus dem Stammhaus des Ordens in Douai zur Aushilfe nach Denain beordert worden war, das Versprechen abgenommen, für sie zu beten. Am 26. Juni wurde diese Nonne, die gerade bei der Wäsche half und daher ihre Ärmel aufgeschürzt hatte, in den Keller nach Bier geschickt. Dort erblickte sie, völlig außer Zusammenhang mit ihren augenblicklichen Gedanken, neben sich eine andere Ordensfrau, in der sie *die vor einigen Wochen verstorbene Priorin erkannte,* die sie kräftig in den nackten Arm kniff, was ihr einen heftigen Schmerz verursachte, und zu ihr sprach: „Beten Sie, denn ich leide!" Die Schwester, toll vor Schrecken, stürzte die Treppe hinauf und sank halbtot auf eine Bank. *Auf ihrem Arm fanden sich fünf rote Male, wie sie durch Verbrennungen entstehen:* vier auf der einen Seite des Armes, das fünfte, größere und tiefere, auf der anderen, wo also der Daumen der Verstorbenen sie gefaßt hatte... Bald traten auch Blasen an den berührten Stellen auf, der herbeigerufene Dr. Taison, Professor der med. Fakultät in Lille, photographierte die Brandstellen und schrieb die nötige Behandlung vor, welche aber fünf oder sechs Narben zurückließ." [102])

Mattiesen schließt hier die „ehemals berühmte Geschichte der Erscheinung des Lord *Tyrone*" an, der mit seiner Jugendfreundin Lady *Beresford* die Verabredung getroffen hatte, daß derjenige, der zuerst sterben würde, dem anderen erscheinen solle.

„Viele Jahre danach wurde die Dame in einer Nacht brüsk aus dem Schlaf geweckt, erblickte den Lord zur Seite ihres Bettes und vernahm seine Mitteilung, *er sei am Tage zuvor um 4 Uhr gestorben.* Es fand dann eine längere Unterredung zwischen beiden statt, in welcher Lady Beresford mit großem Scharfsinn ein Zeichen dafür forderte, das ihr selbst am nächsten Morgen unwiderleglich beweisen könne, daß sie nicht geträumt habe. Schließlich hätten sie sich auf eine „Berührung" geeinigt, trotz der Warnung des Phantoms, daß dies ein „Mal" hinterlassen würde. Die Dame mit begreiflicher Sorge um ihr Äußeres, haben sich mit einem „begrenzten" einverstanden erklärt. ‚Sie sind (so habe die Erscheinung nach Lady Beresfords Bericht gesagt) ein mutiges Weib, reichen Sie mir die Hand!' Ich tat es und er faßte mich am Handgelenk. *Seine Hand war eisig, und doch verrunzelte die Haut augenblicklich, die Adern verdorrten, die Nerven verstaubten."* Lady Beresford trug seitdem das Handgelenk ständig mit einer schwarzen Binde umwickelt. Erst nach ihrem Tode nahm ihre Freundin Lady Cobb ihr diese ab und stellte die Tatsache eines Brandmals fest, das der Beschreibung der Verstorbenen entsprach. — [103])

Angesichts der verhältnismäßig zahlreichen Fälle von Brandeindrücken (in meinem Buche „Spuk- und Geistererscheinungen oder was sonst?", 3. Aufl., Hildesheim 1930, habe ich einige veröffentlicht) könnte man zu der Auffassung gelangen, daß diese Fälle fingiert seien — zur „größeren Ehre" der katholischen Kirche, da durch sie die katholische Lehre von der Läuterung im Jenseits eine sehr eindrucksvolle Bestätigung erhalte. Aber es ist tatsächlich so, daß, wie schon gesagt, nicht nur Katholiken, sondern auch Protestanten solche Vorgänge berichten. So lasse ich nachstehend einen Fall folgen, den der protestantische Pfarrer *Gerber* in seinem Buch „Das Nachtgebiet der Natur" veröffentlicht hat. Und zwar erklärt er, daß ihm selbst ein solcher Fall „aus unseren Tagen" berichtet worden sei:

„In den „Frankfurter Blättern" wurde aus Fulda eine Geistererscheinung erzählt und dabei, wie es sich von

selbst versteht, über diesen Aberglauben tüchtig los-
gezogen. Um mir Gewißheit zu verschaffen, was an
dieser Sache sei, wendete ich mich an einen Mann aus
den gebildeten Ständen, welcher ganz in der Nähe wohnt
und Gelegenheit hatte, alles genau zu untersuchen...
Der Vorfall ist in der *katholischen* Kirche vorgefallen
und also ein Beweis, daß nicht nur der finstere Prote-
stantismus Geistererscheinungen kennt. (Daraus geht
also ebenfalls — wie aus den bezüglichen Bemerkungen
Kerners — hervor, daß man früher solche Berichte der
protestantischen und nicht der katholischen Phantasie
zuschrieb!)

Der Anna Elisabetha Seiler aus Oberufhausen unweit
Fulda, Dienstmagd bei einem Bauern Johann Wiegand
daselbst, erscheint den 5. August 1837, nachts 12 Uhr,
während sie ganz wach war, der Geist ihrer Mutter-
Schwester Anna Elisabeth Krieg von Oberweißenborn,
welche vor 13 Jahren plötzlich im Kindbette gestorben
war, und bittet sie, um ihre Seele aus dem Fegfeuer zu
erlösen, zwei Seelenämter und zwei stille Messen halten
zu lassen, ferner dreimal, und zwar barfuß (wie es damals üblich war) auf den Gehilfensberg (einen Wall-
fahrtsort) zu wallfahrten, vor dem Muttergottesbild neun
Kerzen brennen zu lassen und für sie zu beichten und
zu kommunizieren. Den anderen Tag steht diese Magd
nebst dem Knecht und einer Taglöhnerin früh um 1
Uhr auf und knüpfen in der Scheune Strohseile. Da
erscheint der Geist wieder in derselben Gestalt, nämlich wie sie in der Welt gelebt hatte, „fahl" und mit
einem weißen Läppchen um den Kopf, winkt ihr, mit
in den Garten zu gehen und fragt sie, ob sie das alles
tun wolle, um was sie gebeten habe, worauf die Magd
antwortet, sie wolle es gern tun, wenn sie nur dadurch

erlöst werde. Darauf fällt sie in eine anderthalbstündige Ohnmacht.

Alles wurde dann nach dem Willen des Geistes besorgt, wobei die Magd mehrmals den Geist in der Kirche sah, so z. B. als die konsekrierte Hostie in die Höhe gehalten wurde, lächelnd, als wenn sie Linderung empfände. Das letztemal erschien ihr die Verstorbene, nachdem alles erfüllt war, in der Kirche, als ein aniversarium für einen anderen Verstorbenen gehalten wurde, und zwar schneeweiß, wie in Leinwand gekleidet und hatte eine schöne Krone auf dem Haupte. Sie sagte, sie sei nun erlöst und fahre gen Himmel auf, und diese Krone habe ihr ihr Schutzengel gebracht, der bei ihr sei (welchen aber die Seilerin nicht sehen konnte). Sie solle ihre Schürze hinreichen, damit sie ihr das Wahrzeichen, nicht für sie, aber für andere, welche es nicht glauben wollten, einpräge. Die Seilerin hob die Schürze auf und hielt ihr den unteren Teil ihres oberen Rockes hin, worauf ein großes Loch nebst mehreren kleinen, runden Löchern mit goldgelben Rändern in den Rock gebrannt wurden.

Elisabetha Seiler ist 24 Jahre alt, von starker Konstitution, an Leib und Seele gesund, nicht nervenschwach oder furchtsam, ihrem Charakter nach munter und redlich, und niemand, der sie kennt, hält sie eines Betruges für fähig, obgleich man keine Heilige aus ihr machen will. Auch die verstorbene Tante, die ihr erschienen war, hatte ein gutes Lob, in der letzten Krankheit aber entfiel ihr die Sprache und sie starb, ohne beichten zu können.

Ein Betrug, so schließt der achtungswerte Mann, der mir diesen Bericht mitteilte, kommt durchaus nicht in Frage, ja die Möglichkeit desselben läßt sich nicht ein-

mal denken. Seilerin will es mit einem Eide bekräftigen,
daß, als sie sich vor der Kirche anzog, ja in dem Augenblick, als sie in der Kirche die Schürze aufhob, ihr Rock
noch ganz war. Das letzte haben zwei Mädchen von 12
und 13 Jahren in der Kirche gesehen, das erste bestätigt
der Bauer, bei dem sie dient."

In einer Fußnote bemerkt Gerber noch dazu:

„Ich weiß nicht, ob ich mir den Fall denken soll, daß
jemand auf den Gedanken kommen könnte, diese Geschichte sei bloß von katholischen Geistlichen erfunden
und eine mit der Magd durchgeführte Komödie, um den
Glauben an das Fegfeuer, die Kraft der Seelenmessen
usw. zu bekräftigen und dem Unglauben der Zeiten ent-
gegenzuwirken. Mag es eine Zeit gegeben haben, wo man
sich nicht gescheut hätte, diese Gemeinheit vorzutragen,
heutzutage hoffe ich von dem besseren Geist unserer
Zeiten, daß sich niemand finden wird, welcher es wagen wird, ehrenhafte Männer auf eine so unwürdige
Weise zu verdächtigen. Überall an Schlechtigkeit denken, ist doch gar zu schlecht! Wie hätten es Geistliche
wagen können, mit einer Magd diesen Betrug zu spielen,
von welchem so wenig Erfolg zu hoffen war!" –

An einer anderen Stelle sagt dieser so vornehm denkende protestantische Geistliche: „So hätten wir denn
nun *fünf* Fälle, wo jedesmal ein Betrug vorausgesetzt
werden muß (wie es die Gegner tun), obgleich nicht nur
in keinem Fall ein Beweis dafür vorhanden ist, sondern
alle Wahrscheinlichkeit dagegen streitet, und weder ein
Zweck noch ein Nutzen eines Betruges nachgewiesen
werden kann, sondern zum Teil auch die feierlichsten
Versicherungen gegeben werden, daß alles reine Wahrheit sei. Also Betrug und nichts als Betrug, das ist das
einzige Mittel, dem Glauben an Geistererscheinungen

zu entgehen; ich habe nichts dagegen, wenn jemand der Aufklärung zu lieb immer und überall Betrug wittern will, aber ich werde ewig wiederholen, daß ich lieber an Geister glauben will, als überall Betrüger zu sehen!" [104])

In seiner 9. Sammlung der „Blätter aus Prevorst" hat Kerner noch einen Fall angeführt, in dem ein Verstorbener erschien und der sich dann auf folgende Weise verabschiedete:

„Da das Mädchen, dem der Geist oft erschienen war und für welchen es auf Verlangen drei Vaterunser gebetet hatte, mit diesem Gebet fertig war, bot ihr das Gespenst die Hand; das Mädchen wollte ihm auch die Hand reichen, ward aber von dem Gespenst gewarnt und vermahnt, es sollte ihm nur ein Tüchlein geben. Das Mägdlein fand in ihrem Sack einen sogenannten Schleiser, wie ihn die Bauernmädchen um den Kopf tragen und schlug diesen um des Gespenstes Hand, welcher alsbald auch, soweit die gespenstische Hand ihn berührte, *verbrannte*. Das Übrige behielt sie und dieses ward von den Eltern dem evangelischen Pfarrer des Ortes zugestellt, der es bisher noch aufbehalten als eine abenteuerliche Sache. Am Ende solches Überbleibsels (des Abdruckes) sieht man den Brand ganz zugespitzt, wie eine ausgestreckte Hand. Seitdem hat die Krankheit des Mädchens (wie es der Geist vorhergesagt hatte) aufgehört und besagter Geistlicher diesen Verlauf an den hochfürstlichen Hof berichtet."

Es hat sich also auch in diesem Falle um ein protestantisches Mädchen gehandelt, was, wie im Falle des Mädchens von Orlach außerordentlich bemerkenswert ist, weil doch Protestanten nicht die allergeringste Veranlassung hätten, einen solchen Betrug zu inszenieren.

Durch solche Fälle aber gewinnen die Berichte von katholischer Seite über derartige Vorkommnisse, insbesondere über solche Brandeindrücke, naturgemäß an Wert!

Man kann hinsichtlich der Fälle, in denen es sich um eingebrannte Handabdrücke etc. handelt, gewiß mit gutem Recht die Frage aufwerfen, weshalb denn nicht in unseren Tagen, also im 20. Jahrhundert, solche Fälle zu verzeichnen seien. Dem ist aber durchaus nicht so, denn auch heute werden solche Fälle berichtet. Sie gelangen nur selten zur Kenntnis der Öffentlichkeit. So habe ich in meinem Buche „Neuere Mystik" [105]) einen gut bezeugten Fall einer eingebrannten Hand mitgeteilt, der sich im Jahre 1922 in China in einer katholischen Chinesenfamilie zugetragen hat. Auch in meinem Buch „Spuk" etc. habe ich einen ähnlichen Fall aus dem Jahre 1925 veröffentlicht.

Im übrigen komme ich noch eingehender auf dieses Phänomen zurück.

Nicht weniger eindrucksvoll ist auch der nachfolgende Fall, der mir von geistlicher Seite übermittelt worden ist. Der Bericht selbst stammt von einer Krankenschwester, die das Erlebnis hatte.

„Es war in der Nacht (von Freitag) auf Samstag, dem 18. August 1934 zwischen 12 und 1 Uhr. Es war ungefähr viertel 1 Uhr, da hörte ich ein weinerliches, seufzendes Stöhnen und Jammern und Wehklagen, wie wenn jemand ein Unglück zugestoßen wäre. Da es in der Nacht stark geregnet hatte und es sehr dunkel war, meinte ich, es sei jemand in den Garten hineingegangen (der Fall ereignete sich in B. in Württemberg), um die Schwester Oberin H. zu einem Kranken zu holen, und sei dann auf den nassen Steinen ausgerutscht und gefallen, so daß er nicht mehr allein aufstehen könnte.

Um mir hierüber Gewißheit zu verschaffen, schaute ich zum Fenster hinaus. Das Stöhnen, Jammern und Wehklagen kam von einem Zimmer her. Ich horchte, schaute umher, bemerkte aber weiter nichts mehr. Nun begab ich mich wieder zur Ruhe. Aber nach einer Weile begann das Wehklagen wieder, nur noch stärker als zuvor. Ich dachte: Es wird sich doch niemand im Zimmer versteckt haben. An eine arme Seele dachte ich nicht. Ich faßte dann Mut und sagte halblaut vor mich hin: „Was ist aber auch? Was ist denn da?" Da hörte ich eine Stimme: „O Schwester, helfen Sie mir! Seien Sie doch so gut!" Nun fragte ich: „Ja, was ist denn?" Antwort: „O, ich muß so arg leiden!" Da fragte ich weiter: „Was und wo müssen Sie leiden?" – Antwort: „In der Ewigkeit... Beim lieben Gott ist alles anders!" – Mein Gedanke war: Was denn in der Ewigkeit leiden? – Aber kaum gedacht, erhielt ich schon darauf die Antwort: „Ja, schon so lange bin ich ganz vergessen und verlassen, und niemand denkt mehr an mich! O beten Sie doch auch für mich!" – Ich fragte: „Für wen soll ich denn beten? Wer sind Sie oder wie heißen Sie?" – Die Antwort lautete: *„Schmid"*. Nun dachte ich an die in Gmünd verstorbene Frau Oberlehrer Schmid und sagte: „Was, Frau Schmid?" – Antwort: „O nein, Sie kennen mich nicht! Das kann nicht sein. Sie sind ja nur vorübergehend hier." – Ich dachte: Aber die zwei anderen Schwestern kennen gewiß die Erschienene. Aber gleich erhielt ich die Antwort: „O nein, auch diese kennen mich nicht! Die eine ist sieben Jahre hier und die andere noch nicht vier Jahre – und zwanzig Jahre ist eine lange, schwere Zeit! Ich kann es beweisen: *Wenn Sie auf dem Friedhof in der Mitte beim Kreuz vorbei den Weg hinaufgehen, sehen Sie rechts vom Krieger-*

denkmal ein weißes Kreuz. Da steht mein Name und die Jahreszahl darauf!" – – –

Nun überfiel mich eine solche Angst, daß ich nicht wagte, weiter zu sprechen. Da stöhnte und jammerte es wieder. Dann sprach die Stimme im Flüsterton: „O Schwester, Sie brauchen keine Angst zu haben, ich tue Ihnen nichts, ich suche ja nur Hilfe! O helfen Sie mir doch und beten Sie für mich!" – – Nach einigem Nachdenken sagte ich zaghaft: „Ja, ich will beten und sage es noch anderen, damit sie auch beten und helfen. Aber einige Bitten habe ich auch: Wenn Sie zum lieben Gott kommen, dann erbitten Sie mir die Erfüllung derselben, besonders, daß wir als Schwestern sterben dürfen..." – Als Antwort bekam ich ein doppeltes: „Ja, Ja!" – Aber in einem Ton, der mir den Gedanken nahelegte: Ob ich auf die Erfüllung dieser Bitten rechnen kann? – Ich begann sogleich zu beten: „Aus der Tiefe rufe ich zu Dir..." (Ps. 129), mehrere Vaterunser und Stoßgebete.

Was ich während des Gesprächs bemerkte, war nur ein heller Schein an der Wand. Als die Stimme sagte: „Sie brauchen keine Angst zu haben – " schaute ich nach der Richtung, woher die Stimme kam und nahm wahr, daß der Lichtschein verschwunden war und daß etwas näher bei mir ein beweglicher, hellgrauer Schatten sich zeigte. Das Kommen und Gehen oder besser gesagt, das Verschwinden habe ich nicht gesehen, auch nichts Körperliches oder Formartiges. Als die Stimme verstummt war, hörte ich ein Geräusch, wie wenn man Pergamentpapier zusammenknittert. Geraume Zeit nachher hatte es auf der Kirchenuhr 1 Uhr geschlagen. In jenem Zimmer war es auch vor dieser Nacht immer etwas unruhig, aber Jammern und Klagen hörte ich nie vorher.

Als ich am andern Tage auf den Kirchhof ging, um das Grab nach den Angaben der armen Seele zu suchen, lief mir ein Schauer über den Körper, da alles genau stimmte, wie die Seele gesagt hatte:

Am Kreuz, das sich über einem Grabe befand – es ist ein weißes Kreuz – hing ein Perlkranz. Darunter stand der Name: Elisabeth Schmid. 1914. Daß es ein achtjähriges Kind war, habe ich erst nachher erfahren...

In der Nacht zum 30. Oktober zeigte sich mir ein lichtes, fröhlich lächelndes Gesicht und ich sprach so vor mich hin: „Es wird doch nicht wieder das Kind sein. Jetzt wird es doch wohl erlöst sein, wo soviel für dasselbe gebetet wird." – Da verwandelten sich die lächelnden Züge in traurige und sogleich verschwand das Bild. Es war 12 Uhr nachts.

Seitdem bete und opfere ich noch immer weiter für diese Seele. – Schwester *Aderita* (Barmherzige Schwester vom hl. Vinzenz von Paul in U. Wttbg.)"

Der Geistliche, Pfarrer B. in P., der mir diesen Bericht übermittelte und der ihn von jener Schwester erhalten, die er eingehend darüber vernommen hat, fügte noch folgende Ergänzungen hinzu.

„Die Schwester ist als eine vollständig zuverlässige Person von scharfer Beobachtungsgabe, von tiefer Frömmigkeit und ungeteilter Hingabe an ihren Beruf in der Betreuung der Kinder und Kranken bekannt. Das Zimmer, in dem die Erscheinung stattfand, gehörte früher zu dem Schulzimmer, in welchem das Kind Elisabeth Schmid zur Schule ging. Die Mutter des Kindes lebt noch, der Vater ist im letzten Krieg gefallen. Eine Schwester des Kindes starb voriges Jahr, sie führte von

1934 an (seit der Erscheinung) ein tief religiöses Leben und war fest überzeugt von der Tatsächlichkeit der Erscheinung. – Die Schwester Aderite war nur einige Wochen zur Aushilfe in B. und *war vor dem 18. August 1934 noch nie auf dem Kirchhof. Erst, da sie das angegebene Grab suchen wollte, fand sie das Grab genau nach den Angaben. Elisabeth Schmid starb acht Jahre alt 1914,* jedenfalls ohne priesterlichen Beistand, also auch ohne Beichte, Kommunion und hl. Ölung. Damals – es war unter meinem Vorgänger – kümmerten sich die Seelsorger noch wenig um schwerkranke Kinder im Alter von acht Jahren. Die Mutter sagte, daß sie nie für die Seele des Kindes gebetet habe, da sie glaubte, es sei sogleich in den Himmel gekommen."

Dieser Fall wird katholische Leser und auch gläubige protestantische Christen zweifellos überraschen. Man wird sich fragen: soll man glauben, daß ein achtjähriges Kind im Jenseits schon so schwer gestraft wird, daß es nach zwanzig Jahren noch leiden muß? Diese Frage ist gewiß berechtigt – aber man muß sich schon wohl oder übel an die Tatsachen halten. Denn um solche handelt es sich zweifellos. Und wenn dem so ist – so wird man als gläubiger Christ eben daraus die Folgerungen ziehen müssen... wobei freilich auch zu bedenken wäre, daß die geistige und moralische Entwicklung der Kinder sehr verschieden ist. Und es könnte sich gerade in diesem Falle um ein sehr frühreifes Mädchen gehandelt haben.

Was aber den Forscher auf okkultem Gebiet angeht, so wird diesen in dem vorliegenden Bericht vor allem der erwähnte Umstand interessieren, daß die Ordensschwester nach dem Gespräch mit der abgeschiedenen Seele ein Geräusch gehört haben will, das sich anhörte wie das Knistern von Pergamentpapier. Damit ist für ihn der Beweis geliefert, daß die Schwester die Wahrheit gesagt hat und keiner Täuschung zum Opfer gefallen ist, denn das Knittern von Papier bzw. dieses scheinbare eigentümliche Geräusch ist ein bekanntes, typisches Merkmal echten Spuks!

Von demselben Geistlichen wurde mir ein weiterer Bericht übermittelt, der einen anderen Fall in der Gegend von Ehingen bei Ulm betrifft. Auch dieser Bericht beruht auf direkten Angaben der Beteiligten, zweier Schwestern (keiner Ordensschwestern).

Danach erschien eine Verstorbene (Barbara) ihren beiden Töchtern, die räumlich von einander getrennt wohnen. Die Mutter kam tags und nachts. Einmal begleitete sie die eine Tochter auf dem Wege in die Kirche. In der Frühe weckte sie ihre Tochter durch Klopfen an der Tür und rief mehrmals: „Mach doch auf!" Sie nannte die Tochter auch beim Namen. Unter heftigem Kettengeklirr ist sie dann wieder gegangen. Daraufhin bestellte diese Tochter für 300 Mk. hl. Messen. „Das ist doch ein Beweis", heißt es in dem Bericht, daß es der Tochter nicht darum zu tun war, sich gewissermaßen zu rühmen oder interessant zu machen. – Die Verstorbene galt als eine geizige, lieblose Person, die auch kein gutes Eheleben gehabt habe. Doch seien die beiden Töchter brav und sehr christlich. Die eine ist verheiratet. Die Mutter starb vor eineinhalb Jahren (1939) an einem Schlaganfall, ohne zu Bewußtsein zu kommen. Zwei Monate nach ihrem Tode waren ihre Erscheinungen so arg, daß die eine Tochter – die unverheiratete – es nicht mehr aushielt und sich einer Krankenschwester anvertraute. Sie könne es nicht mehr allein tragen. Ihre Mutter würde täglich kommen, am hellen Tage und bei Nacht. Sie sitze oft in der Küche ganz traurig auf dem Stuhl, gehe im Garten umher usw. Auch zu ihrer Schwester, die auf einem Hof bei D. verheiratet ist und wo sie oft im Leben war, komme sie oft. Auch diese habe sie einmal vom Hof bis zur Kirche begleitet, ohne ein Wort zu sagen. Ein andermal habe die Verstorbene verlangt, die Töchter sollten jetzt hl. Messen für sie lesen lassen, denn bald komme die Zeit, wo keine mehr gelesen werden könnten. Nachdem die bestellten Messen gelesen worden, sei die Verstorbene nicht mehr erschienen. Die Erscheinung sei oft so beängstigend gewesen, daß die Tochter meinte, ihre Mutter sei wohl verloren. Ich habe sie trösten und ihr sagen lassen, das Kettengeklirr sei schon oft bei armen Seelen gehört worden."

Soweit der kurze Bericht. Trotz dieser Kürze trägt er Merkmale der Wahrscheinlichkeit an sich. Interessant ist hier die Angabe der Verstorbenen, daß bald keine hl. Messen mehr gelesen werden könnten. Schon im folgenden Jahre (1940) war es bereits vielfach so, daß infolge des Krieges, der vielen eingezogenen Geistlichen, der Schließung von Kirchen usw. Messen in besonderen Anliegen, also auch Privatmessen für Abgestorbene, von den Pfarrämtern kaum noch angenommen wurden!

Das gehörte Kettengeklirr ist doch wohl nicht so häufig, wie der Einsender meint. Doch sind hier ernste Befürchtungen hinsichtlich des Zustandes dieser Seele kaum begründet, da sie doch hl. Messen verlangt hat.

Pfarrer D. in G. bemerkt zu einigen von ihm mitgeteilten okkulten Erlebnissen:

„Jeder, der solche Dinge liest oder gar erlebt, muß sich die Frage stellen: Wer ist es oder was, mit dem ich es zu tun habe? So traumwandlerisch sich auch vieles ansieht, man hat doch den Eindruck, daß es sich um denkende Wesen handelt, die nicht mehr auf dieser Erde leben. Sie gehören anscheinend ganz verschiedenen Gruppen an. Sie haben oft ganz verschiedene Fähigkeiten sich zu äußern. Viele scheinen diese Fähigkeit nicht entwickeln zu können. Wer sind nun diese Wesen? Scheuen wir uns nicht, manche unserer volkstümlichen Vorstellungen richtigzustellen aus diesen Erfahrungen. – Man hat oft auf Grund dieser Erscheinungen den Eindruck, als ob der Mensch, wenn er ins Jenseits eintritt, es zunächst gar nicht wüßte, daß er sich „drüben" befindet, daß er von Gott so wenig merkt wie auf Erden und daß ihm das jenseitige Leben wie eine ganz gewöhnliche Fortsetzung des irdischen Lebens zu sein scheint. Es kommt dann anscheinend die Zeit, daß es doch in ihm dämmert, daß dieses neue Leben etwas anderes sein müsse, nicht mehr das irdische Leben. Er merkt, daß er von den ihn Umgebenden ignoriert wird und daß er sich mit ihnen nicht verständigen kann. Dagegen gelingt es einigen, sich bemerkbar zu machen. Schließlich begreift er, daß er zu denen gehört, die er einst die „Verstorbenen" nannte. Nun geht ihm das Verständnis für seine Lage auf. Er sucht Hilfe, sucht sich ebenfalls bemerkbar zu machen, was oft gelingt, oft auch nicht. Oft wird er von den Lebenden bemerkt durch Gehör oder Gesicht, öfter wird er übersehen oder überhört. Was mag er ausstehen, was mag er denken, was fühlen? Wohin geht sein Suchen und Streben? Es ist die Fortsetzung des irdischen Strebens und Sinnens. War sein Sinnen mehr auf Gott gerichtet, so wird er leichter die Möglichkeit haben, sich zum „Licht", wie es oft heißt, durchringen zu können und sich auch leichter der Hilfe wegen bemerkbar machen zu können.

Vergleicht man die Arten der sich äußernden Wesen, so gewinnt man bald den Eindruck, daß es teilweise solche sind, deren Zustand sich allmählich bessert, oft recht schnell wie z. B. nach Gebet usw. für den Verstorbenen."

Diese Erwägungen hat der Berichterstatter nicht auf Grund eigener Erfahrungen, denn diese waren ganz bescheiden, sondern wohl beeinflußt durch einschlägige Literatur angestellt. Man kann solche Betrachtungen noch weiter fortsetzen. Z. B. auch nach der Richtung, daß in manchen Fällen solcher Spukerscheinungen auch Gebete usw. keine Wirkung erkennen lassen. Vielleicht nur scheinbar. Jedenfalls geben diese Phänomene in mehr als einer Hinsicht unlösbare Rätsel auf.

Regierungsrat V. in K. teilt mir ¡mit:

„In der früheren Mühle eines meiner Verwandten in Gnesen ereignete sich vor dem letzten Weltkriege ein merkwürdiger Spukfall. Dem Müller namens T. hatte meine Tante Geld geliehen. Sie gab es ihm mit der Erklärung, er würde im Grabe keine Ruhe finden, wenn er sie um das Geld brächte. Als es mit ihm zum Sterben kam — er wurde vom Schlage getroffen und verlor das Sprachvermögen — machte er seiner Frau gegenüber verzweifelt die Bewegung des Geldzählens, worauf sie zu ihm sagte, er solle beruhigt sein, sie würde das geliehene Geld zurückzahlen, was sie aber nicht tat. Kaum war der Müller gestorben, ging es in der Mühle um. Der Spuk äußerte sich zunächst in unerklärlichen Geräuschen. Dann wurde aber der Verstorbene auch gesehen, und zwar von meinem verstorbenen Onkel Karl W. und einem Lehrer. Die Frau des Müllers wurde wahnsinnig und redete in diesem Wahn: „Geh fort, Mann, woher du gekommen bist, ich will ja W. das

Geld geben!" (also muß ihr der Verstorbene oft erschienen sein!) Meine Verwandten haben später die Mühle veräußert, weil ihnen die Vorgänge unheimlich wurden. Meine Tante, die mir den Fall erzählte, setzte hinzu, sie würde nie mehr so gedankenlos zu einem Menschen sagen, er solle im Grabe keine Ruhe finden..."

Von einer Dame, die stark hellsichtig veranlagt ist und ein sehr religiöses Innenleben führt, wird mir folgendes berichtet:

„Es war im Winter 1932/33. Frau K., die betreffende Dame, weilte mit dem bekannten Kaplan Fahsel und anderen Personen seiner Begleitung in Bad S. Sie übernachteten in einem Hotel. Nachts wachte Frau K. auf und sah einen Mann zur Tür hereinkommen, der mit schweren Schritten im Zimmer herumlief. Sie rief ihn an: „Wie kommen Sie hier herein? Dies Zimmer habe ich gemietet, verlassen Sie es sofort!" Der Mann wurde wie zornig, rüttelte sogar an ihrer Bettstatt und war nicht fortzubringen. Sie glaubte, es sei ein Einbrecher und sagte zu ihm, er solle alles nehmen, aber fortgehen. Sie sah nun auch eine schwarz verschleierte Frau an der Seite ihres Bettes stehen, und sie fürchtete sich sehr. Der Mann kniete sich auf einmal vor ihr Bett, da sah sie sein Gesicht wie mit einem Pelz überzogen. Er machte den Mund weit auf, da kam es wie ein Feuerstrahl heraus und mit anscheinend größter Mühe brachte er langsam die Worte hervor: „Arme Seele". Frau K. wußte nun, daß es eine arme Seele sei, und entsetzt und weinend erwartete sie die Morgendämmerung. Wie sie dann nach dem Aufstehen Kaplan Fahsel und die anderen Personen sprach, riefen alle erstaunt: „Wie sehen Sie denn aus, Sie sind ja wie eine Tote." Sie erzählte ihr

Erlebnis, und man ließ die Hoteliersfrau kommen. Kaplan F. fragte sie, ob sich in diesem Haus jemand umgebracht habe. Die Frau wollte nicht mit der Sprache heraus, aber endlich gestand sie, daß *vor vier Jahren sich in ihrem Hotel ein Ehepaar eingemietet* und große Zechen gemacht habe. Die Rechnungen aber wurden nicht bezahlt. Als man auf Bezahlung drängte, hieß es, er, der Gast, würde von seiner Bank Geld anfordern. Die Hotelwirtin telefonierte an die betreffende Bank und erfuhr, daß der Betreffende gar kein Konto dort hatte. Er leugnete, ging auf sein Zimmer, *erschoß die Frau und sich.* Das hatte sich in dem Zimmer, in dem Frau K. wohnte, zugetragen.

Auf eine Frage bestätigte mir Frau K. die vorstehenden Angaben und fügte hinzu, daß nach den Mitteilungen des Sohnes jener Hoteliersfrau ihr Hotel schon seit jenem Vorfall sehr schlecht gehe, weil die Leute, die sich dort zur Kur auf vier Wochen eingeschrieben hätten, wegen des „Umgehens" schon am dritten Tage wieder ausrückten. – Es sei eine abscheuliche, furchtbare Sache gewesen, die sie dort erlebt habe. – Übrigens sind dieser Dame auch sonst schon Verstorbene erschienen, die sie um ihre Fürbitte gebeten haben.

Von einem Theologieprofessor B. wird mir auf Anfrage geschrieben:

„Nachdem ich nunmehr einen Besuch bei der in Frage stehenden Person (einer Begnadigten) in G. gemacht habe, will ich Ihnen folgendes mitteilen:

Die Erscheinungen der armen Seelen hat die Betreffende schon seit längerer Zeit, und sie haben bis heute nicht aufgehört. Sie stellten sich besonders beim Kommunionempfang ein, um Gnadenhilfe zu erflehen. Von einer besonderen Kennzeichnung einzelner Erscheinungen darf ich hier absehen, sie sind so zahlreich, daß sie geradezu alltäglich genannt werden können, d. h. also buchstäblich bei Tage und bei Nacht. Das Aussehen ist je nachdem, dunkler oder lichter, wie aussätzig und geschwürig oder gesunder und frisch. Für gewöhnlich nennt ein Sprecher die Anliegen und Namen auch der anderen. Die zu Lebzeiten Bekannten sind auch in dieser Erscheinung kenntlich. Ich selbst habe schon durch Probefragen festzustellen gesucht, inwieweit Charakterisierungen von solchen Persönlichkeiten zutreffen, und war erstaunt, wie scharf und präzise von Menschen, die sie zu ihren Lebzeiten nie gekannt und gesehen hatte, die Anliegen um entsprechende Hilfe von ihr gekennzeichnet wurden. So steht für mich die Sache als durchaus glaubwürdig da... Bei dem von Ihnen erwähnten einzelnen Fall, der etwa in das Jahr 1916 zurückreicht, handelt es sich um die Angabe der Begnadigten, daß der Ehemann einer Arztfrau sich im Fegfeuer befinde. Die Ehefrau hatte das so schwer genommen, daß sie in eine Nervenheilanstalt gebracht werden mußte. Darauf griff die kirchliche Behörde ein und verbot, Auskünfte auf solche Anfragen zu geben. Natürlich verteidigte sich die Begnadigte, und zwar durchaus glaubwürdig und psychologisch, daß nämlich der Geisteszustand der betr. Ehefrau schon vorher zerrüttet war (ihr Mann war durch einen Stoß seitens seiner Frau zu Boden gestürzt, war dann im Verlauf der Verletzung an innerer Verblutung gestorben) und daß eben zum Trost der Frau die Auskunft des Verstorbenen lautete, man solle ihr mitteilen, sie sei nicht schuld am Tode ihres Mannes. – Dabei wurden auch zwei Tüchlein an die kirchliche Behörde Freiburg i. Br. eingesandt, auf denen die Eindrücke von eingebrannten Händen erfolgt waren, aber von anderen

Erscheinungen, die schon viel früher lagen. Die Namen dieser Erscheinungen sind in den pfarramtlichen Akten genannt, die ich eingesehen habe. – Der Ausspruch der Begnadigten ist im übrigen der: Alles neugierige Fragen wollen die armen Seelen nicht, sie wollen Hilfe. Und in dieser Hinsicht meint sie auch, alles, was man für sie tue und opfere, helfe uns in allen unseren Anliegen, und immer wieder betont sie dann: Die armen Seelen helfen und können helfen, wenn man auch ihnen hilft."

Herr L. O., Finanzmann, der die Betreffende, M. Sch., gut gekannt und sie öfter besucht hat, berichtet mir u.a.:

„Zwei Monate vor ihrem Tode (sie starb Karfreitag 1949) hörten ich und meine Frau abends 9 Uhr ein auffallendes Klopfen in unserer Wohnung, während das Radio spielte. Ich sagte zu meiner Frau: Das ist doch etwas zu stark, wenn man wegen dem Radio schon um 9 Uhr abends klopft. Man hat doch das Recht bis um 10 Uhr zu musizieren." Wir fragten am anderen Tage unsere Nachbarn, mit denen das beste Einvernehmen besteht, ob das Klopfen von ihnen kam. Das wurde entschieden verneint. Auch hörten wir in der folgenden Zeit noch häufig solches Klopfen und anderen Lärm. So vernahmen wir eines Abends, als wir schon zu Bett waren, ein starkes Geräusch in der Küche, wie wenn eine Aluminiumpfanne zu Boden gefallen wäre. Wir standen auf und gingen in die Küche, aber wir waren sprachlos, denn es war gar nichts passiert. Einige Wochen später erhielten wir von M. Sch. einen Brief, in dem sie schrieb: *„Hat es nicht bei Ihnen an der Wand oder am Fenster geklopft? Ich habe es den armen Seelen aufgegeben..."* (Sie wohnte in Baden, das Ehepaar O. in der Schweiz.) Dieses Klopfen dauerte etwa vom

20. Februar bis Anfang Juni 49, also auch nach ihrem Tode noch an."

In einem Tagebuch das M. F. de X., Besitzer eines Schlosses im Departement Calvados (Frankreich), aus dem Jahre 1875 finden sich u. a. folgende Einzelheiten eines sehr umfangreichen und vielgestaltigen Spuks verzeichnet.

„Am 10. November um 1,20 Uhr klinkt man die Tür des grünen Zimmers auf und es erfolgten Schläge. In diesem Augenblick hören wir alle einen Schrei, wie den gezogenen Ton eines Signalhorns...

Es scheint mir von draußen zu kommen. Kurz darauf hören alle drei schrille Schreie; sie kommen von außen, nähern sich aber sehr deutlich dem Hause.

Um 1.30 Uhr ein dumpfer Schlag im zweiten Stockwerk; noch ein sehr langer Schrei, dann ein zweiter, wie von einer Frau, die draußen ruft. Um 1.45 Uhr hören wir plötzlich drei oder vier laute Schreie auf dem Vorplatz, dann auf der Treppe. (Vergebliche genaue Untersuchung.) Um 3.20 Uhr hört man eine Galoppade im Flurgang. Wir hören zwei schwächere Schreie, aber doch im Hause.

Freitag, der 12. November. – Um Mitternacht steht alles auf. Man hört Schreie im Keller, dann im Innern des grünen Zimmers, dann das Schluchzen und die Schreie einer Frau, die furchtbar leidet.

Sonnabend, der 13. November (nachts). – Ein Viertel nach 12 Uhr zwei sehr laute Schreie auf dem Treppenabsatz; das sind nicht mehr die einer weinenden Frau, vielmehr *schrille, wütende, fluchende, verzweifelte Schreie* von Verdammten oder Höllengeistern...

Nacht vom 25./26. Januar, 1.30 Uhr... In diesem Augenblick hört man etwas wie Rindergebrüll, dann anderes, unmenschliches, wütendes Gebrüll im Flurgang... Während alle aufstehen, hört man noch zweimal Brüllen und einen Schrei." [106])

Einer brieflichen Mitteilung der Mrs. Napier an J. A. Hill, im August 1906 entnimmt *Mattiesen* den nachfolgenden Bericht:

„Ich war nach einem Diner in Gesellschaft sehr müde zu Bett gegangen. Kurz vor dem Einschlafen begann ich das elektrische Kribbeln zu fühlen, welches stets bei meinen Visionen vorausgeht. Ich wehrte mich dagegen mit aller Gewalt, mußte aber nachgeben, wiewohl entschlossen, wenn möglich nichts zu sehen oder zu hören. Es erwies sich aber bald, daß ich es nicht verhindern konnte; denn neben mir hörte ich eine *angstgequälte* *Stimme*: „Mabel, Mabel, um Gottes willen, bete für mich!"

Ich schämte mich, meine Antwort niederzuschreiben, und kann als mildernden Umstand nur meine Müdigkeit geltend machen.

Ich sagte: „Bete für dich selbst, wie ich es auch tue! Ich bitte niemanden, für mich zu beten!"

Dann war mir, als kniete jemand neben meinem Bett und beugte das Haupt auf die Decke nieder. Ich blickte hin und sah einen Kopf, der mir einigermaßen bekannt vorkam, obschon die Stimme keinerlei Erinnerungen wachgerufen hatte. Daher sagte ich:

„Erhebe dein Gesicht, damit ich dich sehen kann! Du nennst mich beim Namen — aber wie heißt d u denn?"

Die Gestalt hob sofort ihren Kopf empor, und ich erkannte in ihr einen Freund aus meiner Mädchenzeit, namens Anthony Grace. Erweicht von dem Ausdruck des Schmerzes in seinem Gesicht, veränderte ich sofort meinen Ton.

„Anthony, ich möchte von Herzen dir helfen," sprach ich, „nur sag mir, wie!"

„*Bete für mich, bete für mich!*", war die Antwort. „*Ich bin gestorben, kannst du nicht sehen, daß ich gestorben bin?*"

„Nein", erwiderte ich, „du siehst nicht wie ein Toter aus."

(Das war Tatsache.)

Ich versprach, seinen Wunsch zu erfüllen, und der Schmerz in seinem Gesicht ließ nach, als er mir dankte. Er sagte etwas von der Mühe, die er gehabt, mich zu finden und versprach auf meine Bitte, es wiederum zu versuchen. Aber ich habe seitdem nichts mehr von ihm gehört und gesehen." [107]

Verstorbene, die erschienen sind, haben schon mehr denn einmal die erstaunte Frage ausgesprochen, ob man denn nicht sehe, daß sie gestorben seien bzw. ob man sie denn überhaupt nicht sehe. Tatsächlich sehen ja nur ganz sensitive Menschen solche Erscheinungen. Und so kann es eben vorkommen, was oft genug der Fall ist, daß von mehreren gleichzeitig anwesenden Personen nur einige oder gar eine einzige eine solche Erscheinung sehen oder sonstwie wahrnehmen.

Zwei bemerkenswerte selbst erlebte Spukfälle berichtet Ernst *Kallmeyer* in seiner Schrift „Leben unsere Toten?" [108]

„Mit meiner Familie hatte ich einmal in einem Gebirgsort ein Sommerhaus gemietet, das noch die nahezu unveränderte Einrichtung enthielt eines bereits vor längerer Zeit verstorbenen höheren Beamten, der seine letzten Lebensjahre in diesen Räumen einsiedlerisch verbrachte.

Weshalb die erwachsenen Kinder des Verstorbenen das leerstehende Sommerhaus nicht selbst als Ferienaufenthalt benutzten, wußten wir weder, noch fragten wir danach. Doch nur zu bald sollten wir es erfahren.

Schon in einer der ersten Nächte, nachdem wir uns in dem einsam, aber idyllisch am Rande eines Hochwaldes gelegenen Hause eingerichtet hatten, mußten wir feststellen, daß wir es zumindest nachts nicht allein bewohnten, und daß insbesondere das Arbeitszimmer des Verstorbenen, in dem sich noch dessen umfangreiche Bücherei befand nebst alten Familienbildern und persönlichen Erinnerungsstücken, Besuch erhielt. Türen wurden geöffnet und geschlossen, und auf den Stufen der Treppe vermeinte man schlurfende Schritte zu vernehmen.

Alle Familienmitglieder hatten die gleichen Eindrücke erhalten, und mein älterer Sohn weigerte sich fernerhin, mit seinem kleinen Bruder allein zu schlafen, da er gesehen hätte, wie sich ein alter Mann über das Bett des Kleinen gebeugt und diesen längere Zeit betrachtet habe. Wir besprachen die seltsame Angelegenheit mit einem uns nahestehenden Bewohner des Ortes, der unseren Bericht verständnisvoll lächelnd anhörte. Er äußerte sich dahin, daß er nur darauf gewartet habe, derartiges von uns zu hören. Das Haus sei bekannt als Spukhaus, er hätte sich nur nicht in eine Angelegenheit mischen wollen, die ihn im Grunde nichts angehe. Jedenfalls wüßten ja auch die Erben, weshalb sie das Haus mieden.

Nachdem wir uns mit der Tatsache abgefunden hatten, nicht Alleinbewohner des uns im übrigen so angenehmen Hauses zu sein, haben wir den Alten ruhig sein nächtliches Wesen treiben lassen, der sich gewiß auch an unser Dortsein gewöhnte und niemand weiter erschreckte.

In diesem Falle hatte es sich um einen Menschen gehandelt, der zu Lebzeiten außerordentlich ehrenwert als stiller Gelehrter seine Tage verbrachte und gewiß niemals gegen irgend einen seiner Mitmenschen einen bösen Gedanken hegte. Ganz anders war der Fall gelagert, an dem ich viele Jahre später mittelbar beteiligt war und in den ich laufend Einblick erhielt, während er sich abspielte.

In einem Ort nahe der Schweizer Grenze bewohnte den unteren Stock eines am Rheinufer gelegenen Hauses eine einzelne Dame, während das mittlere Stockwerk von der Familie des Hausbesitzers benutzt wurde. Ich selbst wohnte im oberen Stock.

Weshalb der Hausbesitzer nicht den unteren Stock innehatte, was für ihn viel bequemer gewesen wäre, da sich in ihm auch die Werkstatt befand und ein kleiner Laden, war mir unverständlich. Auf eine gelegentliche Frage dieserhalb antwortete man mir mit einer ausweichenden Begründung.

Eines Tages vertraute mir die Dame des unteren Stockwerkes, die wir Frau L. nennen wollen, an, daß ihr die Räume, die sie innehabe, unheimlich seien. Es vergehe kaum eine Nacht, in der sie nicht aufgeschreckt würde durch seltsame Geräusche. Sie glaubte Stöhnen zu hören, auch vermeinte sie, festgestellt zu haben, daß Gegenstände im Raum irgendwie sinnlos verstellt oder vom Platz entfernt würden.

Ich versuchte Frau L. die Sache auszureden und schob ihre vermeintlichen Wahrnehmungen auf ihre Gemütsverfassung, die insbesondere unter eintretendem Föhn litt. Als sie aber nach einiger Zeit erklärte, daß die nächtlichen Störungen noch zugenommen hätten, ja, daß sie manchmal, *unter dem Griff eines Wesens,* das sie zu erwürgen suche, aus dem Schlaf aufschrecke, und daß sie keinesfalls wohnen bleiben könne, wenn dieser Zustand anhielte, riet ich ihr, sich doch mit dem Hausbesitzer-Ehepaar einmal offen auszusprechen.

Das geschah denn auch und ich war bei dieser Aussprache zugegen. Es ergab sich folgendes Bild:

Das noch jüngere Ehepaar hatte etwa vier Jahre zuvor das Haus von einem Manne erworben, der den unteren Stock bis zu seinem Tode bewohnte und der auch in diesen Räumen starb. Er hätte als Sonderling gegolten mit etwas dunkler Vergangenheit. Irgend etwas müsse wohl in seinem Vorleben nicht gestimmt haben, denn er habe der Kirche nicht unbedeutende Mittel geschenkt zwecks Errichtung einer großen Kapelle, gewiß um eine Tat zu sühnen, wie die Leute redeten.

An ihnen selbst habe der Verstorbene sehr schlecht gehandelt, und sie seien seit Jahren mit den Erben in einen Rechtsstreit verwickelt, der immer verworrener würde. Vor allem habe man ihnen die Mängel des Hauses verheimlicht, insbesondere, daß der Schwamm bereits große Teile des Balkenwerkes vernichtete.

Die sonst gutartigen Leute gerieten bei diesem Bericht in eine maßlose Erregung und gebrauchten heftige Verwünschungen gegenüber dem Toten, die aus ihrem Munde besonders hart wirkten, da sie im übrigen gute Katholiken waren.

Sie gaben weiterhin an, daß sie nach dem Tode des Betreffenden, der bald nach der Übernahme des Hauses erfolgt sei, die unteren Räume selbst bewohnten, weil diese ja für sie viel bequemer seien als das mittlere Stockwerk. Aber sie hätten es dort unten nicht ausgehalten. In den Räumen sei irgend etwas Unheimliches. Darum hätten sie unten immer vermietet, aber lange wäre niemand geblieben. Diese Schilderung endete schließlich mit erneuten Verwünschungen gegen den Toten.

Frau L. hatte den Bericht des jungen Ehepaares gleich mir mit lebhafter Aufmerksamkeit angehört. Nach kurzem Besinnen äußerte sie sich folgendermaßen:

„Daß auch ich in diesen Räumen nicht wohnen bleiben kann, wenn keine Änderung der Umstände eintritt, werden Sie gewiß verstehen. Aber das ist, wie mir scheint, zunächst das Unwichtigere. Wichtig erscheint mir vielmehr, daß der Verstorbene endlich seine Ruhe findet und Sie zu Ihrem Recht kommen. Tun vor allem Sie, was Sie von Ihrem Standpunkt aus als Katholiken tun müßten, hören Sie auf mit diesen entsetzlichen Verwünschungen."

So etwa redete Frau L. den beiden Leuten noch weiter ins Gewissen, bis diese derart erschüttert waren, daß sie unter Tränen Besserung gelobten und schließlich sogar versprachen, Messen lesen zu lassen für die Seelenruhe des Verstorbenen.

Und das Ergebnis?

Frau L. konnte in den Räumen verbleiben, da von diesem Tage an völlige Ruhe in ihnen herrschte und schon der nächste Termin des langjährigen Rechtsstreites zwischen dem Ehepaar und den Erben des Toten brachte eine überraschende Einigung zu Gunsten des ersteren."

Ich bin mit dem Verfasser in Verbindung getreten und er hat mir auf meine Fragen noch weitere Angaben auch bezüglich der hier in Frage kommenden Orte gemacht. Danach ist an der Glaubwürdigkeit seiner Berichte nicht zu zweifeln, schon im Hinblick auf seinen absolut lauteren Charakter. Der erste Fall ereignete sich danach 1918 in einer Ortschaft am Tegernsee, der zweite 1937 – 38 am Hochrhein dicht an der Schweizer Grenze.

In seinem Buch „Cowboy-Melodie" (Wiesbaden, Limes Verlag 1948, Übersetzung aus dem Englischen von Sybille Hauptmann) berichtet Jesse James *Benton:*

„Wenn wir so in diesen alten Ruinen umherstreiften, in denen es fast ganz dunkel war und muffig roch, dann wurde es uns manchmal ganz unheimlich zu Mute, und wir fuhren zusammen, wenn einer der Jungens einen Zweig unter seinem Stiefelabsatz zertrat. Aberglaube? Vielleicht! Aber nirgendwo stießen wir je auf einen Geist oder irgendetwas ähnliches. Deshalb werdet ihr mir hoffentlich Glauben schenken, wenn ich euch davon erzähle, wie wir wirklich einmal mit Geistern in Berührung kamen und wie sie uns beinahe um den Verstand gebracht hätten.

Südwestlich von Winslow in der Nähe der Chavez Hills und des Passes lag eine alte Poststation. Als die ersten Postkutschen hier durchkamen, hatte eine Familie dort übernachtet und war von den Apachen ermordet worden, Männer, Frauen und Kinder. Seitdem hatte niemand mehr dort übernachtet, und das Haus lag lange einsam und verlassen da.

Es war aber als Übernachtungsort sehr geeignet, da Wasser und gutes Weideland vorhanden waren. Wir Cowboys machten also manchmal dort Rast, sattelten die Pferde ab, tränkten sie und schlugen in einem der alten Räume unsere Lagerstätten für die Nacht auf. Es dauerte dann nicht lange, bis wir das Geräusch von Pferdehufen und Wagenrädern und das Knarren alter Wagenfedern hörten. Wenn die Laute ganz nahegekommen waren, rief eine Stimme: „Brr", das Geräusch von

Hufen und Rädern verstummte, und eine Stimme rief: „Hallo, ihr da drinnen!" Wenn wir dann die Tür aufrissen, war keine Seele weit und breit zu sehen, keine Pferde, kein Wagen, keine Postkutsche, gar nichts. Dann sträubten sich uns die Haare auf dem Kopf, und meistens sattelten wir die Pferde wieder und rasten in wildem Galopp davon.

Eines Abends nun kam ich mit Gus und zwei anderen Cowboys dorthin. Es war Herbst und wurde schon gegen sieben Uhr dunkel. Wir fühlten uns nicht sehr wohl in unserer Haut, aber wir zündeten eine Kerze an und spielten eine Weile Poker. Gegen halb neun kamen, wie verabredet, die galoppierenden Pferde an. Dann schleiften die Räder ein wenig, und eine Stimme rief: „Brr". In dem Augenblick, als es rief: „Hallo, ihr da drinnen!" blies einer der Jungen die Kerze aus und stürmte zur Tür. Der Mond war noch im ersten Viertel, wir konnten also sehr gut sehen. Aber weit und breit war kein menschliches Wesen zu sehen. Alle zusammen liefen wir ins Freie und suchten den ganzen Ort ab, indem wir ihn im Umkreis von 300 Yards durchstreiften, fanden aber keine Menschenseele oder auch nur die Spur einer solchen oder irgend ein anderes Zeichen.

Nach einiger Überlegung beschlossen wir durchzuhalten. Aber wir verlegten unseren Beobachtungsposten auf einen Baum, der hundert Yards vom Haus entfernt war. Alles war ruhig, und wir kamen uns sehr klug vor. Schließlich legten wir uns nieder und wollten gerade einschlafen, als drinnen im Haus Hundegebell ertönte. Es hörte sich an, als ob es zwei oder drei Hunde wären. Wir setzten uns wieder auf, zogen unsere Stiefel an und schlichen näher ans Haus heran. In diesem Moment wurde aus dem Bellen ein wütendes Geheul, und dann hörten wir Schreie von Frauen und Kindern, die uns das Blut gerinnen ließen, Flüche von rauhen Männern und das Rasseln von Ketten. Die wilden Schreie und Flüche, die sich mit dem Gebell der Hunde zu einem wüsten Lärm vermischten, wurden immer lauter und gräßlicher. Und plötzlich trat Totenstille ein. Kein Laut war mehr zu hören.

Hatten wir während des fürchterlichen Lärms vor Schreck wie erstarrt dagestanden, so bewirkte die plötzliche Totenstille, daß wir alle miteinander auf dem kürzesten Weg zu unseren Pferden zurückjagten, ihnen Sättel und Decken überwarfen und zwei, drei Meilen weit von dannen ritten, bevor einer ein Wort sprach. Dann berichtete jeder einzelne, was er gehört hatte, und wir stimmten alle überein, daß der Lärm aus dem Haus gekommen und kein lebender Mensch oder Hund irgendwo in der Nähe gewesen war.

Wir kehrten nie wieder an diese Stätte zurück.

Aber wir erzählten vielen Leuten davon und gar mancher sagte, daß er dasselbe wie wir gehört und gesehen habe und für keinen Schatz der Welt an diesen Ort zurückzubringen sei. Nur ein Cowboy mit Namen George Perry lachte laut und schallend und zog uns gewaltig damit auf; er meinte, er wolle um 50 Dollar mit uns wetten, daß er allein dorthin gehen und die ganze Nacht dort verbringen könne. Wir nahmen diese Wette sofort an. Er hatte soviel durch uns und andere von diesem Geisterort gehört, daß er glaubte, diese Wette könne er nicht verlieren. Als wir bei der Poststation ankamen, ging er sofort hinein und schlug sein Bett für die Nacht auf. Dann nahm er eine mitgebrachte Kette und befestigte damit sein eigenes Bein an einem Stützbalken des Hauses. Er versah die Kette mit einem Vorhängeschloß und warf den Schlüssel dazu in eine entfernte Zimmerecke. „Hasta luego, Jungens", sagte er. Wir versprachen ihm, früh am anderen Morgen wiederzukommen, und er legte sich nieder zu einer gesegneten Nachtruhe, wie er uns glauben machen wollte.

Als wir am nächsten Morgen wiederkamen, bot er einen geradezu furchterregenden Anblick. Seine Augen waren blutunterlaufen, er sah völlig verstört aus, sein Haar hing wirr durcheinander, und er hatte die Stelle vor dem Stützbalken durch sein Hin- und Herlaufen ganz ausgetreten, wie es angekettete Bären zu tun pflegen. Er sagte, er wollte lieber sterben, als noch einmal so eine Nacht verbringen. Er hatte natürlich genau dasselbe wie wir seinerzeit gehört – und noch viel mehr, und nicht nur einmal, sondern zu drei verschiedenen Malen. Er sagte, er hätte zehn Jahre seines Lebens gegeben, um den Schlüssel zu erreichen und davon laufen zu können. Ist wohl kein Mensch glücklicher gewesen, von einem Ort fortzukommen, als er, nachdem wir sein Schloß geöffnet hatten!

Alles das geschah in den achtziger Jahren. Im Jahre 1921 machte ich in Douglas die Bekanntschaft von Leuten, die eine Autofahrt durch Arizonas gemacht hatten, wobei sie den Grand Canyon, den Petrified Forest und den Meteor Crater besucht hatten. Sie erzählten mir, daß sie auf dieser Reise öfters im Freien übernachtet hatten und nie auf irgendwelche Schwierigkeiten gestoßen waren, ausgenommen eine Nacht, die sie ungefähr dreißig Meilen südwestlich von Winslow verbrachten. Sie erzählten, daß sie sich gerade in ihre Decken gehüllt hatten, als sie Geräusche vernahmen, die sich wie lautes Gebell und Kampfeslaute anhörten. Sie nahmen an, es seien Bären, erhoben sich rasch und legten sich im Auto zur Ruhe.

Noch während sie ihre Sachen zusammen packten, hörten sie die merkwürdigen Laute aus einem nahebei gelegenen mit Bäumen und Büschen bestandenen Gehölz kommen. Als sie weiterfuhren, ging die Straße über eine kleine Anhöhe, und als sie sich umdrehten und ins Gehölz zurückschauten, sahen sie im Mondlicht etwas liegen, was sie für die Umrisse oder Ruinen eines kleinen Hauses hielten. Dann überquerten sie ein stehendes Gewässer. An der Beschreibung erkannte ich sofort, daß es sich um die Überreste der alten Poststation handelte, und erzählte ihnen von meinen damaligen Erlebnissen an jenem Ort. Wir waren uns alle einig, daß die *Geister der ermordeten Familie* immer noch den Ort heimsuchten." (S. 192 ff.)

Dieser Bericht ist insofern bemerkenswert, als er von einem Manne stammt, der, wie aus seiner ganzen von ihm geschilderten mehr oder weniger wüsten Cowboyvergangenheit hervorgeht, nichts weniger als mit religiösen Vorstellungen beschwert war.

Der protestantische Pfarrer Wilhelm *Horkel* veröffentlicht in seinem Buch „Botschaft von drüben" (München 1949) einige bemerkenswerte Fälle offenbar Manifestationen Verstorbener. Es heißt da:

„Eine unangenehmere Art der Fernwirkung Verstorbener erwähnt Fritz *Reck-Malleczewen* in seinem „Tagebuch eines Verzweifelten":

In einem Gutshaus, einem über 600-jährigen Bau, der als Spukhaus schon bekannt ist, „versetzt jetzt etwas Neues und Unangenehmeres meine Hausgenossen in Bestürzung. Seit dem letzten Herbst nämlich, seit in den Bezirken meines Lebens der Tod so reichlich Ernte hielt, spüren wir alle unabhängig von einander in jenem Dachzimmer, das von jeher als Ausgangspunkt aller Spukerscheinungen verrufen war, einen abscheulichen Leichengeruch. Er beschränkt sich keineswegs auf jenes Zimmer, sondern wandert im ganzen Haus herum, verschwindet oben, taucht plötzlich im Erdgeschoß auf, um von dort wieder sich im mittleren Stockwerk bemerkbar zu machen. Ahnungslose Gäste machen uns in den ersten Minuten ihrer Anwesenheit darauf aufmerksam, daß es penetrant nach Verwesung röche. Natürlich wird alles aufs sorgfältigste nachgesehen, ohne daß irgendetwas zu finden wäre. Das Tollste: der Geruch beginnt schließlich uns zu foppen und auf unerklärliche Weise innerhalb eines Zimmers umherzuwandern, haftet an einzelnen Stühlen, an der Glühbirne, an meinem Cellobogen. Wir finden nichts, wir müssen es dulden. Als das alljährliche Seelenamt für alle meine toten Freunde gehalten wird, verschwindet urplötzlich das ganze Phänomen." (S. 92)

„Ein kleines Schloß in M. F., so berichtet A. S. in S., wurde in früheren Jahren von der „Weißen Frau" heimgesucht. Diese erschien der Schloßbesitzerin und erzählte ihr von einem furchtbaren Kindermord, der im Schlosse früher geschehen sein soll. Tatsächlich grub man hinter dem Sockel eines Schlotes Knochenüberreste eines Kindes aus, das dann auf dem Friedhof nachträglich beerdigt wurde. Seitdem war von der „Weißen Frau" nichts mehr zu sehen, der Geist hat nunmehr anscheinend Ruhe gefunden." (S. 97)

„Auf dem Hofe von F. L. in N. G. erscheint immer wieder, aber unregelmäßig, der längst verstorbene Großvater, so daß M. L. sogar Angelegenheiten des bäuerlichen Alltags mit ihm besprechen kann." Hier muß dem

Berichterstatter die Verantwortung für diese Angaben zugeschoben werden. Der Herausgeber, Pfarrer H., hat leider über die Persönlichkeit des Berichterstatters, den er allem Anschein nach kennt, nichts weiter gesagt.

Vor einiger Zeit wurde mir von der *Baronin W. G.* in *Graz*, die eines meiner Bücher gelesen hatte, die Mitteilung gemacht, daß auf *Schloß Bernstein* im Burgenland, das ihrem Schwager gehöre, seit Jahrhunderten ein Schloßgespenst, die „Weiße Frau", erscheine und auch einmal photographiert worden sei. Eine Kopie dieser Aufnahme wurde mir von der Baronin gleichzeitig übersandt. Ein naher Verwandter des Schloßbesitzers, Major Gyömörey, an den ich mich dann wandte, übermittelte mir eine eingehende Schilderung dieser Erscheinung.

Zunächst wird darin gesagt, daß in dem Schloß auch sonstige Spukerscheinungen wahrgenommen worden seien, u. a. auch der „Rote Iwan", ein Mann in Stulpstiefeln, verschnürtem rotem Rock und brennend roten Haaren, der mit schweren, dröhnenden Schritten im Schloß umhergehe. Kriegsgefangene russische Offiziere, die im ersten Weltkriege dort untergebracht waren, baten schon nach den ersten Nächten dringend, ausquartiert zu werden, da sie vom „Roten Iwan" geängstigt würden. Diesem Verlangen wurde schließlich stattgegeben. Was nun die „Weiße Frau" angeht, so soll sie sich in den Jahren 1859, 64 und 66 öfters gezeigt haben, hauptsächlich vor Kriegen, und neuerdings auch vor Ausbruch des ersten und des zweiten Weltkrieges, zuletzt auch noch während desselben. Im Jahre 1910 gelang es dem Schloßherrn, von 26 Personen die schriftliche Bestätigung zu erhalten, daß sie die „Weiße Frau" gesehen hatten. Unter den Zeugen befanden sich Schloßangestellte, Verwandte und fremde Besucher, darunter auch der Direktor eines großstädtischen Museums, Herr E. v. R. und dessen Sekretär, ferner der Wiener Graf C. T., ein absoluter Skeptiker. Die summarische Darstellung nach den Zeugenaussagen lautet u. a. wie folgt:

Im Kern eines Lichtkegels wandelt eine kleine, äußerst zierliche Frauengestalt mit vollem, über die Schulter fallenden Haar, traurig ins Leere starrenden Augen, etwas nach links geneigtem Kopf, an den Hals oder die linke Wange geschmiegten gefalteten Händen. Es gab Leute, die behaupteten, sie berge mit den Händen eine Halswunde, andere wollen sogar das Ende eines Stiletts, aus dem Halse herausragend, gesehen haben. In ihrer Hand oder an ihrem Leib wurde auch ein Schlüssel oder Schlüsselbund gesehen. Auf dem Haupte trägt die Gestalt eine sog. Parta, einen ungarischen kronenartigen Frauenschmuck, aus deren Mitte ein grünes Licht intensiv leuchtet. Ein weißer durchscheinender Schleier hüllt die Gestalt zum Teil ein. Sie erscheint ganz unerwartet, um plötzlich zu verschwinden und in derselben Minute an einem anderen Teil des Schlosses wieder aufzutauchen. Ihr Gang ist rasch und schwebend. Sie wurde am meisten in den Abendstunden gesehen, seltener auch bei hellem Tageslicht. Ihrem Erscheinen geht ein leichtes knisterndes Rauschen, wie etwa von schleppenden Seidenkleidern voraus, und einige wollen einen kalten Luftzug als Begleiterscheinung ihrer Nähe gefühlt haben. Einmal gab ein Beobachter auf die in der Schloßkapelle vor dem Altar mit aufgehobenen Händen kniende weiße Gestalt (sie wurde dort öfter gesehen) aus einem Revolver einen scharfen Schuß ab. Sofort erlosch der Lichtschein und verschwand die Gestalt, um Sekunden danach aufs neue zu erscheinen. Die Steinstufen wiesen die Spur des Kugelaufschlags auf. Ein andermal faßte ein Beobachter den Entschluß, die Erscheinung anzusprechen. Er eilte ihr, als sie in der Halle des Schlosses die Treppe hinaufschwebte, nach und rief sie in leichtfertigem Tone an. Die Gestalt blieb stehen und drehte sich um. Sie sah mit starrem Blick auf ihn, aber gewissermaßen durch ihn ins Leere. Der Blick machte auf ihn einen derartig entsetzlichen Eindruck, daß er verstummte und die Stiege wieder hinablief. Er fand kaum Worte, die Schrecklichkeit des Blickes zu beschreiben, der ihn getroffen hatte.

Am 7. September 1912 sah der Gutsverwalter J. R. die Erscheinung zum zweitenmal anläßlich eines Fackelzuges im Schloßhof. Er bekundete: „Mehrere Teilnehmer des Fackelzuges hatten den Schloßhof bereits verlassen. Die herrschaftliche Familie zeigte sich in der Richtung des Speisesaales. Plötzlich machte mich meine Frau auf die Nußbaumecke aufmerksam und fragte mich, was dort rückwärts für eine Gestalt stehe. Es ware eine schlanke Gestalt, die mit weit vorgeneigtem Kopfe, wie beobachtend scharf gegen die Herrschaft ausblickte. Wir konnten sie deutlich beobachten und merkten ihrerseits die ganze Zeit das auffallende Ausspähen gegen den Speisesaal bzw. in der Richtung, in welcher die Herrschaften sich befanden. Plötzlich lief Herr L. v. A. auf die Gestalt zu und verfolgte sie dann. Ihr Verschwinden war so rasch, daß man glauben mußte, sie wandle nicht auf Füßen, sondern schwebe nur in der Luft über den Boden dahin ... Ich habe die Welt im Laufe meines Lebens schon ziemlich durchquert, des Tages und zu jeder Stunde der Nacht und habe mich bei Dunkelheit schon in den verschiedensten Winkeln herumgetrieben, wovon ich mich auch oft durch Warnungen nicht zurückhalten ließ, jedoch ähnliches wie das hier Beschriebene begegnete mir nur im Schloß Bernstein..."

Über dieselbe Erscheinung am 7. September 1912 sagte die damals auf Bernstein zu Gast weilende Baronin G. Sch. aus: „Die Feuerwehr des Dorfes hatte dem Enkel des Schloßherrn ein Ständchen mit Fackelzug gebracht. Von der Familie waren im Schloßhof versammelt: der Schloßherr, seine Schwiegertochter, vier Enkel, mein Mann und ich. Es war ein sehr heller Abend. Die Festlichkeit war beendet, ein Teil der Bevölkerung hatte den Schloßhof schon verlassen, die übrigen brachen gerade auf, als meine Kusine plötzlich meinen Arm ergriff und mit heiserer Stimme sagte: „Die Weiße Frau! – „Wo?" fragte ich ungläubig. „Im Saal oben am Fenster!" flüsterte meine Kusine. Ich sah nichts, die Saalfenster dunkel starrend wie alle übrigen. Plötzlich aber ging eine zierliche Frauengestalt in weiß wallenden Gewändern, die Hände über die Brust gekreuzt, das feine Profil gesenkt, die langen offenen Haare von einem dünnen weißen Schleier bedeckt, ganz nah, etwa 20 Schritte vor uns vorbei und auf die Hintertreppe zu. Mein erster Gedanke war: „Wer mag das sein?" aber im nächsten Moment erstarrte mir das Blut in den Adern und mein Atem stockte vor jähem Entsetzen, denn die Gestalt war zur Hintertreppe gelangt und glitt hinauf in einer Weise, die nicht irdisch war. Es war kein Füßeheben, kein Steigen die hochstufige Stiege hinauf, kein Raffen der überlangen Gewänder, kein Gehen, sondern ein entsetzliches, unheimlich schnelles Schweben und Gleiten, so daß ich in lähmendem Schreck erkennen mußte: das ist kein Mensch, kein Lebewesen. Meine Vettern liefen der Gestalt nach, an der jäh verlöschenden Lampe vorbei, doch als sie zur Stiegenecke kamen, war die weiße Gestalt in Nichts zerronnen. Die Dörfler hatten unterdessen rasch das Schloß verlassen. Viele der Anwesenden hatten die „Weiße Frau" bei dieser Gelegenheit schon öfter, früher, am Saalfenster, von grünem Scheine umflossen, stehen gesehen. Ich hätte die Gestalt für eine irdische gehalten, wenn nicht jenes furchtbar geheimnisvolle, unheimliche, unirdische Hinaufschweben über die Treppe gewesen wäre."

Am 14. Mai 1913 zeichnete die Gräfin Th. B. folgende Beobachtungen auf:

„Man hatte mir schon oft vom Bernsteiner Schloßgeist erzählt, doch muß ich sagen, daß ich all dem Gehörten recht ungläubig gegenüberstand, bis zu dem Tage, da ich selbst Dinge sah, die zu sehen ich niemals für möglich gehalten hätte. Es war an einem Samstag in den ersten Tagen des Monats November. Meine Kusine hatte mir erzählt, daß man ungefähr um 10 Uhr abends merkwürdige Lichterscheinungen in der Kapelle, auf der Hauptstiege und im großen Saale wahrnehmen könnte. Auch wollten mehrere Personen öfter eine in weiße Gewänder gehüllte Frauengestalt über die Stiege haben wandeln sehen. An jenem Samstag gingen nun meine Kusine, ein Vetter derselben und ich, die Lichter beobachten. Wir saßen alle drei in der Kapelle gegenüber bei der großen Stiege und mir wurde das Warten fast zu lang, da wir ungefähr schon eine Stunde damit zugebracht hatten, abwechselnd das Kapellenfenster und die Fenster des großen Saales zu beobachten. Auf einmal sah ich deutlich Licht vor dem Eingangstor, das in den inneren Schloßhof führt, doch machte es mir ganz den Eindruck, als käme jemand mit einer Laterne von außen durch das Tor und ich machte meine Kusine auch in diesem Sinne auf das Licht aufmerksam. Nun hatten wir uns aber kaum dem Tor zugewendet – meine Kusine und ihr Vetter hatten vorher nicht hingesehen – als auf einmal das ganze Tor sichtbar wurde, und zwar von einem starken smaragdgrünen Licht beleuchtet. Dieses Licht hielt aber nur sekundenlang an und verschwand dann, um gleich darauf im Kapellenfenster so deutlich zu erscheinen, daß wir genau die Muster des Fensters und die sie umgebende Bleieinfassung sehen konnten. Zu erklären waren die Lichterscheinungen nicht, da weder vor dem Tor, noch in der Kapelle, deren einziger Eingang übrigens verschlossen war, irgend jemand sich befand, der das Licht hätte erregen können. Die Lichterscheinungen habe ich einige Male, und zwar sowohl in der Kapelle, als auch auf der Stiege und im Saale gesehen. Durch die Unerklärlichkeit ihrer Entstehung berührten sie mich immer unheimlich. Am merkwürdigsten aber ist die Gestalt der oben genannten „Weißen Frau". Ich habe diese dreimal deutlich gesehen, und zwar jedesmal in der Kapelle, wo sie auf der ersten Altarstufe kniete und zu beten schien. Die Kapellentüre, die, wie schon erwähnt, der einzige Zugang zur Kapelle ist, war jedesmal verschlossen und doppelt abgesperrt, meine Kusine hatte den Schlüssel in ihrem Zimmer liegen."

Am 30. April 1913 wurde die „Weiße Frau" von den Schloßbewohnern *photographisch aufgenommen,* und zwar unter Bedingungen, die jeden Betrug und jede Selbsttäuschung ausschließen. Dr. Richard *Illig,* Chemiker mit guten Erfahrungen auf dem photographischen Gebiet, untersuchte die Originalplatte und erklärte: „Nach gründlicher Überprüfung des gesamten Materials stehe ich nicht an, mich für seine Echtheit auszusprechen." Die mir zugestellte Kopie der Aufnahme übersandte ich einem akademisch gebildeten Photographen zur Begutachtung und dieser hielt das Zustandekommen der photographischen Aufnahme „nicht für unmöglich". Ein anderer Fachmann, Dr. *Malfatti*, Prof. der medizinischen Chemie in Innsbruck, dem ich ebenfalls die Reproduktion der Aufnahme zur Beurteilung übermittelte, betonte in einem längeren Gutachten u. a.: „Das Bild ist echt und ungefälscht... Auch der raffinierteste Betrüger oder Witzbold würde nicht wagen, und er würde auch nicht imstande sein, etwas so bis zur Unnatürlichkeit Unwahrscheinliches zur Darstellung zu bringen... Mit einem Wort, das Bild ist echt und das interessanteste, was ich auf diesem Gebiete kenne." —

An der Echtheit der Aufnahme ist aber auch auf Grund einiger mir vorgelegten Privatbriefe kaum zu zweifeln, die aus dem Kreise der Verwandten des Schloßherren stammen. Aus den in den Briefen enthaltenen Mitteilungen, die sich die einzelnen Verwandten gegenseitig machten, geht nicht nur die Bestätigung des wiederholten Erscheinens der „Weißen Frau", sondern auch die zur Nachtzeit erfolgte photographische Aufnahme derselben (in dem von ihr ausgehenden Lichtschein) einwandfrei hervor. In einem dieser Briefe heißt es: „Möchte diese arme Seele doch bald zur Ruhe kommen!" —

Was nun die Persönlichkeit der „Weißen Frau" auf Schloß Bernstein angeht, so soll im 15. Jahrhundert der reiche ungarische Orligarchensprößling *von Ujlak* Schloßherr gewesen sein. Die „Weiße" soll seine Gattin gewesen und das Opfer eines Familiendramas geworden sein. Der Ehemann habe sie einmal mit einem italienischen Jugendfreunde überrascht, den Italiener erstochen und in den Schloßbrunnen geworfen. Die Schloßfrau aber sei seitdem verschwunden. Eine Version deutet an, daß sie in dem einen Turm der Burg verhungert sei oder lebendig eingemauert wurde. Historisch steht fest, daß Lorenz von Ujlak im letzten Viertel des 15. Jahrhunderts Schloßherr auf Bernstein (früher Bärenburg genannt) und nur kurze Zeit verheiratet war. Nach etwa drei Jahren seiner Ehe fehlt über seine Frau jede Spur. Er starb kinderlos. Seine Frau war eine geborene Giovanna Frescobaldi aus Florenz, die er um 1458 geheiratet hatte. *Durch die gelungene photographische Aufnahme der „Weißen Frau"*, also eines Spukphantoms, *ist der erfahrungswissenschaftliche Beweis des Erscheinens einer Verstorbenen* und damit des persönlichen Fortlebens erbracht! Als ebensolcher exakter Beweis ist auch das Zeugnis der sechsundzwanzig Augenzeugen anzusprechen, die unabhängig von einander zu ganz verschiedenen Zeiten die „Weiße" gesehen und beschrieben haben. Ich kann heute weiter mitteilen, daß die Erscheinung der Weißen Frau auf Schloß Bernstein sich in gewissen Abständen bis zum Jahre 1931 fortgesetzt hat und daß sie nach sechs Jahren Pause, seit 1937, wieder erscheint. Nach dem Volksmund bedeutete das Wiedererscheinen dieser Frau Krieg. Tatsächlich hat ja bald darauf der Krieg seinen Anfang genommen. – U. a. erschien die „Weiße" dem Schloßherrn Almassy und einem Freunde 1937 als kompakte Masse. A. sah sie ebenfalls in der Kapelle mit aufgehobenen Händen knien und leuchtete mit einer Taschenlaterne nach ihr hin, worauf sie verschwand. Er sah sie von hinten, sein Freund dagegen von vorn und ebenfalls als kompakte Masse. Herr v. A. gibt an, daß die Erscheinung schon in seiner Jugend umgegangen und sozusagen täglicher Gast gewesen sei. Der bereits genannte Verwandte des Schloßbesitzers, Major Anton von Gyömörey, hat im Selbstverlage die Schrift „Schloß Bernstein im Burgenland", von W. Erwemweig dargestellt (sein Pseudonym), herausgebracht, in der er außer einer Aquarellmalerei der „Weißen Frau", wie sie die Schloßtreppe hinaufschwebt, auch deren photographische Aufnahme und alle Berichte der Augenzeugen wiedergibt.

Die zwei nachfolgenden Berichte haben keinen religiösen Anstrich, stammen dafür aber von einer Persönlichkeit, die eine hohe Stellung bekleidete und einst das Tagesgespräch in Deutschland und weit darüber hinaus bildete. Es war dies Fürst Philipp *zu Eulenburg-Hertefeld,* lange Zeit vertrautester Freund des Kaisers Wilhelm II., bis er bekanntlich in jene unglückselige Affäre verquickt wurde, die ihn vor die Schranken des Gerichts brachte, und die sich wie ein düsterer Schatten auf seine letzten Lebensjahre legte. (Übrigens war damals die Meinung über die Schuld des Fürsten außerordentlich geteilt.) Zu der Zeit aber, als Eulenburg die nachstehend geschilderten Erlebnisse hatte, war er preußischer Botschafter in München. Er war nicht nur Diplomat, sondern auch Offizier, durch und durch liberal eingestellt und nichts weniger als das, was man einen „Geisterseher" nennt. In seinen hinterlassenen Aufzeichnungen, die unter dem Titel „Das Ende König Ludwigs II. und andere Erlebnisse" (1. Band), herausgegeben von seiner Witwe Fürstin Augusta zu Eulenburg-Hertefeld (Leipzig 1934), berichtet Eulenburg in dem Kapitel „In alten Schlössern" folgende Erlebnisse:

„Das uralte Kloster *Bebenhausen* enthält verschiedene Höfe. An seiner Innenseite befinden sich im ersten Stockwerke lange Gänge, mit großen Fenstern nach der Hofseite bzw. nach den reizenden Gärten, zu denen die

Höfe umgestaltet sind. Die Türen führen zu den einzelnen Zellen, die untereinander keine Verbindung haben. Diese Zellen sind jetzt als Gastzimmer hergerichtet. Auf meinem Gang befand sich, als ich dort einmal weilte, einige Zellen von der meinen entfernt, auch das Zimmer meines Leibjägers Emanuel.

Es war im Schummerlicht, nach der Rückkehr von der Jagd, als ich mich ausziehen wollte, um etwas zu ruhen. Ich trat aus meiner Tür auf den Gang, der völlig leer war, um Emanuel zu rufen, als ich am Ende des Ganges eine schwarze Gestalt bemerkte, die langsam auf mich zugeschritten kam. Es lag mir so fern, an einen Spuk zu denken, daß ich mir den Kopf zerbrach, ob die langsam schreitende Gestalt ein Mann oder eine Frau sei. In einer der Türen, in nicht großer Entfernung, verschwand die Figur in dem Augenblick, als Emanuel aus seiner Zelle trat, um zu mir zu kommen. Ich hatte plötzlich ein eigentümliches Empfinden, ging ihm entgegen bis zu der Tür, vor der die Gestalt verschwunden war und fragte ihn, ob er hier jemand gesehen habe. Er sagte, daß er im Augenblicke des Hinaustretens einen schwarzgekleideten Menschen gesehen habe, doch sei dieser plötzlich verschwunden gewesen. Ich wollte nicht eine Geschichte aus meiner Beobachtung machen und schwieg. Doch merkte ich mir die Tür der Zelle, durch die anscheinend die Gestalt verschwunden war. Ich sagte Emanuel, er möge anklopfen und fragen, „wo der Fürst Hohenlohe" wohne, und ging zurück. Emanuel meldete, daß niemand geantwortet habe und die Tür verschlossen sei.

Abends nach dem Diner saß ich mit der Königin (von Württemberg) und Gräfin Degenfeld allein auf einem Etablissement bei dem Flügel. Ich begann sehr vorsich-

tig (da ich mich nicht blamieren wollte) von den Kloster-
gängen zu sprechen und speziell von dem meinen: Ob
da außer mir noch andere Gäste wohnten? Das wurde
verneint. An der Stelle, wo der Gang an der Ecke des
Hofes sich wendete, habe die Königin zwei Zimmer.

Plötzlich fragte die Königin, mich mit einer gewissen
Neugierde betrachtend: „Weshalb erkundigen Sie sich
nach den Bewohnern Ihres Ganges? Haben Sie dort jemand gesehen?" Ich lachte und meinte, es sei wohl
irgendein Dienstbote gewesen, den ich in eine Zelle
treten sah, sonst habe ich niemand erblickt.

„Wahrscheinlich schwarz", sagte die Königin zu meinem Erstaunen. „Können Sie mir die Zelle bezeichnen,
in die die schwarze Gestalt ging? — Ich will Ihnen
offen sagen, daß ich weiß, wen Sie gesehen haben!"

„Wer war es?"

„Ich weiß es nicht", antwortete die Königin ziemlich
belustigt. „Ich weiß eben nur, daß diese Gestalt vorhanden ist, denn ich sah sie öfters, sogar einmal mit
meinem Bruder zusammen, denn sie trat in mein Zimmer, dort bei dem Gang, wo Sie wohnen, und verschwand plötzlich vor unseren Augen."

Ich fragte weiter, ob die Königin und ihr Bruder die
Gesichtszüge der Gestalt erkannt hätten. Die Königin
erklärte, es habe wie schwarze Schleier ausgesehen,
während die Kleidung wohl die eines Mönches gewesen
sei. — Das stimmte allerdings genau mit dem überein,
was ich gesehen hatte.

„Was ist denn aber in jener Zelle, vor der ich mit
meinem Jäger stand?" — „Nichts. Die Tür ist stets verschlossen. Altes Gerümpel liegt darin, und einen Aus-
gang hat die Zelle nicht. Wir sind nicht die einzigen,
die jene Gestalt sahen, und man hat Wache gestanden

vor der verschlossenen Tür, bis eilig der Schlüssel geholt war. Aber man konnte nie etwas entdecken! Wir haben uns längst daran gewöhnt, und niemand spricht jetzt mehr von der Gestalt. Sie ist uns gleichgültig geworden, da sie harmlos ist und nur hin und wieder das Gespräch sich ihr zuwendet. Aber der König liebt nicht, daß man davon spricht. Ich finde nichts dabei ..."

Ich hatte auch nichts dagegen einzuwenden, schlief in meiner Zelle vortrefflich ohne jede Störung."

Die darauf bezüglichen Tagebuchaufzeichnungen Eulenburgs datieren vom 1., 2. und 3. Dezember 1892. Bebenhausen liegt in der Nähe von Tübingen, das Kloster dort war früher eine Zisterzienser-Abtei und wurde später in eine protestantische Klosterschule umgewandelt. 1807 in ein königliches Jagdschloß. – Da hier außer dem Fürsten Eulenburg und seinem Kammerdiener noch mehrere andere Personen, darunter der König und die Königin von Württemberg, die Gestalt *sahen,* kann es nicht dem geringsten Zweifel unterliegen, daß es sich dabei um die Erscheinung eines vor langer Zeit Verstorbenen gehandelt hat, vermutlich eines Mönches des ehemaligen mittelalterlichen Klosters.

Im November 1890 hatte *Eulenburg* noch ein anderes Erlebnis ähnlicher Art, das er als „Spuk von Sigmaringen" bezeichnet. –

Eulenburg war vom württembergischen Minister Mittnacht zur Eröffnung der Bahn von Stuttgart nach Tuttlingen-Sigmaringen eingeladen und dann vom Fürsten von *Sigmaringen* im *Schloß* als Gast aufgenommen worden. Eulenburg berichtet weiter:

„Dem Fürsten machte es Freude, mir die schönen Räume und Kunstschätze des großen, alten Schlosses zu zeigen, und er geleitete mich schließlich zu meinem

Quartier, das mir einen sehr behaglichen Eindruck machte. Leider wurde das Behagen, das ich beim Betreten des Zimmers empfand, bald gestört, und zwar in so eigentümlicher Weise, daß ich es für wert hielt, mir auf der Heimreise am folgenden Tage die Vorgänge aufzuzeichnen, die in mir − ich will es nicht leugnen − einen starken Eindruck hinterlassen haben.

An einem langen Gang in einem der Flügel des uralten, in vielen Winkeln gebauten Schlosses lagen die Zimmer, die ich bewohnte. Eine Tür führte von dem Gang in meinen Salon, von diesem eine Tür in mein Schlafzimmer, das keine Tür zu dem Gang besaß, sondern nur die Tür zu dem Salon und eine, die zu dem daneben liegenden Zimmer meines Leibjägers Emanuel Bartsch führte. Da wir ganz allein in dem Flügel wohnten, so gab ich Emanuel den Auftrag, sowohl seine Tür als die Tür, die von dem Salon auf den Gang führte, zu verschließen und die Schlüssel im Schloß stecken zu lassen.

Ich legte mich müde zu Bett. Emanuel schlief in der Nebenstube. Auf meinem Nachttischchen standen zwei silberne Leuchter, die ich angezündet hatte, und Schwefelhölzer in einer Metallbüchse. Ich las Zeitungen und löschte, als ich die Blätter durchgesehen hatte, die Lichter.

Kaum war dies geschehen, hörte ich Schritte in meinem Salon, zu dem die Tür offen stand, und es trat jemand in mein Zimmer, den ich bei tiefer Dunkelheit nur hören, nicht sehen konnte. Ich rief ziemlich erschreckt, doch in der Meinung, daß Emanuel die Tür zu dem Salon zu verschließen vergessen oder doch versehentlich nicht vollkommen abgeschlossen habe: „Wer ist da? Was wollen Sie?" Keine Antwort. Ich wiederholte bei der vollkommenen Stille dringend die Frage, ergriff wiederum die Zeitungen, da ich vollkommen wach geworden war.

Einigermaßen erstaunt und in der Meinung, daß vielleicht irgendein Schall aus einer anderen Etage den täuschenden Laut hervorgerufen habe, stand ich doch auf, ging in das Nebenzimmer und untersuchte das Schloß. Die Tür war vollkommen und gut verschlossen, der Schlüssel steckte in dem Schlüsselloch. So legte ich mich denn ziemlich ärgerlich von neuem ins Bett und hatte dabei die Zündholzschachtel ergriffen und machte Licht – doch alles war leer, kein Mensch vorhanden.

Doch nachdem ich wieder das Licht ausgelöscht und mich umgewendet hatte, um nun endlich zu schlafen, wurde ich abermals durch Tritte gestört – und zwar dicht neben meinem Bett. Ganz besonders aber wurde ich dadurch erschreckt, daß sich jemand, seltsam klappernd, scheinbar an meinen Leuchtern und Zündhölzern zu schaffen machte. Ich zauderte, ob ich danach fassen sollte und rief, recht arg beunruhigt, laut: „Wer ist da! – Was wollen Sie?" Da aber hatte ich auch die Zündhölzer gefaßt, und die Flamme leuchtete auf. Ich hatte ein Gefühl des Schreckens, als müsse ich nun irgendeine unerklärliche Gestalt neben mir stehen sehen – doch nichts, absolut nichts war sichtbar. Das Zimmer unberührt, alles stand an seinem Platze.

In einem feigen Gefühl, daß sich jemand in irgendeinem Winkel des Zimmers oder hinter einer Gardine könnte verborgen haben, rief ich laut: „Emanuel!", und sehr verschlafen erschien mein Leibjäger in der Tür. „Hast du deine Tür nach dem Gang verschlossen?" – „Jawohl!" – „Hier hörte ich zum zweitenmal Schritte, die aus dem Salon kommen. Es kann irgendeine Katze, ein Marder oder eine Ratte sein. Mir ist es lieber, du legst dich in den Salon auf das Sofa, ziehe dir deine Kleider an, damit du nachsehen kannst, sobald ich rufe oder du etwas vernehmen solltest."

Der treue Emanuel untersuchte jeden Winkel des Zimmers und legte sich auf das große, grüne Samtsofa in dem Salon nieder. Ich löschte meine Lichter aus. Dasselbe tat er in dem Salon, und ich legte mich nun in etwas gemütlicherer Stimmung auf das Ohr. — Plötzlich hörte ich im Salon Emanuels Stimme: „Halt! Wer ist da?" — Dann wurde ein Licht angesteckt, während ich wieder neben mir Schritte am Bett fühlte und hörte, die ich für Emanuels Schritte hielt, doch sobald der Lichtschimmer durch die Tür fiel, war alles neben mir still und kurz darauf kam dieser entsetzt in meine Stube gestürzt: „Durch die Tür kam es gegangen!" rief er, „an mein Sofa, — als wollte es den Tisch fortziehen — und dann ging es hier hinein — wer war es denn?" — „Die Tür zum Gang war doch sicher zugeschlossen?" fragte ich, ziemlich unangenehm berührt durch den Schreck. — „Fest verschlossen!" — „Nun", fuhr ich fort, „so will ich etwas anderes versuchen: zünde alle Lampen an, die in dem Salon, in meinem Schlafzimmer und in dem deinen stehen, damit wir den Kerl sehen, wenn er kommt — oder uns doch überzeugen können, daß das Geräusch von anderer Stelle herrührt."

Das geschah. Bei hellem Lampenlicht schlief ich allmählich ein. Emanuel gleichfalls auf seinem Samtsofa, und alles unheimliche Gehen, Rühren und Klappern war verstummt — Geister, die das Licht scheuen. — Am folgenden Morgen früh mußte ich meine Rückreise antreten. Ziemlich verschlafen und übernächtig trank ich meinen Kaffee, als mich der Hofmarschall abholte, um mich zu dem Wagen zu geleiten, der mich zu der Station fahren sollte. Wir sprachen von diesem und jenem, aber ich war rücksichtsvoll genug, den Spuk nicht zu berühren. Als wir hinaustraten, blickte ich zu dem Schloß hinauf, den hohen Bau nochmals betrachtend.

„Dort erkenne ich mein Fenster, in dem grauen Flügel. Mit dem hohen Dach sieht es eigentlich aus, als müsse dort ein Spuk hausen", sagte ich lachend. – „Sie haben gar nicht so unrecht", antwortete Herr von Buddenbrock. *Es geht dort die ‚böse Landgräfin' um, wie* man behauptet." – „Eine böse Landgräfin?" fragte ich neugierig. „Was hat sie verbrochen?" – „Sie soll ihren Gatten vergiftet haben. Mit Kompott!" – „Mit Kompott?" fragte ich heiter. „Weiß man denn das so genau?" – „Ja, deshalb soll sie sich immer in der Gegend der alten Speisekammer zu schaffen machen, die dort an dem Gang liegt, wo Sie wohnten. *Sie klappert* mit Porzellan herum, wie die Reinemachefrauen behaupten, die erklärt haben, unter keinen Umständen in die Speisekammer zu gehen und auf den Gang, da sie diese sogar gesehen haben. Faktum ist, daß die Speisekammer ‚verboten' ist. Doch das war vor meiner Zeit."

Ich bestieg den Wagen, um eine Erfahrung reicher – und doch stark beeindruckt durch die böse Landgräfin. Denn an meinem Spuk war kein Zweifel möglich und die Landgräfin trat nun unheimlich dazu. *Das Klappern* *an meinem Nachttisch hatte eine verzweifelte Ähnlich-* *keit mit Porzellan,* das sich nicht auf dem Tischchen befand, denn Leuchter und Zündholzbehälter waren von Metall."

Also auch in diesem Fall ist der Spuk außer von Eulenburg und seinem Kammerdiener noch von anderen Personen wahrgenommen bzw. sogar die Erscheinung jener Landgräfin gesehen worden. Es kann daher auch hier ganz einwandfrei festgestellt werden, daß die Manifestation eines oder einer Verstorbenen vorlag.

In einer Biographie Eulenburgs, herausgegeben von Reinhold Conrad *Muschler* (Leipzig 1930) fügt dieser dem Bericht Eulenburgs über die Nacht auf dem Schloß des Fürsten Leopold von Sigmaringen u. a. hinzu:

„Diese Geschichte (von der bösen Landgräfin, die umgehe) zeichnete Eulenburg bald danach auf, erzählte sie mehrfach... Der Graf hat mehrere solcher Fälle erlebt und stets bestätigt gefunden, daß an diesen Stellen nicht ihm allein solche „Gespenster" erschienen. Der Beweis des seltsamen Phänomens liegt darin, daß Emanuel Bartsch das gleiche hörte und empfand. Und Emanuel war kein nervöser, zarter Knabe, sondern ein 23-jähriger Bauerngutsbesitzerssohn, der 1889 seine Militärdienstzeit bei den 1. Gardeulanen in Potsdam absolvierte und auf Empfehlung eines Freundes in Eulenburgs Dienste getreten war... Emanuel Bartsch, der während des letzten Jahres seiner Dienstzeit Bursche des Kriegsministers von Bronsart gewesen war, trat in Oldenburg in Eulenburgs Dienste... Der Graf war ein Mann mit offenen Sinnen und weit gespanntem Interesse. Von jeher hat in hohen Adelskreisen eine Neigung zum Okkulten und Mystischen geherrscht. Selbstverständlich kam auch in Eulenburgs Gegenwart das Gespräch auf solche Dinge. Er stand ihnen bis zu seinem Lebensende sehr skeptisch gegenüber, gehörte aber nicht zu jenen Dummklugen, die tatsächliche Phänomene mit dem billigen Wort „Unsinn" zu erledigen suchen. Berichte über seltsame Dinge hörte er an und prüfte sie auf ihre Wahrheitsmöglichkeit. Mit Zorn und Humor wies er Hysterisches zurück. Aber Dinge, wie z. B. den *Spuk von Sigmaringen,* den ich deshalb absichtlich zitiere, sah er von tiefernsten Wissenschaftlern bestätigt und merkte sich solche Phänomene. Er stand ihnen kühl denkend gegenüber und sagte sich, das haben ich und andere gesehen, eine Erklärung weiß ich nicht, wir wollen solche Tatsachen sammeln, bis es einmal möglich sein wird, eine Erklärung zu finden. Eulenburg war klug, aber nicht superklug. Deshalb machte er nicht über Unerklärliches billige Bemerkungen..."

Diese Charakterisierung Eulenburgs sowohl als auch die seines Kammerdieners ist eine wertvolle Ergänzung seines eigenen Berichts und beseitigt vollends jeden Zweifel an der Realität der von ihm geschilderten Phänomene.

In dem nun zu schildernden Falle handelt es sich um Spukvorgänge ganz außergewöhnlicher und wohl wirklich einzig dastehender Art. Die Berichte darüber sind mir von mehreren gebildeten Personen, die Augen- und Ohrenzeugen waren, zur Verfügung gestellt worden, darunter Akademiker. Aber auch einfache, schlichte Menschen mit gesundem Verstand waren darunter, deren Zeugnis gerade deswegen ebenso glaubwürdig ist wie das der anderen.

Es handelt sich um das *Schloß Bronnen an der Donau* in der Nähe von Beuron. Ich habe über die dortigen Vorgänge einen längeren Bericht in der Zeitschrift für metapsychische Forschung" (3. u. 4. Heft 1939 und 2. Heft 1940) veröffentlicht und muß mich hier auf einen kurzen Auszug beschränken.

Diese Vorgänge sollen mit Verbrechen zusammenhängen, die dort im 14. Jahrhundert von einem Ritter begangen worden seien. Nach der Schloßchronik habe er zwei Frauen und zwei Diener ermordet.

Das Schloß war in den letzten Jahren (bis 1939) an einen Freiburger Arzt Dr. J. verpachtet. Dieser lud öfter einen Geistlichen zu sich ein, dem er klagte, er und seine Frau würden auf dem Schloß durch Spukvorgänge sehr beunruhigt und belästigt. Außer einem Geistlichen, Pfarrer L., der dort oft in der Schloßkapelle den Gottesdienst abhielt, weilte auch Pfarrer A. zu Besuch, neben einer Anzahl Laien.

Am 8. September 1920 erblickten L. und Dr. J. nachts 10 Uhr auf der Burg am Fenster stehend einen weißen Fleck am Boden. Dieser vergrößerte sich und wuchs sich zu einer Gestalt aus, die frei in der Luft schwebte, sich über den Schloßfelsen hinausbewegte, dann wieder zurückkam, und zwar durch die Zweige der Bäume hindurch, die in diesem Augenblick rauschten. Die Gestalt kam immer näher und blieb in der Entfernung von einigen Metern schweben. Es war ein weißglänzendes Phantom, das Gesicht war ausgebildet, aber von weißen Schleiern umhüllt, wie auch die ganze Gestalt. L. fragte, was sie wolle, er wolle ihr gern helfen, wenn er könne, es erfolgte aber keine Antwort. Die Gestalt legte sich an einer bestimmten Stelle flach auf den Boden, erhob sich wieder und verschwand im Dienstgebäude, wo sehr starker Lärm und Gepolter entstand. Während L. wiederholt das Zeichen des Kreuzes in dieser Richtung machte, wurde der Lärm schwächer und nur ein Hämmern ließ sich hören. In der folgenden Nacht ungefähr um 1 Uhr, erwachte L. durch ein rasches Gehen über ihm in der oberen Etage. Er meinte erst, es seien Ratten. Aber dann tönte es wie Kegelschieben, es war, als ob zwei Männer mit einander ringen und der eine zu Boden fiele; dann kam es mit schweren Schritten die Treppe hinunter und pochte an seiner Tür. Der anwesende

Hund winselte nur. Als sich der Spuk entfernt hatte, bellte der Hund laut und wütend.

Von diesen Spukvorgängen erfuhr auch Prof. F. aus F., ein Berliner Staatsrat, ein protestantischer Schloßgeistlicher und Reichstagsabgeordneter E., die zu Besuch aufs Schloß kamen. – In der nächsten Nacht wandelte die Erscheinung unter den Fenstern des Schlosses langsam auf und ab. Es war eine sehr breite Gestalt. Plötzlich schien sich diese zu teilen und ein zweites Phantom löste sich von ihr los. Diese Gestalt war mehr nebelgrau und verbeugte sich wiederholt vor der weißen Gestalt. Beide verschwanden im Dienstgebäude und nun hörte man einen Lärm wie wenn Männer in einen Sarg geschlagen würden. Darauf kamen vier weiße Gestalten heraus und schwebten unter den Fenstern vorbei. L. rief nun: „Gebt Zeichen, ob ihr Dämonen oder arme Seelen seid, wenn möglich ein Lichtzeichen." Nun sahen sie auf dem Boden etwas Leuchtendes wie einen großen Glühwurm. Plötzlich aber erhob sich vom Boden ein Rauch in die Höhe, der sich zu einer fünften Gestalt ausbildete. Diese schwebte gegen die Kapelle und verursachte ein wiederholtes Blitzen. Im Scheine des Blitzes sah man alle Gebäude des Hofes. Die Phantome aber erschienen in diesem Licht schwarz. Nun rief Pfarrer L. laut: „Wenn ihr hl. Messen nötig habt, so tut dies kund durch Blitzen!" Darauf erfolgte ein viermaliges Blitzen und alles verschwand. Die vier Messen wurden in Beuron zelebriert.

In der Nacht erfolgte wieder ein Gehen die Treppe hinauf, ein Pochen an der Tür von L.s Zimmer, auf das dieser durch Klopfen antwortete. Der Hund verhielt sich diesmal ruhig. Nun erfolgte aber ein solches Gepolter und Beben, daß alle Gegenstände im Zimmer und die Wände zitterten. Diesmal wurden zwei Gestalten gesehen auf der Schloßbrücke. Man sah deutlich, wie die eine Gestalt sich vor dem Tor auflöste und jenseits desselben sich wieder bildete; die andere Gestalt näherte sich sehr langsam der Burg und blieb wie zur Wache stehen. L. riet zu schießen, aber der Schloßpächter wollte nicht. – L. sagt, es sei ein ganz eigenartiges Gefühl, wenn man die Phantome sah, teils unheimlich, teils Ehrfurcht erweckend, wenn man dies langsame, würdevolle Dahinschweben sah. Er bedauerte, daß man die Phantome nicht photographiert habe.

Nach den Angaben des Pfarrers L., des Kastellans und anderer, machen sich auf dem Schloß nicht nur arme Seelen, sondern auch *Dämonen* bemerkbar. Dies scheint tatsächlich der Fall zu sein, denn es passierte dem Pfarrer L., daß ihm, wie er selbst versichert, *der Dämon einmal in Gegenwart von fünf Personen seine Sünden offenbarte.* Und als L. beschämt ableugnete, „blamierte er mich erst recht!" erklärt L. freimütig. Er bemerkt ferner: „Als ich ihm (dem Dämon) einmal sagte: ,Loquere latine, si potes!' (sprich lateinisch, wenn du kannst) *sprach er sofort in dieser und noch in etwa zehn anderen Sprachen!"*

Der Kastellan des Schlosses H., ein ehemaliger Kriegsteilnehmer, antwortete mir auf Anfrage u. a.: „Soviel kann ich Ihnen mit voller Bestimmtheit sagen, daß hier wirklich sehr sonderbare Dinge vor sich gehen! Tatsache ist z. B., daß man zu gewissen Zeiten sprechen hört und daß man auch selber mit den unsichtbaren Intelligenzen, die sich arme Seelen nennen und um Hilfe flehen, sprechen kann und daß man auch alles deutlich versteht. Dazwischen drängen sich immer wieder Dämonen, früher aber mehr und gewalttätiger als heute, die ihren

Dreck und ihre schlechten Absichten an den Mann zu bringen suchen. Zusammengefaßt: die Sache hier auf dem Schloß ist sehr ernst, sie ist Tatsache und wir bzw. ich haben schon vieles erlebt. Ich bin mir allerdings noch nicht ganz klar, worauf das alles hinaus will. Jetzt verlangen die Geister beinahe nur noch Gebet, damit sie erlöst werden, und ich lasse mich mit ihnen auch nicht mehr weiter ein, als daß ich ihnen in diesem Punkte vollständig beistimme, als einzige Verbindung mit ihnen... Alles andere erscheint mir gefährlich, ja verhängnisvoll zu sein. Ich merke, man muß einen Abstand halten zwischen sich und solchen Geistern... Ich habe hier schon unglaublich viel Dinge gehört, habe stundenlang mit diesen Geistern sprechen können... Von den Dämonen will ich nichts wissen. Ich bin meistens ganz allein hier oben auf dem Schloß und bleibe nur im Vertrauen auf Gott."

Von anderer Seite ist mir versichert worden, daß der Kastellan, der früher sich von der Religion abgewandt hatte und kaum noch etwas glaubte, seit er auf dieses Schloß gekommen und die „Bekanntschaft" mit diesen Spukgeistern gemacht, ein völlig anderer Mensch geworden sei. Er sei heute ein wirklich frommer, gottesfürchtiger Mann.

Wie mir Pfarrer A. mitteilte, der ebenfalls einige Male auf dem Schlosse weilte, habe ihn der Kastellan einmal gefragt, ob es vom theologischen Standpunkte möglich bzw. glaubhaft sei, daß arme Seelen von Dämonen gequält werden könnten, wie das auf diesem Schlosse anscheinend der Fall sei. Der Kastellan habe ihm auch gesagt, daß er sich einmal mit einer unsichtbaren Intelligenz, die aus der Ecke eines Zimmers sprach, über religiöse Dinge unterhalten habe.

Einmal seien in einem Zimmer zwei Studenten untergebracht gewesen. Eines Abends gerieten diese in großen Schrecken wegen des Polterns und Lärmens im Zimmer. Gegenstände wurden umgestoßen und Holzstücke (Scheiterholz, wie man es zum Heizen braucht) flogen umher. Die Studenten eilten zum Kastellan und wollten nicht mehr in das Zimmer zurückkehren, bis der Kastellan mit ihnen ging und sich im Nebenzimmer eine Lagerstätte zurecht machte. Kaum hatte er sich hingelegt, als der Lärm wieder losging. Aus einer Ecke des Zimmers wurde eine Stimme gehört, mit der er sich dann in das erwähnte Gespräch einließ.

Pfarrer L. hat mir auf Anfrage u. a. folgendes mitgeteilt:

„Ich befasse mich seit Jahren (die Antwort stammt aus dem Jahre 1934) notgedrungen bzw. durch die fortwährenden Erlebnisse auf Schloß Bronnen veranlaßt, mit den Problemen des Okkultismus und habe keine Gelegenheit versäumt, die einschlägige Literatur, die mir zugänglich wurde, zu studieren, ohne offen gestanden, wesentlich weiter zu kommen. Ich persönlich gehe mit Ihrer Ansicht einig, konnte aber trotz aller, auch der unglaublichsten Erlebnisse bis jetzt nicht klar sehen, welcher Art die Geister sind, die auf dem Schloß sich melden. Ich habe aber triftige Gründe dafür, daß es eher arme Seelen als Dämonen sind. Ich selbst habe jahrelang gezweifelt, ob es überhaupt Spuk ist, was wir erleben, und nicht etwa eine irgendwie vorgetäuschte Sache. Allein seit dem Jahre 1928 ist für mich und andere die Tatsache absolut bewiesen, daß es sich um wirklichen, und zwar ganz gewaltigen Spuk handelt. Beobachten konnten wir die Sache schon, seit wir überhaupt mit dem Schloß bekannt geworden sind, d. h.

schon seit 1919, aber seitdem sind ganz untrügliche Beweise für wirklichen Spuk vorliegend, vorhanden, ganz abgesehen davon, daß es dann und wann spricht, von sonstigen Phänomenen ganz zu schweigen. Diese liegen *im Laufe der nun bald 15-jährigen Beobachtung* in solcher Menge vor, daß sie, ausführlich geschildert, ein dickes Buch füllen würden. Ich habe alles, was mir wichtig erschien und namentlich die gehabten Unterredungen von Etappe zu Etappe aufgeschrieben..."

In einem weiteren Schreiben teilte mir Pfarrer L. die Namen von fünfzehn anderen Zeugen der Spukphänomene auf Schloß Bronnen mit, an die ich mich ebenfalls gewandt habe. Die meisten haben nicht geantwortet, wohl aus naheliegenden Gründen. Denn nach meinen bisherigen Erfahrungen gibt es verhältnismäßig nur wenige Menschen, die sich nicht scheuen, mit solchen Berichten an die Öffentlichkeit zu treten. Die meisten solcher Zeugen lehnen auch nur einen andeutungsweisen Hinweis auf ihre Person ab; aus manchmal begreiflichen, aber meist aus ganz unbegreiflichen Gründen. – Es haben mir dann doch noch einige andere ihre Wahrnehmungen auf Schloß Bronnen nicht vorenthalten.

Ein Dr. Ing. A. E. antwortete, daß er und sein Bruder (Bankmathematiker) auf dem Schloß einen Spukfall erlebt hätten, wolle aber selbst nicht näher darauf eingehen. Ich möchte mich vielmehr an seinen Vetter, den Schloßpächter, wenden. Ich tat dies, aber auch dieser antwortete trotz mehrfacher höflicher Anfragen nicht. Dagegen schrieb mir ein ehemaliger Bediensteter des Schlosses, der jetzige Landwirt J. G. in U. unter dem 10. Juli 1934: „Ich trat am 26. September 1922 meinen Dienst auf Schloß B. an. Meine Wohnung war im alten

Jägerhaus. Als ich in einer der ersten Nächte oben, schlief, erwachte ich plötzlich durch einen sonderbaren Lärm. Es polterte über mir auf dem Dachboden, wie wenn mehrere Männer in langen Stiefeln herumsprängen. Ich bin dann aufgestanden und auf den Boden gegangen, habe aber nichts gesehen. Trotzdem hat es neben mir weiter gepoltert. Es war etwa zwischen 9 und 10 Uhr abends. Das ging so durch mehrere Nächte hindurch. Einmal war ich mit der Köchin und zwei Enkelkindern des Schloßpächters allein im Schloß. Es mochte wieder zwischen 9 und 10 Uhr abends sein. Da hörten wir abermals schwere Männertritte die Treppe herunterkommen, trotzdem außer uns niemand im Schloß anwesend war. Wir hatten einen Hühnerhund bei uns, der daraufhin wütend im Schloß herumraste. Der Schlüssel in der Tür drehte sich von selbst um, als ob er von Menschenhand bewegt worden wäre. Die Kinder weinten vor Angst, und wir Erwachsenen wußten selbst nicht, was wir dazu sagen sollten. Ähnliche Vorgänge erlebte ich noch öfter, hauptsächlich in der Advent- und Fastenzeit."

Der Kastellan sah einmal auf dem Wege zum Schloß am hellen Tage eine Dame, die nach der Seite schaute und traurig zu sein schien. Bald darauf war sie verschwunden.

Im Jahre 1939 lernte ich einen Kunstmaler S. aus Baden kennen, der als guter Bekannter des Schloßpächters einige Male als Gast dort auf dem Schloß weilte. Über seine Erlebnisse machte er mir u. a. folgende Angaben:

Eines Tages im September 1935 kündigte eine Geisterstimme der Dienerschaft an, daß Herr D. (Regierungsrat) nächste Woche zu Besuch käme, was auch tatsächlich geschah. Der Geist sagte auch, er freue sich darauf, wenn Herr D. komme. (Von dem Besuch konnte die Dienerschaft nichts wissen!) Als zwei Tage später Herr D. nach Schloß Bronnen kam, erklärte er, daß er bei früheren Besuchen schon allerlei erlebt habe, er wolle jetzt nur dann übernachten, wenn er, der Kunstmaler (Herr S.), mit ihm im selben Zimmer schlafe, andernfalls würde er von Beuron aus mit dem nächsten Zuge weiterfahren. Da S. zusagte, so blieb D. Es war am 13. September abends.

Man saß dann gemütlich beisammen. Die Frau des Schloßpächters, ihr Neffe F., wie Herr D. und Herr S. machten ein Spiel. Da hörte man eine weibliche Stimme: *„Heute nacht, wird's gemacht! Furchtbar, furchtbar!"* S. sagte spaßig: „Wir sind alte Soldaten, wir kennen keine Furcht!" Darauf die Stimme: „Viktor (so heißt S. mit dem Vornamen), alter Soldat, steck den Degen ein!" und noch einmal: „Heute nacht" usw. „Schließt die Türe zu, wir raten euch!" Darauf sagte D. zu F., er solle den Riegel vorschieben, was dieser auch tat. Dann richtete man sich zum Bettgehen. Zuvor fragte D. den F. nochmal, ob die Tür auch verschlossen sei, und zur Vorsorge sah S. noch einmal nach – fand aber die vorher verschlossene Tür offen. Dann ging man zu Bett. Gleich ging es los mit Geräuschen, wie wenn jemand etliche Eimer Wasser auf den Boden ausgießt; man sah aber nichts. Dann hörte man verschiedene Stimmen und Signale ertönen und allerlei Gepolter. So z. B. hörte man oben im Rittersaal (über ihren Köpfen) umhermarschieren. *Holz, Steine und Menschenknochen wurden im Zimmer herumgeworfen –* von unsichtbarer Hand natürlich – doch ohne jemand zu treffen. Dann sprach eine tiefe Männerstimme:

„D... (bezog sich auf den Regierungsrat) D... laß das Weib in Partenkirchen!" – Herr D.: „Ja warum denn, es ist doch ein anständiges Mädchen? Was meinst du damit?" Die Stimme: „Sie ist hinterlistig und wird dich übervorteilen! Nochmal: Laß das Weib in Partenkirchen!" – Darauf rief dieselbe tiefe Stimme: „S..., das Mädchen, das du gemalt hast, dem geht es schlecht, hilf ihm, besuch es!" Herr S.: „Was für ein Mädchen? Ich habe schon viele gemalt!" S. fragte auch, was mit dem „schlechtgehen" gemeint sei. Antwort: „Seelisch!" (S. erfuhr später, daß jene Person, die die Stimme anscheinend gemeint hatte – es war die zuletzt porträtierte – nicht gut verheiratet sei. Er besuchte sie aber nicht.)

In derselben Nacht ging es dann toll zu. Schon vorher war zu S. und D. gesagt worden: *„Um 12 Uhr kommen die Satane, aber wir stehen euch bei!"* Und so war es denn auch! *Punkt 12 Uhr kamen sie, und es entstand nun ein ganz schrecklicher Lärm wie von Trompeten, Fanfaren und Trommeln, der im ganzen Schloß vernehmbar war.* Dazu ein Umhermarschieren im Rittersaal, als ob eine Kompanie Soldaten oben gewesen wäre. Dazu hörte man mancherlei drohende und spöttische Stimmen, so z. B.: „Herr Regierungsrat, hahaha!" (Einige Aussprüche eignen sich ihrer persönlichen, zum Teil sogar etwas delikaten Natur wegen hier nicht zur Wiedergabe!) – So ging der tolle Spuk wohl eine halbe Stunde lang fort mit Gepolter, Holzwerfen usw., so daß alle Angst ausstanden, und zwar dermaßen, daß S. und D. als alte Soldaten beteten – wie mir Herr S. gestand. Auch F., der im Nebenzimmer schlief, stand viel Angst aus, zumal unsichtbare Hände *sein Bett ganz durcheinandergeworfen und mit einer* *übel riechenden Flüssigkeit überschüttet* hatten. Dazu höhnte eine männliche Stimme. F. bat, daß man den Kastellan rufen solle, damit er komme und abhelfe. S. aber war dagegen, da dieser doch nichts ausrichten könne. Schließlich wurde Ruhe, und man schlief allmählich ein. Am Morgen lagen allerlei Holzstücke, Backsteinbrocken und alter Mörtelverputz (der aber nicht von der Zimmerdecke herrührte!) auf dem Boden herum.

An einem Vormittag in den Pfingstferien 1935, als man am Tisch ein Kegelspiel machte, klopfte es plötzlich mit der Faust an die Tür. S. ging hin, um nachzusehen, wer draußen sei. Da *flog ein menschlicher Knochen von der Türfüllung von oben heran;* draußen aber war niemand. Den Knochen (ein Vorderarmknochen) hob S. auf; *dann ging es los mit Knochenwerfen; Brustbein Oberschenkelknochen etc., alles flog quer durchs Zimmer,* doch ohne jemand zu treffen. *S. hob etliche, etwa fünf Knochen auf und warf sie zum Fenster hinaus in die Tiefe* — das Schloß steht auf einem hohen Felsen —; *doch nach etwa fünf Minuten flogen dieselben Knochen wieder herein und zwar durch das geschlossene Fenster!* (Die Fenster waren geschlossen, da es an diesem Tage regnete und man das Zimmer geheizt hatte.)

Am Freitag vor Pfingsten 1936 machte man einen Spaziergang durch den Wald nach der „Teufelsmühle". Ein junger Herr O., damals Student, jetzt Ingenieur in Berlin, der früher schon hier seine Ferien zubrachte und die Gegend kannte, brachte aus einer Höhle einen Fuchsschädel heraus, der von Ameisen gesäubert war, und hängte ihn aus Jux an einen Ast. Nach einer Stunde, als man wieder zurückkam, hing der Schädel noch da. Am Pfingstdienstag aber, abends 9 Uhr flog derselbe

Fuchsschädel unter Gepolter ins Herrenzimmer herein. S. sagte: „Das ist ja der Schädel, den Felix (O.) aus der Höhle geholt hat!" und nahm ihn in sein Schlafzimmer. Man ging dann bald zu Bett, da man am anderen Tage früh fort wollte. Bald darauf flog einiges, ein armdicker Eichenast, ans Bett des S. Er nahm seine Taschenlampe und sah es zu seinem Staunen. Eine Weile darauf hörte man eine (von Lippen kommende) Nachahmung von Hornbläsern. S. fragte: „Wieviel Geister seid ihr?" Als Antwort kam ein viermaliges „Hupen" (mit der Stimme imitiert). S. wunderte sich, ob sie denn nicht reden könnten und fragte: „Wieviele gute?" Antwort: dreimaliges „Blasen". S.: „Wieviele schlechte?" Antwort: einmaliges.

Später meldete sich noch einmal eine dem Herrn S. vom früheren Spuk her bekannte weibliche Stimme, die sich „Sybilla" nannte. (Es sind für gewöhnlich weibliche Stimmen, die sich vernehmen lassen und die auch ihre Namen angeben. „Sybilla" ist die öfters wiederkehrende und meist auch sich spaßig-neckisch äußernde.) S. sagte zu ihr: „Recht, daß du kommst! Wie geht es denn dem D.?" (Regierungsrat, der in Freiburg bei Dr. J. weilte) Sybilla antwortete, sie käme gerade von Freiburg und habe mit J. gesprochen, was sich als wahr erwies. Die Stimme sagte auch, daß S. am anderen Morgen nach Freiburg fahre; sie werde sich dort nach dem Essen bei ihm melden. Er möge den Fuchsschädel dem D. als Geschenk mitbringen.

Diesen Fuchsschädel packte S. am anderen Morgen in den Rucksack und fuhr nach Freiburg zu Dr. J. Er aß bei ihm um 1 Uhr zu Mittag. Nach dem Essen hörte sich S. mit bekannter Stimme beim Namen rufen und er dachte nun an den Schädel, den er abgeben sollte.

Als er hinausging, um den Schädel aus dem Rucksack zu holen, war dieser nicht mehr darin! Vierzehn Tage später war er wieder bei Dr. J. Als er mal, wie zuvor öfter, in die Tasche langte, um Streichhölzer für seine Zigarre herauszuholen, war der Fuchsschädel plötzlich in seiner Tasche!

Ein andermal in Freiburg bei Dr. J. meldete sich wieder „Sybilla" und machte S. einen Serviettenring aus Altsilber zum Geschenk. S. fragte, ob er ihn behalten und wie er sich dafür bedanken könne. Sybilla: „Ja, Bete für die armen Seelen." (Diesen Serviettenring besitzt S. noch. Er stammt nicht aus dem Besitz des Dr. J.)

S. sah einmal, wie das Kleid der Frau Dr. J. *befleckt* war; zuvor hatte er es unbeschmutzt gesehen. Sie erzählte ihm, daß dieses Kleid schon früher während einer Abendgesellschaft auf Schloß Bronnen *von unsichtbarer Hand dermaßen bespritzt* worden sei, daß sie es chemisch reinigen lassen wollte. Man brachte aber die Flecken nicht heraus und fragte Frau Dr. J., sie solle sagen, was es denn sei? — Auch dem Kastellan seien eines Abends nach dem Angelusläuten die Kleider von unsichtbarer Hand vollgespritzt worden, anfangs kleinere Flecken, die sich dann vergrößerten und furchtbaren Gestank verbreiteten. Auch hier ließen sich die Flecken nicht beseitigen.

Ein andermal war, wie Frau Dr. J. Herrn S., ihrem Jugendfreund, erzählte, ein Landschaftsmaler zu Besuch. Während der Unterhaltung mit Frau Dr. J. sah der Maler plötzlich *eine schwarze Hand ans Fenster klopfen.* Erstaunt fragte er, was das gewesen sei. Frau Dr. J. antwortete: da könne ja niemand her, er solle mal das Fenster öffnen und hinaussehen. Da sah er die gähnende Tiefe vor sich, packte vor Schrecken seine Sachen zusammen und empfahl sich.

Regierungsrat D. hat eine verheiratete Kusine in S., die er öfter besuchte. Als er wieder einmal auf Schloß Bronnen war, fragte er bei den Unsichtbaren an, ob seine Kusine daheim sei. Ja, antworteten sie, aber ihr Mann und die Kinder seien fort, und so war es auch!

Als Pfarrer L. einst mit Dr. J. im sog. Jägerhäuschen saß, wollte letzterer Geister zitieren, um „etwas zu erleben". Pf. L. sagte, er als Geistlicher dürfe die von Dr. J. gewünschte Beschwörungsformel nicht sprechen, er möge sie selbst anwenden. Als dieser sie gesprochen, *hing sich plötzlich die schwere alte Tür mitsamt dem Kloben heraus und fiel zum großen Schrecken des Dr. J. diesem auf den Rücken!* Er äußerte, niemals wieder werde er derartiges tun!

Den sich auf dem Schloß offenbarenden Stimmen nach manifestiere sich dort u. a. ein *„Ritter von Geroldseck"*, der im Mittelalter lebte und der nach seiner eigenen Angabe *sieben Morde* verübt habe. Tatsächlich weise die Chronik einen solchen Ritter auf, der von 1312 bis 1370 gelebt habe. Ferner offenbaren sich vier Frauenstimmen, die sich „Sibylla, Minna, Flora, Blanca" nennen. Charakteristisch ist, daß die Stimme „Sibylla" die Anwesenden stets beim Vornamen nannte, die tiefe männliche Stimme („Ritter von Geroldseck") dagegen stets beim Zunamen. Die tiefe Mannesstimme, auch „Mack" genannt, sei eine heisere Grabesstimme, bei der man jede einzelne Silbe gut verstehen könne. Sie habe stets sehr kräftig, mit Nachdruck und Temperament geantwortet, während die weibliche Stimme mehr flüsterte und ihr oft gesagt werden mußte, zuweilen sogar in energischem Tone: „Sprich lauter und deutlicher!" Die Stimme sei auch stets dieser Aufforderung gefolgt, die mitunter noch wiederholt werden mußte. Der Geist mit der tiefen Stimme, der einmal dreiviertel Stunden anwesend war, sagte, er sei nur mit wenigen Menschen in Verbindung; er werde wiederkommen und auf an ihn gestellte Fragen antworten.

Als Herr F. einmal an die weibliche Stimme "Sibylla", die sich eine Zeitlang nicht hatte hören lassen, die Frage gerichtet hatte: "Wo kommst du her, wo treibst du dich herum?" lautete die Antwort: "Ich komme gerade aus Ägypten!" – In der Nacht des 13. September 1935 sagte die tiefe Männerstimme: "D..., S...; ihr beiden Junggesellen, ihr müßt mehr beten!" – Als S. die tiefe Männerstimme fragte, ob sein Bruder und sein Neffe zu Hause gut mit dem Auto angekommen seien, lautete die Antwort: "Frage nicht nach Selbstverständlichkeiten!" – Die Stimmen kamen stets und zwar direkt aus demselben Raum, in dem die Fragenden anwesend waren, und klangen absolut menschlich. Sie kamen ihnen gewissermaßen von "gegenüber" entgegen.

Auf dem Schloß wurde auch, wie Frau Dr. J. ihrem Jugendfreunde S. erzählte, oft Porzellan von unsichtbarer Hand zerschlagen und dadurch viel Schaden angerichtet. Auch wurden oft Gegenstände verstellt bzw. umgedreht usw. Einmal flog in Anwesenheit von S., Dr. J. und dessen Frau der Schirm von D. quer durchs Zimmer. Ostern 1935 war ein Totenschädel, den Dr. J. auf einem Schrank stehen hatte, von dort plötzlich verschwunden. Man fand ihn nachher auf der Treppe, und zwar bedeckt mit dem Hut des D. Zur selben Zeit war auch eine Ledertasche, die D. mitgebracht hatte und die Nachtzeug enthielt, verschwunden und erst am anderen Tage zum Vorschein gekommen. Dem Regierungsrat D. wurde das Sofa hochgehoben, auf dem er schlief, und das Bettzeug weggezogen.

Über die Nacht zum 13. September 1935 näher befragt, äußerte S. noch: „Wir haben gebetet, damit der Schrecken ein Ende nehme! – Die weibliche Stimme sagte uns: „In fünf Minuten kommen die anderen (die bösen), wir werden euch beistehen, damit es nicht zu lange dauert! Ihr müßt beten!" Tatsächlich kamen dann auch die „Satane" und es begann ein Toben im ganzen Schloß, daß wir meinten, das Gebäude müsse einstürzen. Um uns, neben uns und über uns war ein entsetzlicher Lärm. Über uns hörte es sich an, als ob eine Anzahl Menschen marschierte, so daß die Decke erzitterte. Nach dem unbeschreiblichen Lärm zu schließen, der an unser Ohr drang – zwischendurch klang es wie Froschquaken und Hundegebell –, hätten es dreißig bis vierzig Personen gewesen sein müssen, die dabei beteiligt waren. Daneben gab es den bereits erwähnten furchtbaren Spektakel wie mit Trompeten, Fanfaren, Trommeln usw. Es war das Fürchterlichste, was ich bis jetzt auf Schloß Bronnen erlebt habe!" – In dieser Nacht habe, bevor die „Satane" kamen, die tiefe männliche Stimme auch zu S. gesagt: „Frage noch weiter, denn ich werde gleich abgerufen, komme aber später wieder!", was auch der Fall war.

Ein Fräulein V. berichtete mir auf Anfrage unter anderem:

„Im Jahre 1935 brachte ich Weihnachten und Neujahr auf Bronnen zu. Am Abend des ersten Tages so gegen einhalb 9 Uhr, nachdem Frau Dr. J. zu Bett gegangen war, rief sie mich in ihr Zimmer, da sie eine Stimme hörte, die auch ich vernahm. Es war eine *jammernde Frauenstimme*, die in einemfort rief: „O je, O je!" Das dauerte etwa eine halbe Stunde. Während dieser jammernden Frauenstimme hörten wir im Treppenhaus ein starkes Auf- und Abspringen. Es hörte sich an, als wären es mehrere Personen gewesen. Über unseren beiden Schlafzimmern befand sich der sog. Rittersaal. Auch von dort hörten wir ein starkes Auftreten wie mit Holzschuhen. Frau Dr. J. sagte mit einer gewissen Genugtuung zu mir: „So, jetzt sind Sie mal auf einem Geisterschloß." Mit einer anderen Dame, die zur selben Zeit auf Schloß B. weilte, unterhielt ich mich öfter über diese Spukvorgänge. Dabei erzählte sie, daß man mit den Geistern sprechen könne. Da war ich begeistert und sagte: „Wenn ich doch nur mal einen einzigen Satz hören könnte!" —

Es war einige Tage nach Weihnachten, der Kastellan H. war nach auswärts gegangen. Abends nach dem Nachtessen zwischen 6 und 7 Uhr — Herr und Frau Dr. J. waren im Zimmer — befand ich mich gerade mit der Köchin in der Küche. Da hörten wir im Gang ein sehr starkes anhaltendes Poltern, das sogar unsere beiden Hunde sehr aufschreckte. Frau Dr. J. kam in die Küche und fragte, ob Johann (der Kastellan und Diener) schon da sei. In demselben Augenblick gab eine tiefe Männerstimme zur Antwort: „Johann kommt!" Tatsächlich hörten wir ihn im gleichen Moment über die hölzerne Zugbrücke gehen! Als er dann zu uns in die Küche kam, waren unheimliche, widrige Laute hörbar, die mir durch Mark und Bein gingen, so daß ich reißaus nahm. So schnell ich konnte, lief ich die Treppe hinauf in den zweiten Stock, wohin sich auch Herr und Frau Dr. J. inzwischen begeben hatten. Als ich die Küche verließ, rief ich den Zurückgebliebenen noch zu: „Hier ist ja der leibhaftige Teufel!" — Nachher kam auch der

Kastellan zu uns herauf, da die Köchin das Schloß verlassen hatte. Er erzählte uns, daß er auf dem ganzen Weg bis zum Schloß neben sich her ein dauerndes Kichern, als rührte es vom „Leibhaftigen" her, vernommen habe. – Nach einiger Zeit hörten wir vom ersten Stock her kommend ein feines Klingeln, als ob es die Glöckchen des Christbaumes gewesen wären. Ich schlug die Zither und Johann spielte Geige, und während wir so musizierten, begann plötzlich neben uns im Zimmer das Blasen eines Jagdhorns. Wir hörten sofort mit dem Spielen auf, und bald darauf schwirrten im Zimmer mehrere Klötzchen eines Kegelspiels umher, die dann auf den Boden fielen. Frau Dr. J. flog ein solches Klötzchen dicht am Kopf vorbei. Das dauerte etwa eine Viertelstunde. Die tiefe Männerstimme, die wir bereits unten in der Küche gehört hatten, rief hier mehrmals: „Johann!"

Die jammernde Frauenstimme hörten wir fast täglich, so daß wir uns daraus gar nichts mehr machten. – Wie ich von Herrn und Frau Dr. J. vernahm, handelte es sich hier um Kundgebungen Verstorbener, die noch nicht erlöst sind. Das ist auch meine Meinung."

Anfang Mai 1938 wurde Schloß Bronnen anderweitig verpachtet und zwar an das Reich. (Es wurden dort Mädchen zur Schulung untergebracht.) Im April 38 war Herr S. noch einmal dort. Am Ostersonntag (17. April) machte sich nach dem Nachtessen nach längerer Zeit wieder einer der Geister (der sog. Poltergeist) bemerkbar, diesmal aber nur durch Klopfen. S. stellte verschiedene Fragen, die durch „Ja" und „Nein" bedeutende Klopftöne beantwortet wurden. Auf verschiedene Fragen, die sich auf die Zeitlage bezogen, erfolgte meist keine Antwort. So oft man über religiöse Dinge redete, entstand ein Gezisch und wiederholt schrille Pfiffe. Dasselbe geschah auch, als ein Pater aus Beuron anwesend war. Nur einer der Geister, der „Alte", gab einige Male durch Worte Bescheid oder vielmehr keinen, insofern nämlich, als er auf mehrere Fragen antwortete: „Ihr seid wunderfitzig!" (Süddeutscher Dialektausdruck für „Allzu neugierig".) Dagegen antwortete er auf die Frage, wie lange er bereits umgehen müsse: „Schon ungefähr neunmal hundert Jahre!" Auf die Frage, ob und warum er gemordet habe, erfolgte wieder die Antwort: „Wunderfitz!" So antwortete er auch ausweichend auf Fragen über die Zukunft Deutschlands. Als Antwort erfolgte auf eine solche Frage ein schrilles Gemisch von Tönen, das sich anhörte, als ob eine Musikkapelle ihre Instrumente stimmte. – Auf andere Fragen gab jener Geist bestimmte Antworten, so auf die Frage, wieviele Geister dort umgehen. Er sagte 60, wovon 23 bereits erlöst seien, darunter auch Sibylla und der Geist „Mack". Auf die Frage des anwesenden Pfarrers L., ob das Messelesen ihm genutzt habe, bejahte er es und bedankte sich dafür; er selbst müsse aber noch 40 Jahre umgehen. Wenn jedoch Pfarrer L. Messen für ihn lese, werde ihm die Hälfte geschenkt.

Am 21. April verließen die Schloßbewohner das Schloß. Pfarrer L. schrieb in seiner launigen Art zum Abschied einige Verse in das Fremdenbuch. Während er schrieb, wurde ihm von unsichtbarer Hand ein kleines Walburgisölfläschchen hingestellt, d. h. es fiel vor ihn hin. Dieses kleine Fläschchen war ihm vor etwa drei Jahren dort unsichtbar entwendet worden. Nun war es beschädigt und leer! –

Was die im Schloß wiederholt zum Vorschein gekommenen Menschenknochen angeht, so waren diese äußerlich braun, also alt. Sie müssen irgendwo in der Erde gelegen haben. — Die gehörten Stimmen der „Bösen" unterschieden sich von den anderen durch ihre zornige Sprache.

Soweit der Auszug aus den Berichten über die jahrelangen Vorgänge. An der Echtheit dieser Vorgänge ist nicht zu zweifeln! Das einzigartige dabei besteht *in den Reden,* die hier so oft gehört wurden, bei Tage und bei Nacht, gewissermaßen zu jeder Stunde. Die Schloßbewohner bzw. die dort weilenden Gäste standen also der Tatsache gegenüber, daß sie sehr häufig (allerdings nicht immer) unsichtbare Intelligenzen vor sich hatten, mit denen sie sich beliebig lange unterhalten, d. h. alle möglichen Gespräche führen konnten. Der Charakter dieser Intelligenzen scheint ziemlich eindeutig gewesen zu sein: Seelen Verstorbener. Unter diesen gehörte die Mehrzahl allem Anschein nach zu den büßenden, andere aber wohl zu der Kategorie der tatsächlich bösen, d. h. also entweder zu den verworfenen Seelen oder zu den Dämonen. Letzteres muß mindestens in dem einen Falle angenommen werden, wo ein Geist die Sünden des Pfarrers L. in Gegenwart anderer offenbart hatte. Denn dieses Wissen besitzt nach der Meinung der Theologen nur der Teufel, als einstmals geschaffener reiner Geist. Daß Intelligenzen von gewalttätigem, bösartigem Charakter anwesend gewesen sein müssen, geht auch aus den einzelnen Manifestationen und rein physikalischen Phänomenen hervor, die einen ausgesprochen dämonischen Charakter tragen.

Was einzelne der erteilten Antworten seitens der anderen Geister, vor allem der anscheinend weiblichen, angeht, so waren sie allerdings reichlich trivial. Sie entsprachen insofern eigentlich garnicht dem Zustand der

Läuterung, in dem sie sich dem Anschein nach doch befanden. Aber wer kennt die Gesetze, die das Reich der Abgeschiedenen regieren?

Von einem *weiteren Spukschloß* (in Westfalen) wurde mir vor kurzem Mitteilung gemacht. Danach werde dort seit 1783 die *„Blaue Dame"* gesehen, deswegen so genannt, weil sie auf einem Gemälde, das sich im Schloß befindet, im blauen Abendkleid abgebildet ist. Es handele sich um die Freifrau v. H., die dort umgehe, auch jetzt noch zuweilen gesehen werde. Mir liegen diesbezügliche Bekundungen von glaubwürdiger Seite vor. So haben sie auch Gäste gesehen, die von ihr nichts wußten und denen sie in der Nacht erschienen war. Einige müssen ihr Gesicht deutlich gesehen haben, da sie, als sie am anderen Tage das Bild der „Blauen" sahen, sofort auf dieses zugingen: *„Die ist bei mir gewesen!"* Die Schloßherrin sagte, um irre zu führen: „Nein, die ist es!" und wies auf ein Bild daneben, worauf die Gegenantwort erfolgte: „Ganz egal, *die* ist bei mir gewesen!" – Einmal kamen zwei Gräfinnen N. spät abends von auswärts in das Schloß zu Besuch. Es war verabredet, es solle nur ein Dienstbote aufbleiben, um sie ins Schloß zu lassen und ihnen ihr Zimmer anzuweisen. Sie hatten in einem Zimmer bei der Hauskapelle genächtigt, in einem Doppelbett mit einem Baldachin. Nachts wäre eine Dame im blauen Abendmantel an das Bett gekommen, hätte den Vorhang auseinander geteilt und sie angeschaut, wäre dann aber lautlos wieder verschwunden. Am anderen Morgen sagten die beiden Gäste am Frühstückstisch, es sei rührend gewesen, daß sich von den Hausbewohnern einer in der Nacht noch zu ihnen bemüht habe, um sich zu überzeugen, daß sie richtig untergebracht seien. Als die beiden Gräfinnen dann das Bild der „Blauen" erblickten, riefen auch sie sofort, daß es diese Dame gewesen sei.

Auch von der Dienerschaft ist die Erscheinung öfter gesehen worden. Einmal kam sie in der Nacht an das Bett eines Dieners und rüttelte ihn so stark an den Schultern, daß er entsetzlich schrie. Er hörte sie dabei auch kreischen. – Der Kammerjungfer stellte sie sich im Dunklen in einer Tür in den Weg. Diese meinte, es wäre ein Zimmermädchen und sagte schließlich ärgerlich: „Ich werde es der Frau Baronin melden, daß Sie mich so unverschämt erschrecken", worauf die Erscheinung verschwand. – Ein Schloßbewohner (Akademiker) schreibt mir: „Bei mir erschien sie in den letzten einenhalb Jahren fünfmal. Laut schlürfenden Schrittes kommt sie, reibt sich an der Tür, oder sie klopft und vollführt sonstigen Lärm. *Ich kenne sie schon seit etwa fünfzig Jahren.*" Durch diesen Lärm seien öfter Gäste in der Nacht stark beunruhigt bzw. im Schlaf gestört worden. – Dem Umgehen der „Blauen Dame" soll eine Familientragödie zugrunde liegen, die sich etwa 1812 im sog. Prinzenzimmer des Schlosses abgespielt habe...

Frl. Gertrud T., Tochter eines protestantischen Pfarrers, berichtet:

„Dauernder Kränklichkeit wegen war ich in meiner Jugend auf Privatunterricht angewiesen. Bis zum 11. Lebensjahre erteilte mir diesen mein Vater, dann bekam ich eine Lehrerin. Schwester Luise Ludwig war schon die Lehrerin meiner Mutter gewesen und wurde dann, 40 Jahre alt, Diakonissin und Lehrschwester in den Kükenbühler Anstalten bei Stettin-Grünhof. Diese meine edle Lehrerin stand in naher Verbindung mit der übersinnlichen Welt.

Als ich einige Jahre älter war, sagte sie mir, sie hätte

von Gott den Auftrag erhalten, für die Seelen, die hier auf Erden etwas besonders Böses getan haben und am Strafort sind, zu beten und ihnen durch ihr Gebet zur Befreiung zu verhelfen. (Damit bekannte sie sich als Protestantin zur katholischen Lehre vom Fegfeuer.) Sie lebte ausschließlich für diese armen Seelen (sie hatte sich also den Begriff der „Armen Seelen" zu eigen gemacht) und diese wiederum suchten in Scharen Zuflucht bei ihr...

Schwester Luise bewohnte das Giebelstübchen in unserem Hause. Oft, wenn ich dort am Abend allein darin war und ihr alles zur Nacht richtete, hörte ich es die Treppe heraufkommen, schwer auftretend, wie mit Reiterstiefeln. Dann wurde es mir bange ums Herz und ich sprach: „Im Namen des Vaters, des Sohnes und des Hl. Geistes!" Sofort polterte es wieder die Treppe hinunter.

Schwester Luise betete jeden Abend sehr lange für ihre Schützlinge. Sie kannte auch jeden dieser Verstorbenen mit seinem Namen. Nach dem Gebet ging ich oft noch ein Weilchen zu ihr, um zu plaudern. Als ich eines Abends, es war im Frühling, ihr Stübchen betrat, rief sie mir entgegen: „Wie gut, Gertrud, daß du nicht früher kamst, ich hatte Besuch!"... In der Nähe des Sofas befand sich an der Wand ein Rahmen mit einem Vorhang. Dort hatte Schwester Luise ihre Kleider untergebracht. An jenem Abend nun hatte sie, wie sie mir erzählte, eben ihr Abendgebet beendet, als ein weibliches Wesen unter dem Vorhang hervorkam und auf sie zukroch. Es war unbekleidet, die Haare umgaben sie wie eine Mähne und hüllten sie ein wie in einen Mantel. Die eine Hälfte der Haare war dunkel, die andere hell... Dieses Wesen kroch auf Händen und Füßen dicht vor Schwester Luise, es hob die gefalteten Hände bittend zu ihr empor und sah sie aus schönen braunen Augen hilfesuchend an. Dann verschwand es wieder.

Als mein Vater sich emeritieren ließ, zogen wir in die Stadt, Schwester Luise aber kehrte in ihre Anstalt zurück... Im Jahre 1915 weilte ich acht Wochen bei ihr in der Anstalt Kützenmühle. Es war herrliches, trockenes und ganz beständiges Wetter, als ich Anfang August dort eintraf. Im Zimmer einer magenkranken Schwester (Klara Müller) war meine Schlafstelle, das Zimmer meiner Lehrerin war daneben. Dort hielt ich mich am Tage auf und nahm auch mit ihr zusammen die Mahlzeiten ein. Am ersten Abend nach meiner Ankunft war ich ziemlich spät zu Bett gegangen und ermüdet von der weiten Reise schon am Einschlafen, da begann ein Krachen und Knacken in allen Möbeln des Zimmers. Erschrocken fuhr ich auf und rief: „Schwester Klara, was ist das?" Sie sagte beruhigend: „Lassen Sie, Frl. Gertrud, es sind das alles gute Geister!" Diese Geräusche wiederholten sich nun fast jeden Abend. Oft wachte ich des Nachts durch schreckliches Gepolter und Lärmen auf dem Flur auf, es war so, als ob Säcke mit Nüssen auf den Boden geschüttet würden. Vom Dach des Hauses her war öfter ein Weinen wie von Kinderstimmen zu vernehmen. Zuweilen sah ich des Nachts, wenn ich aufwachte, wie sich eine hohe weiße Gestalt über mich beugte. Auch wurde mein Bett des öfteren hin und her bewegt. Schwester Klara hatte dieselben Erlebnisse, wie ich. Sie erzählte mir, daß die Geister oft an ihre Tür klopften, dann rief sie ihnen zu: „Schwester Luise wohnt nebenan, geht dorthin!" Dann hatte sie Ruhe... Die hohe weiße Gestalt zeigte sich ihr ebenfalls zu-

weilen, dann steckte sie stets den Kopf unter die Bettdecke. –

An einem unfreundlichen Herbstabend saßen wir,
meine Lehrerin und ich, am mollig warmen Kachelofen;
draußen brauste der Sturm, er peitschte den Regen gegen das Fenster und heulte schauerlich um das frei-
stehende Haus. Schwester Luise berichtete ihr von ihren
Erlebnissen mit den armen Seelen. Vieles habe ich im
Laufe der Zeit schon vergessen, doch weiß ich noch
ganz genau, wie sie sagte: „Gertrud, wie oft ziehen die
armen Seelen, wenn ich allein in meinem Lehnstuhl
sitze, in Tiergestalt an mir vorüber, in einem langen
endlosen Zuge! Vögel und vierfüßige Tiere – und alle
sehen mich bittend und hilfeflehend an..." Es war
alles so seltsam... Meine Lehrerin mit den Augen der
Seherin von Prevorst, der heulende Sturm draußen, das
Dämmerdunkel im Zimmer – ich fühlte, wie sich meine Haare zu sträuben begannen, ein eigenartiges Gefühl, das ich nachher niemals wieder hatte...

An einem Sonntagabend nahm Schwester Luise an
einem Vortrag im Schwesternhaus teil. Ich saß allein in
ihrem Zimmer und las. Bald merkte ich, wie sich das
Zimmer mit Seelen füllte. Es wurde mir so unheimlich,
fast wagte ich nicht mehr zu atmen. Darum ging ich
rasch zu Schwester Klara ins Nebenzimmer. Gesehen
habe ich außer der hohen weißen Gestalt sonst nichts.
Meine Lehrerin hatte die Seelen gebeten, solange ich
dort wäre, nicht zu kommen, damit ich mich nicht ängstigen solle. Sie kamen nun zwar, doch unsichtbar, tru-
gen also fast alle dem Wunsche ihrer Wohltäterin Rechnung...

Die hier geschilderten seltsamen Vorgänge sind von
dem Direktor und dem leitenden Arzt der Anstalt, Dr.

Karig, beglaubigt worden, und zwar nach eingehender gewissenhafter Prüfung. – Am Neujahrsabend 1917 starb Schwester Luise. In der ersten Zeit erschien sie mir fast jede Nacht im Traum, dann kam sie seltener, bis im Laufe der Zeit diese Besuche ganz aufhörten. Ich weiß, sie ist selig in der Anschauung Gottes, dem sie hier auf Erden so treu diente...

Daß Seelen in Tiergestalten erscheinen, wird öfter berichtet. Schon die hier erwähnte Seherin von Prevorst, Friederike Hauffe, sah Seelen in Tiergestalt, und die an anderer Stelle erwähnte süddeutsche Prinzessin hatte ebenfalls solche Erscheinungen. Diese Erscheinungsform enthält die tiefinnerlichste *Symbolik* für die den Menschen geradezu vertierende, ungebändigte Leidenschaft und dient auch offenbar dem Zweck, den derzeitigen Seelenzustand im Läuterungsort in charakteristischer Weise auszuprägen. In den apokalyptischen Schriften im Alten und Neuen Testament, im Buch Daniel, in der Geh. Offenbarung wird die Tiersymbolik öfter angewandt. – Übrigens finden sich in der Literatur noch andere Belege dafür, daß auch auf protestantischer Seite an einen Läuterungsort und damit an „arme Seelen" geglaubt wird.

Vor einiger Zeit wurde mir von dem Seelenführer einer süddeutschen Prinzessin, Pfarrer Sebastian *Wieser*, deren Tagebuch mit Aufzeichnungen über *jahrelange Erscheinungen* von Verstorbenen zur Verfügung übergeben. Die Prinzessin, eine heiligmäßige Person, die unverehelicht blieb, starb im Alter von 67 Jahren im Jahre 1929. So wie der gottseligen Augustinernonne Anna Katharina Emmerich in Dülmen, so erschienen auch ihr häufig arme Seelen, die sie um ihre Fürbitte baten. Sie kamen zu ihr nicht nur in den Abend- und Nachtstunden, sondern auch am hellen Tage, und zwar auch außerhalb des Schlosses, im Freien oder wenn sie irgendwo hingereist war. Pfarrer W. war ein sehr nüchterner, kritischer Geistlicher. Umso bedeutungsvoller und beachtlicher ist daher eine Erklärung von ihm, in der es heißt: „Ich habe die Seherin die letzten zwölf Jahre ihres Lebens gekannt und Tag für Tag Kenntnis bekommen von ihren Erlebnissen mit den Erscheinungen. Auf meinen Rat hin hat sie das Geschaute tagebuchartig aufgezeichnet, durchaus nicht in der Absicht – auch ich dachte vorerst nicht an solches –, es der Öffentlichkeit mitzuteilen... Die Seherin hat ein heiligmäßiges Leben geführt. Sie war kernig fromm, eine demütige Franziskusseele, eifrig im Guten, grenzenlos im Wohltun, hilfsbereit zu jeder Zeit und verzichtbereit, opferwillig fast über ihre Kraft, ein Liebling vor Gott und den Menschen. Alle, die sie kannten, haben sie verehrt. Nichts lag ihr ferner, als Ehren und Ruhm zu erlangen. Nur anderen wollte sie Freude bereiten und sie war darin geradezu erfinderisch. Die Persönlichkeit der Prinzessin ist das beste Unterpfand vollständiger Glaubwürdigkeit. Ich erkläre an Eidesstatt, daß ich die Prinzessin zwar zur deutlichen und vollständigen Aufzeichnung ihrer tatsächlichen Erlebnisse veranlaßt, aber ihr nie und nirgends irgendwelche Anschauung meinerseits suggeriert habe. *Ich verbürge mich in jeder Hinsicht für die Glaubwürdigkeit des Tagebuches* und bitte den Leser, der Prinzessin, die nun selbst im Jenseits ruht, und sicherlich in der Anschauung Gottes glücklich ist, ein dankbares und ehrendes Andenken zu bewahren."

Inzwischen ist auch Pfarrer W. aus diesem Leben geschieden, und auch er verdient ein ehrendes Gedenken.

Er stand in dem Ruf, daß er eher ein halber Rationalist sei als ein leichtgläubiger Mann. Umso glaubhafter ist sein Zeugnis.

Auch von anderer Seite ist mir die Prinzessin, mit der ich nur brieflich in Beziehung getreten bin, in derselben Weise geschildert worden. So schreibt mir ein Vetter von ihr, Prinz C. L.: „Ich unterschreibe ganz die Beurteilung ihrer Persönlichkeit, wie sie Pfarrer W. gibt. Sie ist unbedingt zutreffend. Ihr Leben bestand in Selbstaufopferung für andere. Dies hat sie gern und freudig getan und hat kein Wesen daraus gemacht. Sie war ja überhaupt ganz einfach und natürlich, für sich vollkommen anspruchslos. Dabei gescheit, lebhaft, sehr heiter und mit großem Sinn für Witz und Komik. Schon dadurch war sie überall beliebt und ihre Gesellschaft gesucht. Die Kinder haben sie vergöttert. (Dies halte ich für besonders wichtig, da Kinder unbewußt ein gutes Urteil haben.) Sie trank nur Wasser." — Und eine ehemalige Kammerzofe, die sie bediente, wenn sie bei einer Verwandten zu Besuch war, sagt von ihr, in einem Briefe an mich: „Ich kannte die Prinzessin nur als einen lieben, selbstlosen, heiteren Menschen, dem jedermann gut sein mußte. Sie blieb sich immer gleich, immer freundlich und lieb. Ich habe das Empfinden, daß ihr der Gedanke des Opfers und der Sühne schon damals eigen war, als ich sie kennen lernte.

Wenn sie manchmal krank und mit Schmerzen im Bette lag (sie hatte damals viel unter einem Steinleiden zu leiden), sagte sie: „Ich denke, wenn ich die Schmerzen dem lieben Gott aufopfere, wird vielleicht einem Heiden draußen das Licht des Glaubens entzündet..." — Sie hatte damals den Missionsverein katholischer Frauen und Jungfrauen der Diözese unter sich."

Andere, die sie kannten, urteilten in demselben Sinne. U. a. äußerte sich auch der damalige Bischof von Korea, P. Bonifaz *Sauer,* der aus dem Benediktinerorden hervorging und der die Prinzessin gekannt hatte, daß diese durchaus gesund, nichts weniger als hysterisch und in jeder Hinsicht glaubwürdig gewesen sei. Er selbst, der das Tagebuch kennen lernte, hielt darum auch dieses für glaubwürdig, wie er mir sagte.

Dieses Tagebuch stellt eine der seltsamsten Aufzeichnungen dar, die mir je zu Gesicht gekommen sind und die mich veranlaßten, mich selbst mit der Prinzessin in Verbindung zu setzen. Diese Aufzeichnungen über Erscheinungen Verstorbener unterscheiden sich von anderen Berichten ähnlicher Art dadurch, daß hier in fast allen Fällen *die Erschienenen auf die Fragen der Prinzessin antworteten* und daß sie auch *am hellen Tage und sogar im Freien und an anderen Orten,* an denen sich die Prinzessin gerade befand, ihr Besuche abstatteten. Das ganze Tagebuch liest sich wie ein außerordentlich spannender Roman, unterscheidet sich aber von einem solchen durch die ganz präzisen Angaben und vielfachen Bestätigungen. (Gesondert erschienen unter dem Titel „Zwischen Himmel und Hölle" mit einer gediegenen theologischen Einführung und Auswertung.) – In der Sache selbst war ich mir auf Grund meiner eigenen Erfahrungen darüber klar, daß die von der Prinzessin berichteten Erscheinungen an sich durchaus möglich sein konnten. Die Annahme von Halluzinationen schied schon deshalb aus, weil, wie die Prinzessin berichtet, die ihr erschienenen Verstorbenen auf Befragen oft ihren Namen genannt und nähere Angaben über ihre irdische Persönlichkeit gemacht hatten, auch über den Zeitpunkt und den Ort ihres Todes, so daß die Prinzessin in solchen Fällen in der Lage war, die Richtigkeit der ihr gemachten Angaben festzustellen. Manche der von der Prinzessin näher gekennzeichneten Personen kannte auch Pfarrer Wieser, weil sie zu seinen Pfarrangehörigen gehört hatten, und er machte in dem Tagebuch auch entsprechende Anmerkungen dazu.

Berichte von Erscheinungen Verstorbener rühren nicht nur von Verfassern christlicher Bekenntnisse her, sondern auch von solchen, die mit dem Christentum in sehr loser oder gar keiner Verbindung stehen. Das Tagebuch der Prinzessin übertrifft aber an Bedeutung selbst die Berichte von Justinus Kerner über die Erscheinungen im Gefängnis zu Weinsberg. Die Namen aller Erschienenen sind im Tagebuch ausgeschrieben. Es erschienen der Prinzessin nach ihren Angaben auch Verstorbene, die vor mehreren Jahrhunderten gelebt hatten und die noch immer nicht erlöst waren und die daher zu ihr kamen und sie auf Grund von Nachforschungen in alten Chroniken feststellen können, daß tatsächlich Personen der angegebenen Namen zu der angegebenen Zeit gelebt hätten. Aber das Seltsamste war folgendes:

Das Tagebuch lag mir 1926 im Wortlaut vor. Es fand sich darin ein Bericht, wonach der Prinzessin auch ein ihr bekannter französischer Dominikanerpater des öfteren, und zwar meist am Tage in natürlicher Gestalt, erschienen sei. Eines Tages habe sie ihn gefragt: „Wann werde ich sterben?", worauf die Antwort erfolgte: „Drei mal neun!" Sie habe gesagt: „Das verstehe ich nicht", worauf er erwiderte: „Das sollst du auch nicht!" — Wie schon bemerkt, das Tagebuch lag mir bereits 1926 vor. Als ich nun diese Stelle, die das Todesdatum der Prinzessin betraf, las, sagte ich zu meiner Frau: „Nun werden wir ja sehen, was von dieser Ankündigung und dem ganzen Tagebuch zu halten ist. Nach den Angaben des erschienenen Dominikaners „drei mal neun" müßte also die Prinzessin im nächsten Jahre, 1927, sterben!" –

Das Jahr 1927 verging, aber die Prinzessin starb nicht; 1928 starb sie auch nicht, aber sie wurde am 9. Januar 1929 tot im Bette aufgefunden, anscheinend vom Schlage getroffen. *In ihrem Todesdatum ist die Zahl 9 dreimal enthalten.* – Und so und nicht anders war wohl die Antwort der Erscheinung auf die Frage: „Wann werde ich sterben? gemeint! Also nicht: 3 mal 9 = 27, d. h. im Jahre 1927! Das aber hatte, wie auch Pfarrer Wieser und ich, auch die Prinzessin angenommen und sich daher auch für das Jahr 1927 auf den Tod vorbereitet. – Ich habe hier eine Tatsache berichtet, die einer natürlichen Erklärung widerstreitet, denn die Prinzessin selbst konnte doch wohl unmöglich wissen, daß in ihrem Todesdatum die Zahl 9 dreimal enthalten sein werde! Den weiteren Aufzeichnungen seien noch die folgenden Angaben entnommen:

Die Prinzessin erwähnt, daß ihr auch Verstorbene erschienen seien, von denen sie noch gar nicht gewußt habe, daß diese bereits gestorben waren, darunter drei, die zu ihren Lebzeiten bezweifelt hatten, daß Abgeschiedene erscheinen könnten. Unter den Erschienenen befanden sich „eine Dame in Rosa in der Tracht des 16. Jahrhunderts" (Barbara L...), neben ihr ein „Mann in Reitertracht", ferner „Kammerdiener Niklaus", der lange Zeit bei ihrem Großvater bedienstet war, eine „Kindsmörderin Margarete". Weitere Persönlichkeiten waren: Ein „blonder Ritter in der Rüstung", „Katharina", die sagte, daß sie „Hornung 1680 in Kempten gestorben" sei „Reinhardt", der angab, „in Heidelberg begraben" zu sein, eine Gräfin „Irmingard Monfort", die „wie im

Feuer" zur Prinzessin kam, „in Tettnang" begraben. Dazu bemerkte die Prinzessin: „Von dieser Erscheinung kann ich sagen, daß sie wirklich existiert hat. Sie war die Schwester einer Gräfin von Geroldseck, eine geborene v. Monfort, hat 1642 gelebt. Ihre Burg war in der Nähe von Spremberg." Auch ein „Domänenrat Fr. W." erschien, wozu Pfarrer W. bemerkte: „Ich habe den Domänenrat sehr gut gekannt, ihn zum Tode vorbereitet und beerdigt. Er war längere Zeit krank und ich gab ihm meinen Roman „Selig sind die..." zu lesen. Dieser hat ihn derartig ergriffen, daß er wieder religiöser gestimmt wurde und Seeleneinkehr hielt. Ich war erschüttert, als ich hörte, daß er – und wie er zur Prinzessin kam..."

Auch ein „Dr. G., der auf der Jagd vom Schlage getroffen", die „alte Lumpensammlerin" und „Alfred S." befanden sich unter den Erschienenen. Von dem letzteren heißt es: „Seine Erscheinung hat mich sehr gefreut, mich aber auch tief beeindruckt, denn voriges Jahr etwa um diese Zeit hatte er mir lachend versprochen, wenn es möglich sei, mir zu erscheinen. Er war ganz wie im Leben..." Pfarrer W. fügte hinzu: „Alfred S. ist eine hochgestellte, mir bekannte Persönlichkeit. Die Erscheinung ist Rechtfertigung und Bestätigung gegenüber jenen, die da sagen: „Das gibt es nicht, daß Tote zurückkehren." – In München erschien ihr im Hause des „berühmten Malers L." dieser selbst in erschreckender Gestalt, daheim im Schloß „Pfarrer M.", von dem sie noch nicht wußte, daß er schon gestorben war. Auch er bat um Gebetshilfe, ebenso der bereits erwähnte Dominikaner. Auf die Frage: „Kann ich eine Seele rufen, von der ich etwas wissen möchte?" erwiderte dieser: „Du hast keine Gewalt über sie!" – – – Ein 1879 abgestürzter bekannter Bergsteiger „Alois Z.", der sich meldete, beantwortete die Frage: „Aus was für Sphären dürft ihr zu mir kommen?" mit der Angabe: „Aus den niederen!" –

Eine „Katharina" gestand der Prinzessin: „Ich habe immer die Menschen entzweit." Als sie gefragt wurde: „Kannst du mir nichts vom Jenseits erzählen?" erwiderte sie: „Nein!" Auf die weitere Frage: „Darfst du es nicht?" antwortete sie: „Glaube!" Darauf die Prinzessin: „Ist es so, wie du geglaubt hast?" – „Ja!", war die Antwort. – Den weiteren Aufzeichnungen sei entnommen, daß einer der Erschienenen u. a. angab: „Im Nekkar begraben, im Krieg gefallen", ein anderer „in Paris 1846 gestorben" zu sein. Ein „alter Mann mit großem, grauem Bart in einem braunen Wams mit Kette, in der Tracht früherer Jahrhunderte" erschien wiederholt. Auf die Frage: „Warum hast du denn keine Ruhe?" gab er zur Antwort: „Ich war ein Bedrücker der Armen, sie haben mir geflucht!" Er habe in Mainz gelebt. – „Schäfer Fritz", der von seinem siebzehnjährigen Sohn des Nachts im Holzstall erschlagen wurde (der Mörder wurde zum Tode verurteilt), sagte einmal bei seinem Erscheinen: „Ich brenne!" Ehe die Prinzessin sich wehren konnte, drückte er ihr einen Finger auf die Hand, wodurch sofort ein roter Brandfleck entstand, den Pfarrer W. bestätigte. Es tat so weh, bemerkte die Prinzessin, daß sie aufschrie. Sie fügte hinzu: „Es ist ein ganz eigenes Gefühl, dieses sichtbare Zeichen aus der anderen Welt zu haben..." – Oft habe sie Rufe gehört: „Hör uns! Hilf uns!", zuweilen auch durchdringende Schreie und Schluchzen. Ein „schauerliches Weib", das fast täglich kam, gab an, „Eleonore" zu heißen und „aus Passau" zu stammen. Sie habe dort 1823 ihr Kind umgebracht und bat die Prinzessin, nach Passau an eine noch lebende Verwandte zu schreiben. Ein alter Mann gab an, „in Leipzig" gestorben zu sein, sein Name sollte nicht mehr genannt werden. „Gisela S." eine Bekannte der Prinzessin, sagte, sie habe sich in geistiger Umnachtung das Leben genommen. Pfarrer W. bemerkte hierzu: „Sie war etwa zwei Jahre vorher zu Tode gekommen. Man munkelte, jemand anderer hätte sie erschossen." — „Adelgunde" gab an, daß sie bereits „dreimal achtzig Jahre" umgehe. Einmal hörte die Prinzessin in ihrem Zimmer Lärm, „wie wenn Waschkörbe mit Glas auf den Boden geworfen würden, ein ganz unbeschreibliches Geklirr", und dann habe das Zimmer wie in Flammen gestanden. Bemerkenswert war, daß verschlossene Türen sich bei manchen Erschienenen von selbst öffneten, die Gestalten traten dann wie Lebende in ihr Zimmer. Auch eine Katze und Hühner seien bei dem wiederholten Erscheinen einer Frau im Hühnerhof erschrocken davongelaufen, die Katze mit einem Seitensprung. Das sei ihr, der Prinzessin, ein Beweis gewesen, daß auch Tiere gleich ihr diese Erscheinungen sahen. Dasselbe sei auch bei ihrem kleinen Neffen der Fall gewesen, der ihr einmal ein Buch aus der Bibliothek holen sollte, aber gleich darauf zurückgelaufen kam und ihr gesagt habe: „Ist ein Bettler drin!" Als sie dann hinüberging, sei ein Mann dort gewesen, der wirklich wie ein Bettler ausgesehen habe und der mit traurigem Gesicht dagestanden sei. Auf die Frage: „Wo kommst du her?" habe er geantwortet: „Aus der Trübsal!" Er nannte sich „Josef H.", der 1874 gestorben sein wollte. Auch ihr früherer Religionslehrer in München, Pater Odilo, erschien ihr öfter. Auf die Frage, weshalb er noch büßen müsse, er sei doch ein frommer Mann gewesen, habe er geantwortet: „Wegen geistigen Hochmuts!" (Dazu sagte mir einer seiner noch lebenden Ordensbrüder, Bischof S., lächelnd: „Ja, ja, so war er, der gute Pater Odilo...") — Eine der Prinzessin bekannte Klosterfrau, „Maria R.", bekannte ihr bei ihrem Erscheinen, daß in ihrem Leben „alles Lüge und Verstellung" gewesen sei und sie ihre „Schwüre gebrochen" habe.

Soweit der kurze Auszug aus dem umfangreichen Tagebuch der Prinzessin. Bei der Bewertung ihrer Aufzeichnungen sind u. a. das Zeugnis des sehr nüchternen, rationalistisch eingestellt gewesenen Pfarrers Wieser gebührend in Rechnung zu stellen, ferner einzelne Umstände, die dem Kenner okkultistischer Phänomene als typische Spuksymptome bekannt sind, der Umstand, daß auch Tiere und ein Kind einige der berichteten Erscheinungen sahen und darauf entsprechend reagierten, die Tatsache des Brandmales auf der Hand — und nicht zuletzt die ihr zuteil gewordene Angabe des gewünschten Todesdatums. Daß der Prinzessin auch die nötige Selbstkritik nicht mangelte, ging aus folgender Eintragung hervor: „Überspannte Dinge waren mir immer zuwider... Wenn ich alles hin und her erforscht habe, komme ich immer wieder zum Resultat der Wirklichkeit. Auch halte ich es für ausgeschlossen, daß man Nieahntes sich einbilden kann!" — Der Inhalt der Aufzeichnungen in diesem Tagebuch darf nicht zusammengeworfen werden mit sonstigen „profanen" Phänomenen des Okkultismus, von denen sich die geschilderten Erlebnisse doch sehr wesentlich abheben.

Don Bosco, der große Jugenderzieher und Heilige, hat einen Bericht über die Erscheinung eines Verstorbenen hinterlassen, dem eine ganz außerordentliche Bedeutung zukommt. Dieser Bericht betrifft Don Boscos Studienfreund Comollo und lautet:

„Bei der engen Freundschaft und dem unbegrenzten Vertrauen, das zwischen mir und Comollo herrschte, pflegten wir auch von dem zu sprechen, was jeden Augenblick eintreten konnte, nämlich unsere Trennung im Falle des Todes. Eines Tages erinnerten wir uns dessen, was wir in einigen Heiligenleben gelesen, und sagten zueinander halb im Scherz und halb im Ernst: es würde doch ein großer Trost sein, wenn derjenige von uns, der zuerst in die Ewigkeit abgerufen würde, dem anderen Kunde von seinem Zustand zukommen ließe.

Auf dieses Gespräch kamen wir öfter zurück, und schließlich *gaben wir uns das Versprechen:* der *zuerst sterben* würde, sollte dem überlebenden Freund *Nachricht über den Zustand seiner Seele* geben. Ich kannte nicht die ganze Bedeutung eines solchen Versprechens und gestehe, daß es eine große Unbesonnenheit war; auch rate ich dringend davon ab. Wir aber fanden bei diesem Gelöbnis damals nichts Bedenkliches und waren gewillt, es zu halten. Mehrmals hatten wir es erneuert, besonders in der letzten Krankheit Comollos; aber immer unter der Bedingung, daß Gott es erlaube und es ihm wohlgefällig sei. Die letzten Worte Comollos und sein letzter Blick hatten mich der Erfüllung unseres Abkommens versichert...

Einige Kameraden wußten darum und erwarteten gespannt, daß das Versprechen nun eingelöst würde. Am erwartungsvollsten war ich, denn ich erhoffte mir davon großen Trost in meiner Trauer. – Es war in der Nacht vom 3. auf den 4. April, in der Nacht nämlich, die auf den Tag seines Begräbnisses folgte. Ich ruhte mit zwanzig Schülern vom theologischen Kurs im Schlafsaal, der auf den Hof hinausgeht und gegen Süden liegt. Ich lag zwar im Bette, schlief aber nicht, sondern dachte an unser Versprechen, und mein Herz war gleichsam im Vorgefühle dessen, was kommen sollte, von Furcht beklommen. Es schlug Mitternacht; da hörte ich ein dumpf rollendes Geräusch vom Ende des Ganges her, das immer deutlicher, immer lauter, immer tiefer wurde, je mehr es sich näherte. Es hörte sich an, wie wenn ein Lastwagen von vielen Rossen gezogen würde, wie ein Eisenbahnzug, fast wie der Schuß einer Kanone. Den Eindruck kann ich nicht anders wiedergeben, als daß es wie das Krachen von furchtbaren Donnerschlägen an mein Ohr drang, so daß den Hörer Entsetzen befiel und ihm das Wort im Munde erstarb. Während das Getöse sich der Türe des Schlafsaales näherte, dröhnten und zitterten hinter ihm Wände, Gewölbe und Boden des Ganges, wie wenn sie von Eisen wären und von einem gewaltigen Arm erschüttert würden. Sein Herannahen war nicht so, daß man sagen konnte, die Entfernung würde immer kleiner, der Abstand geringer, sondern man blieb in einer gewissen Unsicherheit, wie etwa bei einer Lokomotive, die man nicht dahinbrausen sieht und deren Entfernung man allein nach dem Rauche abschätzen kann, der in der Luft sichtbar wird.

Die Seminaristen im Schlafsaal wachten auf, aber keiner sprach; ich selbst war von Furcht wie versteinert. Das Getöse näherte sich und ward immer entsetzenerregender. Es war ganz nahe beim Schlafsaal; da öffnete sich die Tür ungestüm von selbst, der Schall wurde immer heftiger, ohne daß man etwas anderes wahrnahm als ein mattes Licht von wechselnder Farbe, das den Schall zu regeln schien. Mit einem Male trat tiefe Stille ein, das Licht leuchtete lebhafter auf und man vernahm deutlich die Stimme Comollos, nur etwas schwächer als zu seinen Lebzeiten, die dreimal hintereinander die

Worte sprach: *„Bosco, Bosco, Bosco! Ich bin gerettet!"* — In diesem Augenblick war der Schlafsaal noch heller, das Getöse ließ sich neuerdings und noch viel heftiger hören, fast wie wenn ein Donner das Haus bis in seine Tiefen erschütterte; bald aber hörte es auf und jeder Lichtschein verschwand. Die Seminaristen waren aus dem Bett gesprungen und flüchteten ohne zu wissen wohin; einige sammelten sich in einer Ecke des Schlafsaales, andere drängten sich um den Präfekten Don Joseph Fiorito von Rivolo; so verbrachten sie die Nacht, indem sie ängstlich den Anbruch des Tages erwarteten. Alle hatten den Lärm gehört, einige hatten auch die Stimme vernommen, ohne aber den Sinn zu verstehen. Einer fragte den anderen, was das Getöse und die Stimme zu bedeuten habe, und ich sagte, auf meinem Bette sitzend, zu den Kameraden, sie möchten sich beruhigen, ich hätte deutlich die Worte verstanden: „Ich bin gerettet!" Einige hatten sie gleich mir gehört und noch lange Zeit nachher war im Seminar von fast nichts anderem mehr die Rede.

Ich habe dabei geradezu Furchtbares ausgestanden und mein Entsetzen war derart, daß ich in jenem Augenblick am liebsten gestorben wäre. — — Es war das erstemal, soweit ich mich erinnern kann, daß ich mich fürchtete. Ich verfiel in eine Krankheit, die mich an den Rand des Grabes brachte und meine Gesundheit derart schwächte, daß sie erst nach vielen Jahren ihre frühere Stärke wieder erreichte.

Gott ist allmächtig und barmherzig. Meistens versagt er solchen Abmachungen seine Zustimmung, bisweilen aber läßt er in seiner unendlichen Barmherzigkeit ihre Erfüllung zu, wie in dem erzählten Falle. Wenn natürliche Dinge mit übernatürlichen in Beziehung treten, dann leidet die schwache menschliche Natur darunter sehr, besonders bei Dingen, die nicht notwendig sind für unser ewiges Heil. Wir haben hinreichend Gewißheit über die Existenz der Seele, ohne daß wir Beweise zu suchen brauchten. Darum soll uns genügen, was unser Herr und Heiland Jesus Christus geoffenbart hat."

Comollo starb in der Morgendämmerung des 2. April 1839 im Alter von 22 Jahren. In derselben Nacht erschien er dem Kleriker Vercellino von Borgare, der in einem anderen Schlafsaal als Don Bosco schlief. Jener erwachte sofort und erblickte seinen Studiengenossen Comollo, der zu ihm sagte: *„Ich bin soeben verschieden!"* Der Verstorbene war also im ganzen zweimal erschienen.

Diese Berichte sind enthalten in dem von J. B. Lomoyne im Auftrage der deutschen Provinz der Salesianer herausgegebenen Buch über das Leben Don Boscos, 1. Band, München 1927. Die Herausgeber fügen hinzu, daß *Don Bosco* selbst diese Berichte im Jahre 1884 für die neue Auflage der Biographie Comollos schrieb und daß zu dieser Zeit noch einige Zeugen jener Erscheinung lebten. Auch die Korrekturbogen der ersten Ausgabe waren von den Oberen des Seminars und den Mitschülern des Ehrwürdigen gelesen und durchgesehen worden. Mithin darf man mit vollem Recht sagen, daß wir es hier mit einem der bestbeglaubigten Berichte über die Erscheinung eines Verstorbenen zu tun haben, da außer Don Bosco selbst noch zwanzig andere Zeugen vorhanden waren.

Eines der umstrittensten okkulten Phänomene ist das der eingebrannten Hand. Die Tatsache dieses höchst eigenartigen Phänomens an sich wird zwar nicht bestritten, doch gehen die Meinungen über den Charakter dieser Erscheinung auseinander. Die Tatsache als solche besteht darin, daß es eine ganze Anzahl solcher eingebrannter Handabdrücke gibt, die von Verstorbenen herrühren sollen. Mir persönlich hat etwa ein halbes Dutzend solcher Originalabdrücke vorgelegen und auch andere Forscher auf dem Gebiete des Okkultismus haben solche kennen gelernt. Die einschlägige Literatur weist zahlreiche gut beglaubigte Berichte über derartige Abdrücke auf. Soweit es sich um Fälle handelt, die lange zurückliegen, ist naturgemäß eine Untersuchung nach der historischen Seite ziemlich schwierig. Immerhin weisen die meisten so übereinstimmende Merkmale auf, daß schon daraus gewisse Schlüsse gezogen werden können. Daneben haben die einzelnen Berichte an sich ein gewisses Gewicht, zumal die Gewährsmänner nicht selten auch Persönlichkeiten von Ansehen sind. Ich habe dieses Phänomen bereits an anderer Stelle gestreift.

Einer besonderen Beurteilung unterliegen diese Abdrücke nach ihrer technischen Seite. Auch hier finden sich in fast allen Fällen dieselben Merkmale, auch dort, wo die Abdrücke auf Holz und Metall eingeprägt sind. Trotzdem oder vielleicht gerade deshalb erhoben sich Stimmen, die behaupteten, es handele sich bei diesen Abdrücken um Fälschungen, also um glatten Betrug. Man nahm in einzelnen Fällen an, daß die Abdrücke, die sich meist auf Tüchern befinden, mittels einer Säure eingeätzt worden seien. Das wäre an sich wohl möglich, aber dort, wo sie in Holz und Metall eingebrannt sind, kommt eine solche Ätzung kaum in Frage, ganz abgesehen davon, daß die chemische Untersuchung in einigen Fällen ausgesprochene Brandeinwirkung, hervorgerufen durch Feuerflammen, festgestellt hat. Die Annahme einer Fälschung schließt natürlich die weitere ein, daß auch die darüber vorliegenden Berichte fingiert seien. Bei den verhältnismäßig zahlreichen Fällen solcher Handabdrücke müßte man also auch ebenso zahlreiche Fälschungen beider Art annehmen, wollte man sich diese Betrugsauffassung zu eigen machen. Es würde sich dabei schließlich die Frage erheben, zu welchem Zweck eigentlich diese Fälschungen erfolgt sein sollten. Welches tiefere Interesse sollte da vorgelegen haben? Um das persönliche Fortleben sozusagen „handgreiflich" zu beweisen? Das könnte man natürlich als Grund gelten lassen, aber die an diesem Phänomen Beteiligten hatten nach allem, was über sie bekannt ist, kaum ein Interesse an einer solchen Beweisführung, wie überhaupt an dem Phänomen an sich. Dazu kommt, daß auch Lebende mit einem solchen Brandmal bedacht wurden, so daß die Betrugsannahme in einem solchen Falle als ausgesprochen absurd bezeichnet werden müßte.

In Forscherkreisen aller Richtungen ist man heute, wie schon eingangs bemerkt, so weit, daß man die Echtheit solcher Handabdrücke ohne weiteres zugibt, jedoch in der Erklärung keineswegs übereinstimmt. So wird z. B. die Auffassung vertreten, daß nicht der Geist eines Verstorbenen es sei, der diesen Handabdruck erzeuge, sondern der Geist eines Lebenden, eines sog. Mediums. Hier übersieht man aber, daß es sich um sengendes, brennendes, also *reales* Feuer handelt und daß schon rein philosophisch betrachtet, eine derartige Annahme kaum haltbar ist, wonach nämlich der Seele, solange sie im lebenden Leibe bekörpert ist, physikalische Wirksamkeit vollständig fehlt. Die Erklärung bliebe aber ebenso dunkel, wenn man sich hinter die Hypothese der Autosuggestion verschanzen würde, weil es dann ebenso unbegreiflich bliebe, wie man durch Autosuggestion zur

Schaffung aus dem Nichts eines Grundelements, wie das Feuer, gelangen kann. Aus denselben Erwägungen heraus muß es auch als ausgeschlossen gelten, daß das vielgenannte „Unterbewußtsein" imstande wäre, wirkliches Feuer hervorzurufen, wobei es ganz unerklärlich bliebe, weshalb gerade eine *Hand* eingebrannt werden sollte. Vor allem aber bliebe auch hier rätselhaft, weshalb überhaupt eine solche Manifestation erfolgt und man könnte da ohne weiteres von einer sinnlosen Demonstration sprechen. Von diesen Bedenken ganz abgesehen, wer sollte in den einzelnen Fällen das Medium gewesen sein, das ein solches Phänomen hervorgebracht hätte? Diese Frage wäre in manchen Fällen gar nicht zu lösen, weil kein Anhaltspunkt dafür vorhanden wäre. Dazu kommt dann noch die rein historische Seite solcher Fälle, die einen Mediumismus geradezu ausschließt.

Nachstehend gebe ich einige solcher Fälle stark gekürzt wieder, wo es sich um einen eingebrannten Hand- und in einem Falle um einen ebensolchen Daumenabdruck handelt, und zwar zunächst um ältere, aber sehr gut bezeugte und dann auch um jüngere Fälle, auch um solche aus der Gegenwart.

Im Pfarrarchiv zu *Pflochsbach* am Main (Unterfranken) befindet sich ein mehrfach zusammengelegtes Tuch, das deutlich die Spuren einer eingesengten Hand trägt. Nach den vorhandenen Urkunden habe ein gewisser Kaspar Röslein, der als Schloßgärtner und Turmwart in Diensten des Frhr. v. Hettersdorf in Rothenfels stand, wenn er abends die Glocke läutete, öfter ein menschliches Ächzen gehört und schließlich die Stimme seines verstorbenen Bruders erkannt. Dieser habe ihn gebeten, ihn zu erlösen und zu diesem Zweck für ihn eine Wallfahrt zu unternehmen, die er zu Lebzeiten gelobt, aber nicht ausgeführt habe. Kaspar Röslein willfahrte dieser Bitte im Mai 1752, indem er nach Einsiedeln pilgerte. In der dortigen Wallfahrtskirche habe er während der Messe, als er sein Taschentuch in die Hand genommen, plötzlich darin einen Händedruck verspürt und als er das Tüchlein betrachtete, die fünf Finger einer Menschenhand wie mit Feuer eingebrannt vorgefunden. Daraus schloß er, daß die Seele seines Bruders erlöst worden sei. Bemerkenswert ist u. a., daß sich unter den hierzu vorhandenen Urkunden auch ein in lateinischer Sprache abgefaßter bischöflicher Empfehlungsbrief des Ordinariats Würzburg vom 1. Mai 1752 für den Pilger Kaspar Röslein befindet.

Der nächste Fall spielt in *Fuchsmühl* (Oberpfalz). Im dortigen Augustinerkloster ist ebenfalls ein Tuch mit einem solchen Handabdruck deponiert. Die dazu gehörigen Dokumente enthalten u. a. die eidlichen Aussagen von vier Zeugen, wonach am 29. April 1736 der 46-jährigen Anna Peymlein von Münchenreuth bei Waldsassen in einem Gasthause in Fuchsmühl, wo alle Beteiligten übernachteten, die verstorbene Schwiegermutter erschienen sei und ein „Tüchl" verlangt habe. In dieses Tuch, das auf den Tisch gelegt worden, sei dann laut hörbar durch einen Schlag eine Hand eingebrannt worden. Auch hier habe es sich um eine Erlösung gehandelt. Der damalige Vorsteher des Klosters, Frhr. v. Froschhaimb, hat die von ihm darüber verfaßten Protokolle unterzeichnet.

In *Hall* in Tirol ist das dortige Pfarramt im Besitz eines alten Predigtbuches, das einen einzelnen eingebrannten Daumenabdruck aufweist, der durch den schweren Holzdeckel und dann noch durch vierzig Blätter hindurchgeht. Aus der Gleichmäßigkeit des durch den Deckel gehenden Eindrucks kann geschlossen werden, daß das Durchbrennen auf einmal, wie mit einem Schlage, erfolgt ist. Charakteristisch ist auch der durch weitere dreißig Blätter sichtbare abnehmende Abdruck, der ganz dem eines natürlichen Daumens entspricht. Unter den vorhandenen Urkunden befindet sich auch ein Gesuch des Stiftspredigers Matthias Eberle vom 25. September 1670 an den fürstbischöflichen Generalvikar in Brixen um Untersuchung dieses Falles. Es handle sich hier um einen verstorbenen Oberkaplan namens Christoph Walpach, der öfter erschienen sei und um seine Erlösung gebeten und zum Beweise der Realität seiner Erscheinung den Daumen eingebrannt habe. Er habe sich bereits 65 Jahre in der Läuterung befunden.

In allen drei sowie weiteren Fällen dieser Art ist mir das gesamte Material zur Einsichtnahme und Prüfung übersandt worden, so daß ich auch in der Lage war, photographische Aufnahmen der Abdrücke vorzunehmen. – Skeptiker können natürlich bemängeln, daß diese Fälle sehr lange zurückliegen und daher die Glaubwürdigkeit zweifelhaft sei. Jedoch liegen, wie schon bemerkt, auch aus neuerer und jüngster Zeit ähnliche Berichte vor. So erschien im „Zentralblatt für Okkultismus" (Juli 1918) der folgende Bericht eines Oberleutnants: „Mir ist folgendes passiert. Ich besuchte eine Dame, und wir waren eben im Gespräch begriffen, als diese plötzlich starr in eine Zimmerecke blickte. Unwillkürlich mußte auch ich dorthin sehen. Da gewahrte ich, wie von einer Holzkassette, die in dieser Zimmerecke stand, ein leichter Rauch aufstieg. Nun fing die Dame zu sprechen an und sagte: „Denken Sie sich, eben war meine verstorbene Freundin hier, mit welcher ich das Versprechen tauschte, daß diejenige von uns beiden, die zuerst sterben sollte, der anderen womöglich erscheinen sollte und hat ihre Hand auf der Holzkassette abgedrückt." Wir gingen nun zur Kassette hin und fanden den eingebrannten Abdruck einer Frauenhand. Dies geschah etwa drei Monate nach dem Tode der Freundin." Gewährsmann ist der bekannte okkultistische Schriftsteller und Ingenieur G. W. Surya.

1926 wurde mir von verschiedenen Seiten mitgeteilt, daß im Juli desselben Jahres im *Kloster St. Veith* in Oberösterreich eine verstorbene Oberin erschienen sei, ihre Hand auf die Haube einer Schwester gelegt und dadurch nicht nur die Hand eingebrannt, sondern auch das Ohr der Schwester versengt habe. Der Handabdruck samt der Haube ist photographiert und mir das Photo übermittelt worden. Anfängliche Betrugsverdächtigungen konnten nicht bestätigt werden, zumal das chemische Institut in Wien den Abdruck einwandfrei als durch Brand hervorgerufen feststellte. Die betreffende Oberin sei 1921 gestorben, seitdem habe es im Kloster öfter gespukt. Meine Nachforschungen in diesem Falle ergaben lediglich die Tatsache des erfolgten Handabdrucks. Mehr ließ sich nicht feststellen, da die betreffende Schwester, die die Erscheinung gehabt habe, inzwischen aus dem Kloster entlassen worden war. Auf Anfrage teilte mir das fürsterzbischöfliche Ordinariat in Wien am 26. Oktober 1930 mit, daß „die Angelegenheit mit dem Häubchen und der darin eingebrannten Hand noch unaufgeklärt sei. – Wenn das Ohr der Schwester tatsächlich ebenfalls durch Brand versengt war, was sich nicht einwandfrei feststellen ließ, so scheidet die Betrugshypothese selbstverständlich aus. – Hier sei auf den Fall hingewiesen, der sich ebenfalls um 1926 abgespielt hat, wo die Erscheinung eines Ermordeten auf der Hand

einer Lebenden (der Prinzessin v. d. L.) einen Brand-
eindruck hervorrief, wie mir Pfarrer S. W., der ihn
untersuchte, bestätigte. (Siehe S. 249)

Einen weiteren, sehr gut beglaubigten Bericht dieser
Art erhielt ich aus dem *Saarland*. Dort hat sich etwa
1934 folgendes ereignet: Ein junges Mädchen, das „weder hysterisch, noch sonst irgendwie auffällig" war, sah
bei einer Totenmesse, die der Pfarrer des Ortes gehalten, die Erscheinung eines verstorbenen Priesters in
Flammen über dem Meßbuch. Dieser offenbarte sich
dem Mädchen, weswegen er leiden müsse. Das Mädchen
ging nach der Messe sofort zum Pfarrer und teilte ihm
ihr Erlebnis mit. Beim Nachsehen des Meßbuches hatte
der Pfarrer eine *Anzahl Blätter durchbrannt* gefunden.
Er fand auch die Angaben des Mädchens, die sich auf
die von dem Verstorbenen erhaltenen Mitteilungen bezogen, vollkommen bestätigt. Das Meßbuch wird seitdem
nicht mehr benutzt und ist im Pfarrarchiv aufbewahrt.
Mein Gewährsmann, bei dem jeder Zweifel ausschaltet,
hat diesen Bericht nicht nur direkt von dem Pfarrer erhalten, sondern auch das Meßbuch mit den Brandspuren
besichtigt. Eine natürliche Erklärung dieser Brandstellen
sei ausgeschlossen. Bemerkenswert sei hier, daß das
Mädchen gar nicht gewußt habe, daß eine Totenmesse
zelebriert worden, da diese nicht angekündigt gewesen
sei. – Auch von anderer Seite ist mir dieser Sachverhalt bestätigt worden.

Schließlich ist mir von geistlicher Seite das Photo
einer eingebrannten Hand übermittelt worden, das dem
Fall zugrunde liegt, der sich in *Baden* zugetragen hat
und der an anderer Stelle bereits erwähnt ist (S. 183). –
Einen weiteren Fall solcher Art erfuhr ich von Hochschulprofessor Dr. A. *Ludwig*, Freising, der ihn aus eige-

ner Anschauung als eben geschehen, von einem Beteiligten, der ihm den Handabdruck als den des verstorbenen
Vaters vorwies, kennen gelernt hatte. Alle Einwände,
die etwa gegen den „katholischen" Charakter solcher
Berichte vorgebracht werden könnten, müßten als abwegig erklärt werden, da das Phänomen der eingebrannten Hand, wie schon früher erwähnt, auch von nicht-
katholischer Seite als Faktum anerkannt worden ist. So
hat z. B. Generalmajor Peter, ein protestantischer Forscher auf diesem Gebiet, in einer besonderen Schrift
dieses Phänomen behandelt und auch eine Anzahl Fälle
dieser Art angeführt. Auch sonst sind in der okkultistischen Literatur noch ähnliche Berichte von andersgläu-
biger Seite enthalten.

Die Problematik dieses Phänomens bleibt in mehr als
einer Hinsicht Problematik, auch dort, wo es sich um
ganz einwandfreie Tatsachen handelt. Man steht nämlich nicht an, zu behaupten, daß „die Geister, die bald
nach der Entkörperung erschienen sind, *den* moralischen
Zustand nach außen spiegeln, den sie im Innern haben
und daß sie noch immer mit den im Leben erworbenen
Ideen behaftet sind. Kein Wunder, daß sie sich noch
nicht von religiösen Vorurteilen losgelöst haben und
sich von den Flammen der Hölle oder des Fegfeuers
gemartert glauben. In der spiritistischen Phänomenologie sind ähnliche Behauptungen gewöhnlich. Offenbar
erlangen die Geister im anderen Leben nicht sofort ein
völliges Begreifen der Wahrheit..." Es fällt schwer, zu
glauben, daß Geister, die bekunden und beteuern, daß
sie leiden müssen und die zum Beweise dafür einen
eingebrannten Handabdruck hinterlassen, nur die sub-
jektive Wahrheit gesagt haben sollten, denn diese ist in
einem solchen Falle eben *objektiv* erhärtet! –

Der italienische Rechtsanwalt *Zingaropoli*, ein bekannter Forscher, der sich ebenfalls mit diesem Problem der eingebrannten Hand eingehend befaßt hat, kommt zu dem Schluß: „Alle diese von Feuerhänden von Unsichtbaren hinterlassenen unzerstörbaren und dauernden Beweise flüchtiger Erscheinungen von leidenden Seelen bringen uns Kunde vom anderen Ufer... Es sind Stimmen der Klage und des Schmerzes..."

Dieser Auffassung kann man sich auch vom ausgesprochen kritischen und nüchternen Standpunkt nur anschließen.

Von einem Großteil der heute leider so materialistisch denkenden Menschen kann man immer wieder hören „Mit dem Tode ist alles aus". Was hätte unser Erdendasein für einen Sinn, wenn dem so wäre, daß dem nicht so ist, davon konnte ich mich öfter überzeugen.

Weihnachten 1920 habe ich geheiratet. Ich hatte einige Monate vorher ein Haus gekauft. Der Vorbesitzer wohnte noch in demselben. Gegen anfangs Januar 1921 kehrten wir von der Hochzeitsreise zurück und fanden die Frau des Vorbesitzers krank an. Meine Frau betreute die Kranke bis sie gestorben ist. Die Kranke wollte meiner Frau ganz kurz vor dem Sterben etwas sagen, war aber nicht mehr in der Lage dazu.

Am Beerdigungstage nachts gegen 23 Uhr – wir lagen schon im tiefsten Schlaf – wachten meine Frau und ich ganz plötzlich auf und waren nicht wenig überrascht, als wir das Bild der Verstorbenen in Lebensgröße – hell erleuchtet – an der Wand unseres Schlafzimmers sahen. Nach ca. einer halben Minute verschwand die Erscheinung, während aber im selben Moment sich ein eigentümliches Rollen bemerkbar machte, als wenn innerhalb der Hausmauer mehrere Steine fallen würden.

Dieses Getöse dauerte bis gegen 1 Uhr nachts. Dieses Ereignis wiederholte sich täglich, jeweils um die gleiche Zeit. Am 2. Tage dieses Vorkommnisses habe ich zusammen mit meinem Bruder, welcher bei mir wohnte, das ganze Haus vom Keller bis zum Speicher durchsucht, konnten aber nirgends etwas feststellen und auch nichts hören. Nachdem zirka 4 – 500 Meter entfernt die Donau lag, glaubten wir, daß das Wasser eventuell Steine mitfortführen würde, welche das Geräusch verursachen könnten. Wir mußten uns aber überzeugen, daß das Wasser ruhig dahinfloß und nicht das Geringste zu hören war. Als wir wieder ins Schlafzimmer zurückkamen, war das Rollen immer noch hörbar. Meine Frau blieb nun abends nicht mehr zuhause und wir gingen gegen 10 Uhr in ein benachbartes Restaurant, gingen dann erst nach 1 Uhr wieder heim. Wir machten das zirka 3 Wochen und glaubten, daß nun der Spuk vorbei sei, was jedoch nicht der Fall war und so blieben wir nun wieder zuhause, ohne uns weiter etwas zu denken, wenn es gegen 23 Uhr wieder los ging.

Es vergingen zirka 7 Wochen und an einem schönen sonnigen Tage hatte der Vorbesitzer des Hauses erst das Bett samt den Matratzen seiner verstorbenen Ehefrau ins Freie bringen lassen, wobei er in der Matratze eine frisch vernähte Stelle entdeckte, worauf er meiner Frau rief und ihr sagte, was das wohl zu bedeuten hätte. Nachdem sie nun Beide gemeinsam die Naht öffneten und Nachschau hielten, fanden sie einen Briefumschlag, in welchem sich 5000 Mark befanden. In derselben Nacht dieses gleichen Tages hörte der Spuk auf. Es scheint somit, daß die Verstorbene – sie war eine tiefgläubige Frau – so lange keine Ruhe hatte. Die Frau hatte zwei Söhne, welche ihr Studium noch nicht beendet hatten und hatte zur Vollendung des Studiums der Söhne das Geld gespart.

Pfarrer i. R. Dr. Otto W. M. *Denk*, Eschelbach a. Ilm berichtet:

Abt Wöhrmüller von St. Bonifaz in München erzählte meiner Mutter: „Unsere Mutter war sehr krank. Wir Kinder waren um sie versammelt. Da sprach die Kranke plötzlich: ‚Ihr Größeren könnt euch selbst fortbringen, das Jüngste da aber,‘ und dabei deutete sie auf das vierjährige Kind, ‚werde ich nach meinem Tode holen.‘

Kurz nach der Beerdigung der Mutter, als noch die größte Unordnung im Hause war, stieg der Kleine auf einen Stuhl und machte sich zu aller Überraschung am Abreißkalender zu schaffen. Das Kind riß Blatt für Blatt weg bis zu einem bestimmten Tag im August. An diesem Augusttage ist das Kind tatsächlich nach kurzem Unwohlsein gestorben. Die Mutter hat ihr Versprechen eingelöst."

Ich stand mit einem unserer Familie gut bekannten Rechtsanwalt in Regensburg, Dr. M., wegen einer persönlichen Angelegenheit eben in Korrespondenz, so daß wir jedenfalls oft an einander denken mußten. Eines Tages mußte ich zu einer Leichenaushilfe von Kulz aus nach dem Pfarrort Dieterskirchen und kehrte von dort am späten Nachmittag zurück.

Ich merkte sofort, als ich meine Mutter grüßte, daß in meiner Abwesenheit etwas Besonderes vorgefallen sein mußte. Denn die Frau sah sehr erregt und angegriffen aus.

Auf meine Frage erhielt ich die Antwort: Rechtsanwalt M. hat vor einigen Stunden plötzlich durch die Glastüre der Küche hereingeschaut und ist dann verschwunden.

Einige Tage darauf kam die erschütternde Post: Herr Rechtsanwalt Dr. M. hat sich erschossen.

Kanonikus Albert Spitzer von St. Johann in Regensburg teilte mir mit: Ein Kapuziner weilte bei mir zu Besuch in Regensburg. Er mußte zufällig durch den alten Domkreuzgang gehen. Als er nichtsahnend den langen etwas unheimlichen Gang durchschritt, sah er plötzlich aus einer Seitenkapelle den verstorbenen Bischof Ignatius Senestrey im vollen bischöflichen Ornat auf sich zugehen.

Dem Kapuziner wurde ganz heiß, und voll Bangen lief er aus dem Bereich der anderen Welt mit dem festen Vorsatz, nicht mehr allein durch den Kreuzgang zu gehen.

Bischof Ignatius ist zwar in der St. Jakobskirche in Regensburg begraben. Aber seine Leiche war in der oben erwähnten Kapelle des Domkreuzganges aufgebahrt.

J. D., Oberlehrerin i. R., berichtet in „Verborgene Welt" v. 15. 4. 62:

Vor ungefähr einem Jahr, als ich um Viertel vor 7 Uhr zur Kirche ging, kam mir seitlich hinter einer Litfaßsäule eine *alte* (60 – 70?) *Frau entgegen,* die ich nicht kannte. Sie schwang sich im Gehen leicht nach rechts und links – ganz natürlich für eine bejahrte Frau. Sie trug einen dunkelgrauen Mantel. Oben am Ausschnitt des Mantels sah ich eine schwarze Bluse mit vielen kleinen glänzenden (schwarz-weißen) Knöpfchen als Verschluß der Bluse. Sie trug einen Hut, aber man hatte den Eindruck, daß über den Schläfen und Ohren ein wenig grau-blondes Haar hervorsah. Wir sahen uns lebhaft in die Augen und ich nahm mir vor, sie zu grüßen, weil sie ja anscheinend vom Gottesdienst kam. Mittlerweile verringerte sich die Entfernung auf zirka fünf Meter. Sie umging die Litfaßsäule, auf der von mir aus gesehenen linken Seite, ich schickte mich an, rechts vorbei zu gehen. Sie war zwischen der Litfaßsäule und einem weißen Holzgartenzaun hindurchgetreten und plötzlich kam es mir vor, als hätte sie eine kleine Scheu vor mir. Sie begann sich vom Boden zu heben und nahm eine etwas schräge Haltung nach hinten an, dann schwebte sie durch den Zaun hindurch und in der gleichen Haltung auf die Hausmauer zu, die ungefähr eineinhalb Meter vom Zaun entfernt war. Genau da, wo das große Parterrefenster war, durchdrang sie die Mauer, immer noch mich fest scheu anblickend. In diesem Augenblick erkannte ich eine arme Seele!

Nach einigen Tagen besuchte ich einen verheirateten Herrn, der zwei Häuser hiervon entfernt wohnt und erzählte ihm die Begegnung (ich war nicht im geringsten erschrocken, nur erstaunt!) und fragte ihn, wer denn früher in dem Hause gewohnt hätte. Er nannte zwei Frauen (Mutter, danach deren Tochter, beide protestantisch!) Ich fragte: „Welche von beiden war groß, schlank etc.", beschrieb die Frau. Darauf sagte der Herr (ein Geometer): „Das ist Frau Kischlat!" (Ob ich den Namen richtig schreibe, weiß ich nicht.) Nach ein paar Tagen holte ich bei einem Bauern gegenüber der Litfaßsäule Milch und fragte ihn (ohne obiges zu erzählen!), ob in dem Haus Schleier (so heißt die jetzige Besitzerin) früher eine Frau gewohnt hätte, die so und so aussah. „Ja, eine Frau Kischlat aber die ist doch *schon lange tot!*" (Der Sohn der Frau Kischlat arbeitet bei Kohlenhändler Beuter. – Er gleicht seiner Mutter, ich erkannte ihn deshalb, als er mir Kohlen brachte und mich ansah.)

F. L. berichtet in der „Südd. Sonntagspost" v. 27. 7. 34:

Es war ein schöner Sommerabend und mir konnte nichts verlockender erscheinen, als ein kleiner Spaziergang in die nahegelegenen Waldanlagen. Aber so ganz allein ist es nun doch auch nicht schön, dachte ich, und siehe, das Glück war mir hold. Ich begegnete einem hübschen Mädchen von ungefähr 18 Jahren, welches ich flüchtig kannte und lud es ein, mit mir zu kommen. Das schüchterne, brave Mädchen wagte es nicht, meine Einladung abzuschlagen und in geraumer Zeit hatten wir, Arm in Arm wandernd, eine versteckte Bank im leise rauschenden Wald erreicht.

Natürlich ich, ein kleiner Mädchenjäger, versuchte, mich dem Mädchen zu nähern, aber siehe es geschah etwas Außerordentliches. Ungefähr drei Meter vor mir tauchte eine alte, ernste Frau auf, welche mich nicht mehr aus den Augen ließ. Näherte ich mich dem Mädchen, kam auch die mir unbekannte Frau näher, und mir wurde allmählich so zumute, daß ich Furcht empfand und zum Heimgehen drängte. Die Frau verfolgte uns bis zu einer etwas belebten Straße, hier entschwand sie meinen Blicken.

Das Mädchen aber versicherte, nichts von all dem gesehen zu haben.

Mir war dies ein großes Rätsel.

Ein paar Tage später besuchte ich das Mädchen in seiner Wohnung. Kaum aber betrat ich das Wohnzimmer, als mir ein Photo in die Augen fiel, welches über dem Schreibtisch hing. Blitzartig durchfuhr es mich, es war dasselbe Frauenantlitz, welches mir im Wald begegnete, das Bild der verstorbenen Mutter des Mädchens war es. Ich war nicht in der Lage, noch länger zu bleiben, sondern mußte beim Anblick des Bildes sofort das Zimmer verlassen. Seit diesem Vorkommnis wagte ich nie mehr, mich diesem Mädchen zu nähern.

Ich glaube zwar nicht an Aberglauben und dergleichen, aber in diesem Falle versichere ich, daß die verstorbene Mutter ihr braves, guterzogenes Kind beschützte. Diese Geschichte klingt fast geisterhaft, unglaublich, aber sie ist |volle Wahrheit und hat sich vor einigen Jahren in einem kleinen Städtchen Oberbayerns ereignet.

Der verstorbene, schon öfter erwähnte Hochschulprofessor Dr. A. *Ludwig* in Freising hat als Pfarrer jahrelang Spukvorgänge in seinem Pfarrhaus erlebt und darüber verschiedentlich berichtet. Als sehr kritischer Forscher auf diesem dunklen Gebiete hat er sich mit seinem ganzen wissenschaftlichen Ansehen für die Objektivität und Realität der von ihm erlebten Spukphänomene eingesetzt und dem Studium dieser Erscheinungen seine weitere Lebensaufgabe gewidmet. Ich habe mit ihm in enger Verbindung gestanden und mit ihm auch persönlich über diese Probleme diskutiert.

Nachstehend gebe ich einige gut bezeugte Fälle von unzweifelhaftem Pfarrhausspuk aus jüngster Zeit wieder.

So wird mir von einem mir persönlich bekannten Pfarrer in der Nähe von Freiburg i. Br. folgender Bericht zur Verfügung gestellt:

„Am 5. November 1919 oder 1920 wollte ein Landwirt und Stiftungsrat meiner Pfarrei mich zusammen mit meinem benachbarten Konfrater auf seinem Fuhrwerk zur Station Sch. führen, weil wir zur Konferenz nach Freiburg mußten. Ungefähr zehn Minuten vor dem Ort scheute das Pferd vor einem entgegenkommenden Radfahrer, schlug aus und damit seinem Herrn das Bein ab. Beinahe wäre er verblutet, konnte aber noch nach Freiburg in das St. Josefskrankenhaus gebracht werden, wo er sich aber so erholte, daß er gerettet schien, und er auch über die Weihnachtsfeiertage nach Hause kommen konnte. Als er aber wieder in Freiburg war, bekam er plötzlich im Bade eine Embolie und starb Mitte Januar.

Nach seinem Tode bat ich ihn öfters so leise vor mich hin, er möge mir ein Zeichen geben, ob er noch im Fegfeuer sei oder bereits im Himmel. Letzteres hoffte ich, weil er sehr wohltätig gewesen war und beinahe jeden Tag in der hl. Messe. Ungefähr einen Monat nach seinem Tode war ich abends spät bei verschlossener Türe in der Kirche. Als ich zur Türe hinausging, dachte ich an ihn, wie er gewöhnlich an seinem Platz hinten war und sagte leise vor mich hin: „Jetzt hast Du mir immer noch kein Zeichen gegeben."

In derselben Nacht klopfte jemand stark an meine Schlafzimmertüre, ich wurde wach und fuhr im Bette auf. Es klopfte ein zweites Mal. Ich war völlig wach und fragte: ‚Was ist los?" Ich war der Meinung verschlafen zu sein, und bekam die Antwort: „Viertel acht Uhr!" (die Zeit des Gottesdienstbeginns) und hörte dann Schritte weglaufen bis zur Treppe. Ich glaubte verschlafen zu haben und schaute auf die Uhr. Es war 7.20 Uhr (man beachte die Zeigerstellung!). Ich kleidete mich eiligst an und wusch mich ebenso eilig. Dann ging ich zur Tür hinaus und fing weidlich an zu schimpfen mit meiner Haushälterin, weil sie mich nicht rechtzeitig geweckt hatte, wie ich glaubte. Über diesem Schimpfen wachte natürlich meine Haushälterin, die im unteren Stocke schlief, ebenfalls auf und fragte: „Was wollen Sie denn, Herr Pfarrer? Es ist ja noch tief Nacht!" Kopfschüttelnd ging ich in mein Schlafzimmer zurück und schaute auf die Uhr. Es war beinahe dreiviertel vier Uhr. (Umgekehrte Zeigerstellung!)

Nun fiel mir ein, was ich am Abend vorher in der Kirche gesagt hatte. Die Erklärung war nicht schwer.

Die Seele des Verstorbenen wollte mir zu verstehen geben, daß sie die hl. Messe noch braucht, d. h. daß sie noch im Fegfeuer ist.

Nun bat ich ihn, mir auch ein Zeichen zu geben, wann sie in der Seligkeit ist. Und zwar bat ich um ein Lichtzeichen am Tabernakel, den er vor Jahren gestiftet hatte. Ungefähr ein halbes Jahr nach seinem Tode kniete ich wieder abends in der Kirche. Die Sonne war eben am Untergehen. Auf einmal strahlte der ganze Altar in einem Lichte, wie ich es noch nie gesehen hatte. Sofort dachte ich an den Verstorbenen. Ich wollte jedoch größere Sicherheit über meine Vermutung, daß er jetzt im Himmel sei. Deshalb sagte ich, wenn das das Zeichen sein soll, dann will ich, daß der Glanz sofort verschwindet – und er war weg. Immer noch nicht ganz überzeugt, sprach ich: „Ich will, daß der Glanz wieder da ist!" – und er war wieder da. Nun war ich überzeugt, daß der Verstorbene in der Seligkeit ist. Weitere Zeichen bekam ich nicht mehr.

Von Herrn Pfarrer A. W. in W. (Baden) ging mir folgender Bericht zu:

„Im Januar 1899 wurde ich als Pfarrverweser nach H. Amt E., angewiesen. Meine Schwester Theresia führte mir den Haushalt. Wir hatten keine Ahnung, daß es im Pfarrhaus nicht geheuer war. Einige Zeit nach unserem Aufzug ging ich früh (etwa halb 8 Uhr) zu Bett und schlief sofort ein, da ich sehr müde war. Meine Schwester und ein zu Besuch weilendes Mädchen mußten noch in einer Angelegenheit zum Mesner. Als sie sich bei ihrer Rückkehr dem Pfarrhaus näherten, sahen sie, wie in dem Speisezimmer – es brannte dort eine Hängelampe – ein Geistlicher zuerst an einem, dann am anderen Fenster die Vorhänge zurückschlug und hinausschaute, dann in mein nebenliegendes Schlafzimmer hineinging. Die Schwester war empört, sie meinte, ich traue den beiden nicht und halte Ausschau nach ihnen. Sie stürmte in mein Schlafzimmer und fand mich in tiefem Schlaf, weckte mich und fragte, ob ich vorhin im Speisezimmer gewesen sei, was ich verneinte, und ihr Vorwürfe machte, daß sie mich aus dem Schlaf geweckt habe. Da wurde sie nachdenklich und fragte, ob ich jeweils am Abend im Gang auf- und abgehe und halblaut mein Brevier bete, was ich ebenfalls verneinte. Da erzählte sie mir, daß doch an manchen Abenden jemand im Gang auf und abgehe und vor sich hinmurmle (die Küche, in der sie sich jeweils befand, befand sich neben dem Gang). Dieses Auf und Abgehen hörte auch der Besuch und später verschiedene andere Personen, die zu Besuch kamen. Auch mein Hund hat es des öfteren gehört und wenn ich ihn dann auf den Gang hinausließ, bellte er ganz wütend in den Gang hinein, der sich der ganzen Länge nach durch das Pfarrhaus hinzog.

Ich konnte mir die Sache nicht anders erklären, als daß es sich um einen verstorbenen Pfarrer handeln müsse, der in irgend einem Anliegen Hilfe suche. – Eines Tages fragte der pensionierte Mesner K. meine Schwester, ob sie sich nicht fürchte, wenn sie des Nachts im Falle meiner Abwesenheit allein im Pfarrhaus weile. Sie fragte, obwohl sie ahnte, was der Grund seiner Frage sei: „Ja, warum soll ich mich fürchten?" Da erzählte er, wie die früheren Haushälterinnen (der unmittelbare Vorgänger von mir und seine Schwester hatten nie etwas wahrgenommen) ihn oft gerufen hätten und er mit einer Leiter zum Fenster eingestiegen sei, weil die Haushälterinnen wegen der gleichen Wahrnehmungen sich nicht auf den Gang hinaustrauten, wo die Vorrichtung zum Öffnen der Haustüre sich befand. Alles spielte sich im 2. Stock ab, da im ersten keine Wohnzimmer waren.

Als ich einmal nach M. kam, wo mehrere Geistliche beisammen waren, bemerkte ich so ebenhin: „In H. sage man, daß im Pfarrhaus ein Geistlicher umginge. Ob sie auch schon etwas davon gehört hätten." Da erfuhr ich, daß die Pfarrer von H. – mein unmittelbarer Vorgänger ausgenommen – diese Wahrnehmung gemacht hätten, und zwar seit dem Jahre 1848. Der eine dieser Geistlichen habe nachts stets eine Axt neben seinem Bett gehabt (!!). – Einst kam ich nachts etwa 11 Uhr von der Kirchenprobe heim. Da erklärte mir meine Schwester, daß sie in Zukunft nicht mehr allein zu Hause bliebe, heute habe es im Gang gerasselt, wie wenn ein schweres Fuhrwerk über eine gepflasterte Straße fahren würde. – Ein andermal saß sie im Speisezimmer, das Hündchen neben sich, da vernahm sie wieder Schritte im Zimmer selbst, hin und her. Der Hund fing zu bellen an und bewegte seinen Kopf hin und her, immer nach jener Richtung, aus der der Laut der Schritte ertönte.

Diese Vorgänge wiederholten sich nicht alle Tage, aber doch recht oft, meines Erinnerns bis in die Fastenzeit 1900 hinein. In dieser Zeit kam ich wieder einmal nach M. Da sagte der dortige Pfarrer N. zu mir: „Es ist gut, daß Sie heute kommen, sonst wäre ich zu Ihnen gekommen!" Nun erzählte er: „Ich befand mich im Traum in ihrem Eßzimmer. Da war ein Priester, der im Begriffe war, in Ihr Schlafzimmer hineinzugehen. Ich fragte ihn, ob er etwas wünsche, worauf der Geistliche erwiderte: „Ja, lesen Sie fünf hl. Messen!" und er gab mir die Meinung an, in der sie gelesen werden sollten. Dann bin ich aufgewacht, ganz in Schweiß gebadet." Ich erklärte dann Herrn Pfarrer N.: „Die Sache spielt sich tatsächlich in meinem Pfarrhaus ab, darum werde ich die hl. Messen lesen." Das tat ich denn auch. Schon nach der ersten hl. Messe hat jener verstorbene sich manifestierende Geistliche sich nicht mehr bemerkbar gemacht. Ich selbst habe nie etwas gesehen oder gehört, bin aber überzeugt, daß die Sache auf Wahrheit beruht.

Der Bericht spricht in seiner Schlichtheit und Sachlichkeit für sich selbst. Dem Kundigen gibt er zu irgendwelchen Zweifeln keinen Anlaß, denn er bestätigt wiederum die Möglichkeit solcher Erscheinungen, wie sie uns in zahlreichen ähnlichen, in jeder Beziehung einwandfreien Berichten übermittelt worden sind. Der Umstand, daß der Vorgänger des Berichterstatters, wie er selbst, nichts von jenen Vorgängen wahrgenommen hat, ist weiter nicht auffallend, denn die Erfahrung lehrt, daß tatsächlich durchaus nicht alle Personen derartige Vorgänge wahrnehmen, also für diese Dinge nicht empfänglich, nicht sensibel sind. Und das ist schließlich auch gut so, denn nicht alle Menschen wünschen solche Erlebnisse, sind auch in mehr als einer Beziehung dafür nicht disponiert.

Ein Geistlicher namens Wasmer erzählte mir folgenden Fall, den er von einem Vikar erfuhr, der ihn erlebte:

„1892 kam der betreffende geistliche Neupriester aus dem badischen Oberland als Vikar an einen Ort im badischen Hinterland. Schon am ersten Morgen erklärte er dem Pfarrer: „Herr Prinzipal, in dem Zimmer, das Sie mir angewiesen, bleibe ich nicht." Auf die Frage des Pfarrers, warum nicht, erklärte der Vikar: „Etwa um Mitternacht sind mehrere Geistliche in dem Zimmer umgegangen!" Pfarrer: „Davon habe ich noch nie etwas erfahren, es muß eine Täuschung sein. Ihre gestrige lange Eisenbahnfahrt, Ihre erste Stelle als Vikar wird Sie etwas aufgeregt haben, und daher wohl Ihre Täuschung. Gehen Sie nur wieder in das Zimmer." Am zweiten Morgen die gleiche Erklärung des Vikars. Am dritten Morgen erklärte der Vikar: „Herr Prinzipal, heute Nacht die gleiche Geschichte. Ich bleibe überhaupt nicht mehr in diesem Hause und fahre heute nach Freiburg, um eine andere Stelle zu erbitten!" Während des Morgenessens (oder vor, oder nachher) blätterte der Vikar in einem Photographiealbum des Pfarrers. Auf einmal deutete er auf das Bild eines Pfarrers und sagte: „Der war auch dabei!" Der Pfarrer sieht nach dem Bild und erklärte: „Das ist einer meiner Vorgänger! Wir wollen jetzt einmal hl. Messen lesen (nach Meinung!)" So geschah es, – nach vierzehn Tagen hörten die Erscheinungen auf."

Die „Frankfurter Allgemeine" berichtete am 19. 3. 52: Im Januar 1950 wurde in der Nähe von Lecce (Süditalien) in der eigenen Wohnung eingeschlossen in einer Truhe der blutige Körper einer Frau gefunden, die durch Beilhiebe verletzt worden war und, ohne etwas sagen zu können, im Krankenhaus starb. Im vergangenen Monat, zwei Jahre nach der Untat, hatte ihr Mann einen eigenartigen Traum. Seine Frau stand vor ihm, gab ihm die Namen des Täters bekannt und auch die Art und Weise, wie sie überfallen worden war. Der Ehegatte der Toten lief sofort zu den Carabinieri, die nicht daran dachten, seinen Bericht zurückzuweisen. Sie beobachteten den Verdächtigen sorgfältig. Als sie einige nähere Umstände des Verbrechens erfahren hatten, nahmen sie den Mann, einen 23-jährigen Bauern, in Haft. Er gestand nach anfänglichem Leugnen die Tat ein.

Frau L. S. schreibt mir:

Ich besitze ein Buch, das P. J. Schuster über P. J. *Schleinkofer* geschrieben hat, aus dem ich Ihnen folgenden Absatz, der Sie vielleicht besonders interessieren dürfte, mitteile:

„Ich hatte einen guten Freund, den besten meines Lebens, er hieß Peter Kellner. Er wurde schwer krank und ich unterstützte ihn wegen seiner Armut durch eine Geldsammlung. Bei meinem letzten Besuche sagte er mir: *„Josef, wenn ich gestorben bin und Gott erlaubt es, so komme ich zu Dir und sage Dir, wie es drüben ist!"* Ich dachte schon längst nicht mehr an das Wort. Der Tote kam ja mehr und mehr aus meiner Erinnerung hinaus. Eines Tages — die Alumnen waren im Studiersaal und ich unter ihnen — sah ich die Tür des Saales sich öffnen und Peter Kellner kam herein. So wenig dachte ich an den Toten, daß mir sein Erscheinen gar nicht auffiel. Ich winkte ihm, wie es meine Gewohnheit ist, mit der Hand zu. Peter ging zuerst an mir vorüber, kehrte dann um, trat auf mich zu und sagte mir: *„Josef, drüben geht es genau, genau!"* Jetzt erst kam es mir zum Bewußtsein, daß eine Erscheinung aus der anderen Welt vor mir stand. Ich sprang auf, doch Peter war nicht mehr da, er war wieder im Jenseits versunken."

Schon ein oberflächlicher Vergleich zwischen dem Jenseits, wie es uns aus den Offenbarungen und Bitten jener Verstorbenen entgegentritt, die manchen, besonders aber frommen Menschen, erscheinen, und dem Jenseits, wie es uns die „Geister" der Spiritisten schildern, zeigt bereits *den himmelweiten Unterschied* oder besser gesagt, den Abgrund, der zwischen beiden klafft. Hier ein Jenseits, das sich kaum vom Diesseits unterscheidet, in dem die Abgeschiedenen ihren irdischen Neigungen und Leidenschaften fröhnen können – dort ein Jenseits, in dem ein unerbittliches, aber gerechtes Gericht gehalten wird über jede einzelne Menschenseele, und in dem niemand aus dem „Gefängnis" entlassen wird, bis „der letzte Heller bezahlt" ist. Der gesunde Menschenverstand sagt einem, auf welcher Seite die Wahrheit und auf welcher der Irrtum sowie Lug und Trug zu finden sind. Wem aber das gesunde Gefühl dafür bereits abhanden gekommen ist, der möge sich durch die Wucht der hier mitgeteilten ehernen Tatsachen, die, wie gesagt, noch um ein Vielfaches vermehrt werden könnten, belehren lassen.

Es ist ein unstreitig bitter ernstes Kapitel, in das wir durch die Lektüre dieses Buches hineingeführt worden sind. Ist der Ausblick in die jenseitige Welt damit aber ein schwerer oder gar trüber geworden? Mit nichten! Denn erstens hat es doch jeder Mensch selbst in der Hand, sein jenseitiges Geschick zu gestalten, zweitens aber weiß doch der Christ, daß es in erster Linie auf den guten Willen und seine Grundhaltung ankommt, um in Gott einen gnädigen Richter zu erhalten.

Es darf als sicher angenommen werden, daß die Läuterung im Jenseits, von der soviel Abgeschiedene Zeugnis ablegen und die doch als selbstverständliche Voraussetzung für den Genuß der ewigen Seligkeit anzusehen ist, individuell ganz verschieden und unendlich abgestuft ist. Das beweisen auch die Berichte über das so verschiedenartige Aussehen erschienener Verstorbener, darunter nicht weniger, die genau so aussahen wie im Leben, freundlich, lächelnd, ja sogar lachend. Sorgen wir dafür, daß auch wir zu der Kategorie jener Geister in der Läuterung gehören ... Wir können dafür aber nur hier auf Erden etwas tun, nicht aber mehr in der anderen Welt, wie so manche, besonders unter den Spiritisten, glauben, denn nach dem Tode kommt, wie die biblische Versicherung besagt, „die Nacht, in der niemand mehr wirken kann". Dasselbe betont auch St. Augustinus: „Niemand soll sich einreden und zutrauen, daß er, was im Diesseits von ihm ist versäumt worden, noch nach dem Tode drüben bei Gott verdienen könne."

So wissen wir – vom Standpunkt unserer natürlichen Erfahrung aus gesehen – eigentlich wenig vom Tode und dem Leben nachher. Was wir hier kennen gelernt haben, gehört jedoch zu dem *Wissen, das wir positiv vom Jenseits haben.* Es ist wie gesagt nicht viel, aber doch immerhin genug, um daraus die entsprechenden Folgerungen für unser Denken und Leben ziehen zu können ...

ENDE

Quellenangabe

1) Das Problem des Todes, Berlin, E. Rowohlt, 1920, S. 46

2) Parapsychologie, die Wissenschaft von den okkulten Dingen, München, E. Bruckmann, 1932, S. 135

3) Berlin und Stuttgart, Dtsch. Verlagsanstalt, 1938, S. 13 f.

4) Lk. 16,31

5) Die Kardinalfrage der Menschheit, Leipzig 1918, S. 1 f.

9) Der Unsterblichkeitsglaube, München 1936, S. 108 ff.

10) Radolfzell a. B., 1937, S. 9, 13

11) Radolfzell a. B., S. 9, 13

12) „Das Gesetz in uns", Pfullingen, S. 25

13) Ebd. S. 28

14) A.a.O. S. 337

15) Das Reich des Wundersamen und Geheimnisvollen, Regensburg 1872

16) Bewußtsein und Unsterblichkeit, Berlin, E. Rowohlt, 1922, S. 10

17) Frhr. v. Holzhausen in der „Zeitschrift f. metapsych. Forschung" v. 1. März 1939

18) Frankfurter Zeitung Nr. 574 v. 9. November 1941

19) Leipzig, R. Hummel Verlag, 1939, S. 136 f.

20) Pfullingen, Baum-Verlag, S. 11

21) A.a.O. S. 26

22) Ebd. S. 54

23) A.a.O. S. 22

24) Ebd. S. 86

25) A.a.O. S. 128 ff.

26) A.a.O. S. 36

27) Neues Licht, Juni 1940, Nr. 6, S. 93 f.

28) In seinem Werk „Das persönliche Überleben des Todes", Berlin-Leipzig 1936, führt Dr. Emil Mattiesen allein s e c h z i g Fälle des Austritts des Ich mit Wahrnehmung des eigenen Leibes an. (S. 296—392)

29) A.a.O. S. 384, 387

30) 2. Heft 1929 a.a.O.

31) „Neues Licht", Januar 1936

32) Steglitzer Anzeiger v. 19. April 1937

33) A.a.O. S. 86 ff. (2. Aufl. 1924)

34) G. C. Middleton aus Ohio U.S.A., Vizepräsident der Canton-Eisenbahngesellschaft, wurde an der beabsichtigten Überfahrt mit der „Titanic" durch einen Traum verhindert, in dem er die „Titanic" sinken und viele Menschen im Wasser einen verzweifelten Kampf mit den Wogen führen sah. Der Traum wiederholte sich am 4. April. Am 23. März hatte M. bereits eine Kabine auf der „Titanic" belegt. Er nahm infolge dieses Traumes von der Reise Abstand.

35) 2. Heft, Februar 1929

36) Recklinghausen, Verlag G. W. Visarius, 1940, und Freiburg i. B., 1947

37) Zeitschrift f. metaps. Forschung, 2. Heft v. 10. April 1936

38) München 1932

39) A.a.O. S. 2, 3, 6

40) Der Okkultismus im neuen Weltbild, Dresden 1923, 3. Aufl.

41) Die philosophische Bedeutung der mediumistischen Phänomene, Stuttgart 1924, S. 49

42) Okkultismus und Biologie, München 1930, S. 47, 61

43) A.a.O. S. 97 f.

44) A.a.O. S. 67, 111

45) Berlin, W. de Gruyter & Co., 1936/39, 3 Bände

46) Ebd. RM. Band, S. 411 ff.

47) Stuttgart, Union Dtsch. Verlagsgesellschaft, 1924, 2. Aufl.

48) A.a.O. S. 16 f.

49) A.a.O. S. 21 f.

50) München 1927

51) A.a.O. S. 20, 30

52) Ebd. S. 614

53) Süddeutsche Verlagsgesellschaft, Stuttgart, 1921

54) Pyramidenverlag Berlin 1923

55) A.a.O. S. 11

56) A.a.O. S. 179, 182

57) Das Reisetagebuch eines Philosophen, Darmstadt 1920, 3. Aufl., S. 130, 132

58) Innsbruck 1927

59) A.a.O. S. 134 f.

60) 1. Teil, Pfullingen 1922. Der 2. Teil des Werkes „Von der Mitte des 19. Jahrhunderts bis zur Gegenwart", herausgegeben von Dr. med. R. Tischner, erschien 1924.

61) A.a.O. S. 5 f., 148

62) Hildesheim, Verlag F. Borgmeyer, 1921, S. 155 f., 219

63) Paderborn 1927

64) A.a.O. S. 192 f., 222 f.

65) „Die Biologie als Ausgangspunkt für die parapsychologische Forschung", Zeitschrift f. metaps. Forschung, 5. Heft v. 21. Dez. 1933

66) Leipzig, Quelle & Meyer, 1927

67) A.a.O. S. V.

68) Das Geisterreich I S. 50

69) Magie und Mystik in Vergangenheit und Gegenwart, Berlin 1929, S. 460

70) Stuttgart 1936

71) A.a.O. S. 129 f.

72) Zeitschrift f. Parapsychologie, Sept. 1929, 9. Heft, S. 526 ff.

73) Chemnitz 1804

74) bei Mattiesen a.O. S. 17

75) Ebd. S. 18

76) Mattiesen a.O. S. 17

77) In meinem Buche „Spuk und Geistererscheinungen oder was sonst?" (Hacker-Verlag, Gröbenzell), habe ich ein sehr wichtiges Tatsachenmaterial dieser Art veröffentlicht.

99) A.a.O. S. 109, 146, 151, 169, 175, 181, 186, 193

100) A.a.O. S. 73 III

101) Ebd. S. 38

102) A.a.O. S. 39 f.

103) A.a.O. S. 39 f.

104) A.a.O. S. 513 ff.

105) Hildesheim, Verlag F. Borgmeyer 1930, S. 353 ff. 2. Aufl.

106) Nach Bozzano bei Mattiesen a.a. S. 130

107) A.a.O. Bd. III S. 29 ff.

108) Stuttgart 1946, S. 43 ff.

109) Der Poltergeist in der „Schäfergasse", Frkf. Ztg. Nr. 39 v. 15. Febr. 1942

110) Vgl. auch Dr. R. Klimsch-Grabinski, „Leben die Toten?", 1962, 10. Aufl., Markus-Verlag, Eupen.

A n m e r k u n g : Infolge nachträglicher Kürzung des Textes sind die dazugehörenden Quellenangaben 6, 7, 8 und 78—98 in Wegfall gekommen.

Personenregister

Apulejus, 111
Aram, Kurt, 126
Aristoteles, 111
Athenodor, 111
Becher, Erich, 16, 96
Beneke, 28
Benton, James, 192 ff.
Bozzano, Ernesto, 83 ff.
Carrel, Alexis, 126
Clemens von Alexandrien, 112
Daqué, Edgar, 108, 123 f.
Daumer, Georg, 26 f., 125
Degener, Paul, 124
Denk, 264
Dennert, 32 ff.
Don Bosco, 249 ff.
Dostojewski, 17
Driesch, Hans, 7, 103, 123
Ennemoser, 27, 30
Eulenburg, Fürst, 206 ff.
Feldmann, J., 122 f.
Flammarion, Camille, 60
Friedrich der VIII., 63 ff.
Fritsche, Herbert, 123
Futrelle, 70
Gatterer, A., 118 ff.
Gauss, Karl, 15
Gerber, Pfarrer, 159 f., 170 f.
Gerhardi, Wilhelm, 38
Geyser, Josef, 17
Gillhausen, von, 73
Goethe, 102
Gruber, Karl, 105
Gulpin, 28
Gyömörey, 198
Hartmann, Eduard, von, 28
Hauffe, Friederike, 40, 161, 240
Hauffe, Friederike, 40, 161, 240
Heidingsfelder, Georg, 15
Hohenzollern, 96

Horkel, Wilhelm, 196 ff.
Hufeland, 28, 30
Hyrtl, 12
Illig, Johannes, 42 ff., 44 ff.,
  110 ff., 113 ff.
Illig. Richard, 203
Johnson, Thorlakur, 63 ff.
Kahr, von, 71 ff.
Kaiser, Eduard, 53 ff.
Kallmeyer, Ernst, 187 ff.
Kant, 20, 54, 103
Karrer, Otto, 18
Kemmerich, Max, 41, 114 ff.
Kern, von, 28
Kerner, Justinus, 147 ff., 161 ff.
Keyserling, Hermann, 117
Kuchenka, 51
Lambert, Rudolf, 115
Lanyi, Josef, 67 ff.
Lenormand, 54, 61
Liebault, 60
Ludwig, August, 46, 119 ff.,
  260, 268
Mädchen von Orlach, 153 ff.
Malfatti, H., 120, 204
Mattiesen, 39, 109 f., 147 ff.,
  164 f., 186
Messer, August, 124
Miller, von, 71 ff.
Muschler, Reinhold, 214
Nielson, Haraldur, 63 ff.
Nissl, 30
Oesterreich, Konstantin, 104
Ossowiecki, Stefan, 50 ff.
Pascal, 17
Pausanias, 111
Peter, Josef, General, 131,
Petrarca, Francesco, 15
Plutarch, 111
Radecki, 73

Sachregister

Inhaltsverzeichnis

Wir empfehlen Innen die weiteren Hacker-Taschenbücher.

2. Annette di R o c c a **Du kreuzigst die Dich lieben.**
Tagebuchaufzeichnungen einer Sühneseele. Sie schreibt über erschütternde Leiden und heroische Liebe. Die berichtete Teufels-
erscheinung erinnert den Leser an ähnliche Begebenheiten im
Leben des hl. Pfarrers von Ars. 4. Auflage, 148 Seiten, 1 Bild.

3. Annette di R o c c a **Vater ich glaube.**
Das Glaubensbekenntnis beinhaltet die Grundlagen der christlichen Lehre. Satz für Satz führt uns dieses Büchlein an Hand
des Credo in die Wahrheiten unserer hl. Religion ein. 88 Seiten.

4. Annette di R o c c a
Die Botin des Hl. Antlitzes Mutter Anna Maria Lindmayr O.C.D.
Sie trug die Stigmata und ist eine der großen Mystikerinnen
des 17. / 18. Jahrhunderts. Die Geschichte des sprechenden Ecce-
Homo - Gnadenbildes von Pielenhofen (früher Karmelitinnen-
kloster München) aus dem Besitz von A. M. Lindmayr und ein
Abdruck sind enthalten. Mutter A. M. war eine barmherzige
Helferin der Armen Seelen. Mit ihnen stand sie viel in Ver-
bindung. 4. Auflage, 120 Seiten, 6 Bilder.

6. P. S u t t e r **Satans Macht und Wirken.**
Bericht über 3 Besessenheitsfälle und deren Exorzismus. 7. Auflage, 208 Seiten, 11 Bilder.

7. P. G. P a s q u a l i S.S.P. **Die Drei Ave Maria.**
Ein Schlüssel zum Paradies. Die Errettung und Bekehrung
leichtsinniger und verlorengeglaubter Seelen durch diese fromme
Gebetsübung, sowie Anleitung dazu. 5. Auflage, 96 Seiten.

9. Elfriede K u d e r a † **Arme Seelen erscheinen in Oberschlesien
1945/46.**
Tatsachenbericht mit einer Lageskizze. 6. Auflage, 104 Seiten.

10. Sr. M a r i e d e l a C r o i x **Stimme aus dem Jenseits.**
Gespräche einer verstorbenen Nonne mit ihrer noch lebenden
Mitschwester. Diese religiösen Zwiegespräche bringen der lebenden Schwester Führung und Vervollkommnung, der verstorbenen erlösendes Fürsprachegebet. 5. Auflage, 80 Seiten.

11. Benedikt S t o l z O.S.B. **Die Geheimnisse des Hl. Rosenkranzes
im Lichte begnadeter Beschauung.**
Die Visionen von Therese Neumann, A. K. Emmerick und Barbara Pfister zu den Rosenkranzgeheimnissen. 3. erweiterte Auflage mit Rosenkranzbetrachtungen nach Texten von Papst Johannes XXIII. 112 Seiten.

12. P. G. P a s q u a l i S.S.P. **Und Gott sagt basta.**
Orgien, Kraftmeierei, liederlicher Lebenswandel, Spott und
Hohn auf Gott, Religion, die Sakramente und alles Gute — bis
dieser tot gewähnte Gott „basta" sagt. 3. Auflage, 160 Seiten.

13. Anton B. K r a u s **Fatima — ohne mich?**
Ein Fatima-Buch für unsere „moderne Zeit". Kernige Vergleiche
aus unserem Alltagsleben. Bilder aus unserer opferscheuen und
glaubensschwachen Zeit. 2. Auflage, 108 Seiten.

14. Hugo E i c h h o f **Der König am Kreuze.**
Die Geschichte und wunderbaren Gebetserhörungen durch das
Seeon/Andechser Mirakelkreuz in München-Forstenried. Es wird
auch berichtet über die „Gut-Tod-Bruderschaft". 144 S., 26 Bilder.

30. **P. Dr. Benedikt S t o l z O.S.B. Flamme der göttlichen Liebe.**
Lebensbeschreibung und Aufzeichnungen der Künderin des
Hl. Geistes, Mirjam von Abellin. 4. Aufl., 140 Seiten, 21 Bilder.

31. **Annette di R o c c a Im Kraftfeld der Gnade.**
Dieses Buch möchte den Leser dafür gewinnen, täglich ein
wenig hinabzusteigen in die Tiefe der Besinnung. 2. Auflage,
166 Seiten.

32. **P. G. P a s q u a l i S.S.P. Um den Himmel nicht zu verlieren.**
Tatsachenberichte über Hölle, Verdammnis, Verzweiflung und
Rettung — damit jeder die ewige Seligkeit erlange. 2. Auflage,
216 Seiten.

33. **Bruno G r a b i n s k i**
Spuk und Geistererscheinungen — oder was sonst? 1. Band.

34. **Bruno G r a b i n s k i**
Spuk und Geistererscheinungen — oder was sonst? 2. Band.
Das Werk erscheint in 5. Auflage in 2 Taschenbüchern. Dieses
wohl bekannteste Spukbuch wurde umgearbeitet und durch
zahlreiche neue Fälle, die bis in unsere Gegenwart herein-
reichen, ergänzt. Abgabe nur geschlossen Band I und Band II
zusammen. 478 Seiten und zahlreiche Bilder.

35. **P. J. F i e d l e r S.J. Mein Gott — mein Alles. Gebete.**
(I. Bändchen). Zwiegespräche mit Gott. 3. Auflage, 200 Seiten.

36. **Dr. Heinrich E i z e r e i f Tut was Er euch sagt.**
Von 1937—1940 erschien die „Königin des Weltalls" in Heede/
Emsland, Diözese Osnabrück. Umfassender Bericht. 2. Auflage,
260 Seiten, 22 Bildtafeln, farbiger Umschlag.

37. **P. Berthold E g e l s e d e r O.S.B. Gesegnete Tage u. Menschen.**
1. Band Januar — Juni.

38. **P. Berthold E g e l s e d e r O.S.B. Gesegnete Tage u. Menschen.**
2. Band Juli — Dezember.
Tagesbrevier zur kurzen Lesung und Meditation nach der Regel
des hl. Benedikt. Je 408 Seiten, Linsoneinband.

39. **P. J. F i e d l e r S.J. Um die Erneuerung des Priestertums.**
Der Mystikerin Maria Sieler wurde vom Heiland die Schaffung
eines Werkes für die Heiligung der Priester aufgetragen. 2. erweiterte Auflage, 60 Seiten, 8 Bilder.

40. **Irmgard H a u s m a n n**
Sühnopfer für die Zeit der großen Bekehrung: Marie des Vallées.
Interessante religiöse Offenbarungen und Prophezeiungen über
die nahende Endzeit. 3. Auflage, 72 Seiten, 14 Bilder.

41. **Lucie S c h n e p p Pater Pio und sein Segen.**
Dieses beliebte Büchlein enthält auch einige Berichte über
Heilungen und Ereignisse nach Pater Pios Tod. 3. Auflage, 84
Seiten, 26 Bilder.

42. **Annette di R o c c a Der neue Mensch — ein anderer Christus.**
Ein Band der Meditation voll tiefen Glaubens und lebendiger
Gebets- und Betrachtungshilfe aus der reichen Fülle des Lebens-
werkes der Autorin. 224 Seiten.

43. Pfr. Kaspar Kiermaier **Perlen aus dem Meer der Psalmen.**
Ein Psalmengebetbuch in einfacher gut verständlicher Sprache.
128 Seiten.

44. Gabriel d'Esquilino **Sie sind uns nahe.**
Ein Buch von den Armen Seelen. 2. Auflage, 256 Seiten.

45. Annette di Rocca **Aus der Raritätenkiste meines Vaters.**
Gottes Wirken in der Schöpfung. — Gedanken an Gottes Barmherzigkeit, Herrlichkeit, Allmacht, Liebe und Güte. 96 Seiten,
15 farbige Graphiken.

46. F. Josef-Ludwig Sattel F.M.S.
St. Josef der Helfer u. Tröster und sein Diener Bruder Andreas.
Der Bericht von den Bekehrungs- und Heilungswundern auf
dem Mont Royal (bei Montreal) in Kanada. 2. Auflage, 82 Seiten, davon 6 Bilder.

47. Annette di Rocca **Geist Gottes, Heiliger Geist.**
Meditationen und Heilig-Geist-Gebete. — Besonders auch geeignet als Geschenk zur Firmung. 112 Seiten.

48. Anton B. Kraus **Ein Christenmensch mit viel Humor.**
Heitere Gedichte auch über ernste Dinge. 2. Auflage, 112 Seiten.

49. Annette di Rocca **Das Herz Gottes.**
Ein inniges Buch über Gottes Liebe. 224 Seiten, 2. Auflage.

50. Manlio Masci **Das eucharistische Wunder von Lanciano.**
Dieses hier berichtete Blut- und Hostienwunder bezeichnet der
Autor als das größte anerkannte Wunder der Kirchengeschichte.
32 Seiten, 3 Bilder.

51. Pietro Cugino **Mein Leben mit Pater Pio.**
Über fünfzig Jahre lebt Pietruccio im Kloster von San Giovanni.
Keiner hatte länger als er engsten Kontakt mit Pater Pio. Hier
schildert er seine persönlichen Erinnerungen bis in die Zeit
nach Pater Pios Tod. Umschlagbild: „Der segnende Pater Pio
mit Pietruccio". 80 Seiten.

52. Pfr. Joh. Erni **Teufelspredigt.**
Interessanter Bericht über einen Exorzismus und die Reden, die
der Teufel dabei hielt. 5. Auflage, 72 Seiten, 1 Bild.

53. P. Festis Fidelis **Kurzer Katechismus** der reinen römisch-
katholischen Glaubenslehre.
Aus dem Niederländischen übersetzt. 48 Seiten.

54. Père d'Elbée **An die Liebe glauben.**
Einkehrtage über das innere Leben. — Aus dem Französischen
übersetzt von Dr. E. Teuber und Dr. I. Dollinger. 212 Seiten.

VERLAG SIEGFRIED HACKER, GROBENZELL b. Mchn.
Auslieferung in Österreich: Verlag Franz Reisinger, Wels / O.Ö.

Weiter empfehlen wir aus unserem Verlag

Walter W i d l e r , **Buch der Weissagungen**

Zusammenstellung der wichtigsten christlichen Prophezeiungen. Kirchliche Druckerlaubnis. 9. Auflage. Oft sind Weissagungen in Erfüllung gegangen und wir können rückwirkend Vorhersage und Geschehnis vergleichen. Interessiert uns daher etwa nicht auch das was über unsere weitere Zukunft gesagt wird? Es sind viele Mahnungen, beginnend mit den Worten Jesu Christi über die Aussage großer Heiliger bis zu den Propheten unserer Tage enthalten. 200 Seiten, Leinen.

Der katholische Schriftsteller H u g o E i c h h o f (Eichendorff-Preisträger) hat nach den Gesichten von

Anna Katharina Emmerick
(und anderer Seher und Seherinnen)

Das Leben des heiligen Johannes des Täufers und seiner Zeitgenossen in seinem Roman „Der unsterbliche Mund" ausführlich und spannend geschildert. Die Schriften Anna Katharina Emericks sind weiten Leserkreisen bekannt geworden. Das Johannesleben und Wirken bis zur Enthauptung auf Verlangen Salomes kennen wenige. Wieviele Johanneskirchen gibt es doch, wieviele Menschen sind auf den Namen Johannes (Hans) oder Johanna getauft? Wie wenig wissen alle über ihren Kirchen- oder Namenspatron? Hier ist eine feine Geschenkmöglichkeit! Für jeden geschichtlich und religiös interessierten Menschen ist dieses Buch ein Erlebnis! 248 Seiten, Leinen.

VERLAG SIEGFRIED HACKER, GRÖBENZELL b. Mchn.

(In Österreich: Verlag Franz Reisinger, Wels/O.Ö.)